KB117789

한국 외교
업그레이드 제언

KI신서 9476

한국 외교 업그레이드 제언

1판 1쇄 발행 2020년 11월 30일
1판 3쇄 발행 2021년 2월 15일

지은이 위성락
펴낸이 김영곤
펴낸곳 (주)북이십일 21세기북스

책임편집 차은선 **디자인** 놀이터
문학사업본부 이사 신승철 **마케팅팀** 김익겸 오수미 정유진 김현아
영업본부 본부장 한충희 **영업팀** 김한성 이광호 오서영
제작팀 이영민 권경민

출판등록 2000년 5월 6일 제406-2003-061호
주소 (10881) 경기도 파주시 회동길 201(문발동)
대표전화 031-955-2100 **팩스** 031-955-2151

ISBN 978-89-509-9319-1 (03340)

(주)북이십일 경계를 허무는 콘텐츠 리더

21세기북스 채널에서 도서 정보와 다양한 영상자료, 이벤트를 만나세요!
페이스북 facebook.com/jiinpill21 포스트 post.naver.com/21c_editors
인스타그램 instagram.com/jiinpill21 홈페이지 | www.book21.com
유튜브 youtube.com/book21pub

새로운 북핵, 4강 외교를 위하여

한국 외교
업그레이드 제언

위성락 지음

21세기북스

아내 상학과 두 아들 정호와 경록에게

머리말

필자는 2015년 중반에 36년간 봉직하던 외교부를 퇴직하고 야인이 되었다. 자유인이 되면 무슨 일을 할까 생각하던 끝에 대학에 가서 국제정치 분야 후학들을 가르치기로 하였다. 여기에는 나름의 배경이 있었다.

현직에서 일하던 내내, 필자는 한국 외교가 4강에 둘러싸이고 분단되어 핵을 가진 북한과 직면하고 있는 나라의 외교답지 않게 정책이나 전략과는 거리가 있는 행정적이고 행사 위주, 인기 위주 대처에 머물러 있다는 문제의식을 갖고 있었다. 그래서 북핵 문제와 4강 외교의 일익을 맡아 보던 동안에는 한국 외교를 업그레이드하는 데 역할을 해보려고 애썼으나 기대만큼의 성과를 거두지 못하여 아쉬움과 좌절감도 가졌다.

필자의 해석으로는 한국에서 외교가 이렇게 된 배경에는 한국 특유의 외교 생태계가 있다. 한국 외교 생태계에는 외교 사안을 자기중심적이며 감정적이고, 국내 정치 위주로, 이념적 당파적 관점으로 대하는 분위기가 자리 잡고 있다. 이 분위기가 외교 담론을 오염시키고 있다. 외교가 포퓰리즘과 아마추어리즘에 붙잡혀 있다는 점도 또 다른 특징이다. 생태계가 이러니 이 속에서 적응하며 운신하는 정치 엘리트, 관료, 정치인, 언론, 학계, 시민사회 단체의 행태도 선진적이기 어렵다. 생태계와 행위자의 문제가 어우러져서 한국 외교는 현 모습을 띠게 되었다.

이것은 한국 외교의 내재적 취약점이라서 보수 정권, 진보 정권 할 것 없이 모두가 이에서 벗어나지 못한다. 그래서 보수 세력이 50년 이상 계속 집권하는 동안 상찬할 만한 외교를 그리 보여주지 못했고, 이후 진보 세력도 이 현상을 개선하지 못했다고 할 수 있다.

이런 문제의식을 갖고 있던 필자에게 장차 한국 외교·안보 커뮤니티에서 역할을 할 젊은 학생들과 한국 외교의 문제점과 미래의 길을 논하는 일은 각별한 의미가 있었다. 한국 외교에 대한 문제의식을 차세대와 공유하는 것이 미래의 변화를 기약하는 데 중요하다고 생각하였기 때문이다. 마침 서울대학교 정치외교학부의 후의가 있어서 서울대에서 강의를 하게 되었다.

서울대에 있는 동안 필자는 한국 외교가 안고 있는 근본적인 문제점과 북핵, 4강 외교의 업그레이드에 대해 강의를 하고, 토론하고 글 쓰는 활동을 하였다.

마침 때는 한반도의 안보 구도에 결정적 영향을 줄 사태들이 질풍노도와 같이 밀려오던 시기였다. 북한에서는 김정은 체제가 자리를 잡고, 핵미사일 능력을 고도화하기 위한 노력에 격한 박차를 가하고 있었다. 국내적으로는 박근혜 정부의 후반기 국정 혼란이 심화되다가, 급기야 대통령이 탄핵되는 일이 생겼다. 미국에서는 트럼프 행정부가 들어서서 변칙적인 외교 행보를 하기 시작하였다. 얼마 후, 국내에서는 촛불 민심을 받아 문재인 정부가 출범하였고, 한반도 평화를 위한 새로운 실험을 시작하였다. 이어서 한반도 비핵 평화를 향한 남·북한과 미국 정상 간의 현란한 담판 과정이 전개되었다. 이 일들이 미·중, 미·러 관계가 최악인 상황을 배경으로 두고 벌어졌다. 한반도의 모든 기존 구도가 요동칠 수 있는 사정이었다.

그런데 이처럼 중차대한 변혁의 순간에도 이에 대처하는 한국 외교는 여전히 내재적 취약점에 기인한 문제를 노정하였다. 우려 반 기대 반의 마음에서, 필자는 계기마다 외교 현안에 대한 담론의 방향을 개선해보고자, 기고를 통하여 대안들을 제기한 바 있다.

이제 정상 차원의 비핵 평화 외교 과정은 정체 상태에 들어갔다. 그 장래는 불투명하다. 그러므로 지금은 그간의 경과를 성찰하고, 무엇을 어떻게 하는 것이 더 나았을지, 앞으로는 어찌해야 할지를 고심해야 할 때다. 그간 해오던 외교가 기로에 선 시점이라고 할 수 있다.

그래서 필자는 차제에 2015년 이래 대학에 있으면서 생각해온 한국 외교의 근본 문제와 북핵과 4강 외교 현안에 대해 제기해온 정책적 대안을 결합하여, 체계화된 한 권의 책자로 정리할 마음을 먹게 되었다. 글의 내용이 지금의 시점에서 보아도 적실성이 있으므로, 기로에 선 한국 외교에 참고가 되리라고 생각했기 때문이다.

책의 제1장은 이 책의 문제의식 부분으로서, 한국 외교 생태계의 5대 문제점과 이에 대처하기 위한 방안을 다룬다. 한국 외교 개혁을 위한 문제 제기이다. 제2장과 제3장에서는 제1장에서 제기된 문제의식에 따라 현안에 대해 정책적 대안을 제기한다. 제2장은 북핵을, 제3장은 4강 외교를 다루었다.

글의 일관된 의도는 한국 외교가 처한 현 생태계를 분석하여 문제를 드러내고, 문제점을 완화하기 위해서는 범사회적 외교 담론을 바꾸어 가야 한다는 점을 강조하며, 그 일환으로 현안별로 냉철한 현실주의에 기초한 정책적, 전략적 대안을 제시하려는 것이다. 그럼으로써 건설적인 담론을 촉발하고, 더 나아가 정부의 정책 선택에 도움이 되도록 하려는 것이다.

제2장과 제3장의 글 배치는 기본적으로 쓰인 시간순이다. 그래야 글의 전후 맥락을 이해하기 쉽고, 시의성도 부각되기 때문이다. 독자의 이해를 돕기 위해 글이 쓰인 시점을 명시하였다.

이 책이 한국 외교 담론을 바람직한 방향으로 이끄는 데 조금이나마 보탬이 되기를 바란다. 또 북핵과 4강 외교에 있어서 더 나은 대안을 탐구하는 데 기여할 것을 기대한다. 정체 상태에 있는 한반도 비핵 평화 과정의 진전에 도움이 될 것도 소망한다.

2020년 11월 양평 하운재(霞韻齋)에서

위성락

목차

3_ 비핵 평화 협상 과정을 살리려면

제3장

4강 외교

제1장

외교 개혁을 위한
문제 제기

한국 외교 앞의
5대 수렁

어느 나라에서나 주요 대외 문제가 대두되면, 사안을 파악하고 분석하여 대처 방안을 도출하는 논의 과정이 진행된다. 이 과정은 작게는 정부 내 유관 조직 간에 진행되지만, 크게는 범국가적 범사회적 차원에서도 진행된다. 큰 논의 과정에는 집권 엘리트, 관료, 정치권, 언론, 학계, 시민사회 단체 등 다양한 담론 주체들이 참여한다. 범사회적 논의 과정을 통하여 여론이 형성되고 대처 방안이 모아진다. 범사회적 큰 논의 과정과 정부 내의 작은 논의 과정은 상호 영향을 주고받는 관계에 있다. 큰 과정과 작은 과정 간의 교호 관계를 통하여 나라의 대외 정책이 운영된다.

그런데 한국의 경우, 이 범사회적 담론 과정이 다른 나라에 비해 특이하다. 좀 더 냉정히 말하자면, 이 과정이 많은 문제점을 내포하고 있다. 이러한 현실은 우리의 대외 관계에 엄청난 악재로 작용하고 있는데, 정작 한국 사회

에서 크게 문제시되고 있지 않다. 그러다 보니 개선될 조짐도 거의 보이지
않는다.

자기중심적, 감정적 관점

한국형 외교 담론 과정에서 관찰되는 문제 중 첫째는 주요 대외 관계 사안
이 발생할 경우, 진상을 파악하고 대처를 논의하는 데에 있어 국제적이고 객
관적인 관점보다 자기중심적이고 주관적이고 감정적인 관점이 쉽게 득세한
다는 점이다. 한국 중심의 우물 안 개구리 같은 사고가 논의를 주도하는 일
이 흔하다. 이렇게 되면 사안에 대한 판단부터 대처에 이르기까지 모든 것이
시종 왜곡되기 쉽다.

　예컨대 한반도와 관련된 주요 이슈가 국제적으로 다루어질 때, 논의가 한
국의 입장을 중심으로 전개되고 있다는 식으로 아전인수 격인 해석을 하거
나, 사안을 한국이 좌지우지할 수 있는 것처럼 생각하는 일이 흔하다. 6자회
담에서 나온 9·19 공동성명을 한국이 주도하여 만들었다는 식의 주장이
비근한 사례이다. 또 북핵 위기 과정에서 미국의 역대 정부가 여러 차례 한
반도에서 전쟁을 벌이려고 하였는데, 우리가 나서서 막았다는 주장도 유사
한 예이다. 모두 사실과 거리가 먼 자기중심적 해석이다. 문제는 이런 주장
이 상당한 호응을 얻고 있다는 점이다.

　그러면 왜 이러한 현상이 나타났을까? 우리는 근세 수백 년간 중국이 주
도하는 동아시아의 수직적 대외 관계 체제에 적응하며 살아왔다. 그 질서는,
일부 혼란기를 제외하고는, 중국이라는 압도적 실체를 정점으로 주변 국가
들이 계열화되어 있는 질서였다. 우리는 주변 국가 중 하나였다. 이른바 중
화 질서이다. 이러한 중화 질서를 따르면, 대외 관계는 안정되었다. 평시에

는 대외 문제 자체가 존재하지 않았다고 해도 과언이 아닐 정도였다. 중국과 사신 교환 등 의전적인 예를 다하는 일이 주요 대외 문제였을 것이다. 당시 조선은 몇 차례의 전란을 빼고는, 오랜 기간 중화 질서 속에서 안정을 누리고 있었다. 그런 조선이 대외 문제에 대한 심각한 관점과 인식을 배양하기는 어려웠을 것이다.

이러한 동아시아의 역사는 유럽의 그것과는 전적으로 다르다. 유럽에서는 오랜 세월 동안 영국, 프랑스, 오스트리아, 스페인, 프러시아, 러시아 등 규모가 비슷한 세력이 서로 쟁패하고 연대하는 역동적인 대외 관계가 상시적으로 작동하였다. 이런 과정에서 유럽적 외교 개념이 발전하였다.

그러다가 유럽적 질서가 제국주의라는 모습으로 동아시아로 밀려온 19세기에 조선은 대외 문제 때문에 나라가 망하는 역사의 격랑으로 휩쓸려 들어가게 된다. 외세의 침탈에 직면한 조선에서는 쇄국론, 개화 자강론 등 다양한 대안이 제시되었다. 그러나 중화 질서 식 대외관에 매몰되어 대외 문제 자체를 생소하게 여기던 조선이 새로운 시대의 대외 관계를 이해하고 올바른 대처를 할 것으로 기대하기는 어려웠다.

당시 청나라도 유사한 처지에 있었다. 그 시기 청의 외교관이었던 설복성이란 인물은 청나라가 갖고 있던 대외 인식을 자책하면서, 오지사고(奧地思考)라는 개념을 제기한 바 있다. 본질을 버리고 형식에만 치우치며, 자기중심적이고 폐쇄적이며 고립된 관점으로 대외 문제를 인식하는 경향을 말한다. 설복성은 중국이 오지사고에 따라 의전이나 형식에는 지나치게 집착하나, 교섭에 들어가면 내용에서 쉽게 양보한다고 개탄하였다.

중화 질서의 중심인 청의 인식이 그러하였는바, 흥미로운 것은 당시 소 중화를 자처하던 조선의 대외 인식도 이와 유사했다는 점이다. 본질보다 형식주의에 경도되고, 자기중심적이고 폐쇄적으로 사안을 파악하는 오지사고 성향은 조선에서도 팽배했다. 결과적으로 19세기 말, 외부로부터 오는 엄청난 도전에 대처한 조선의 대외적 대응은 대부분 작동하지 않았다.

결국, 조선은 신질서에 적응하기는커녕 이것을 제대로 파악하기도 전에 식민지가 되고 말았다. 먼저 개화하여 서구 제국주의를 받아들인 일본 제국주의의 식민지가 된 것이다.

일제 강점기 동안, 한국인들이 외부 세계에서 벌어지는 일을 제대로 이해하고 소화할 능력을 배양하지 못한 것은 당연하다. 반면, 이 기간에 식민지 한국에서는 저항적 민족주의가 대두되었다. 외부에서 벌어진 어떠한 사안에 대해서도 민족주의적 색깔로 해석하는 경향이 생겨났다. 배타적인 국민 감정이 대외 문제에 과도하게 영향을 미치는 현상이 나타난 것이다. 민족주의와 배타적 감정은 자기중심적 성향을 더욱 강화하는 기제로 작용하였다.

한국과 같이 주변에 강대국을 둔 중급 규모의 국력을 가진 나라에 있어 대외 문제를 객관적이고 냉정하게 해석하는 것은 무엇보다도 중요한 일일 것이다. 그러나 한국의 현실은 정반대이다. 역사적으로 하나의 강대국과의 수직적 질서 속에서 지내온 경험이 있는 데다 근세에 와서 식민지를 겪으면서 안게 된 정신적 문화적 상흔이 덧붙여져서, 우리의 대외 관점은 다소 편벽되고 자기중심적이고 감정적인 것이 되었다. 이것이 한국 외교의 첫 번째 수렁이다.

국내 정치 종속 외교

두 번째 문제는 대외 문제가 손쉽게 국내 정치의 종속 변수로 다루어지는 환경이다. 빈번히 국내 정치가 과도하게 대외 문제에 영향을 미친다.

이런 현상의 배경에도 역사적 맥락이 있다. 식민지 처지에서 해방이 된 이후, 신생 한국은 본격적으로 서구적 국제 질서 속으로 들어갔다. 독립된 나라로서 대외 문제를 스스로 인식하고 대처해야 했으나, 하루아침에 이에 충분한 역량을 갖출 수는 없었다.

시대는 냉전 초입이었고, 한국은 해방되자마자 분단되어 냉전의 최전방으로 역할을 하였다. 한국은 범세계적 냉전 체제 속에서 미국의 전략 구도에 편입된 것이다. 미국 주도의 냉전 질서 하부 구조에 있던 가난한 나라 한국은 정치, 경제, 군사 전 영역에 걸쳐 미국에 의존하지 않을 수 없었다. 외교 분야에도 대미 의존이 현저하였다. 주요 외교 사안들이 반공이라는 이념적 스펙트럼으로 채색되었다.

당시 한국의 정부는 권위주의에 기반을 둔 압제의 성격을 띠고 있었다. 외교 · 안보 정책의 큰 구도가 워싱턴에 의해 규정되고 집행되는 동안, 한국 권위주의 정부의 주요 외교 과제는 국내적 압제에 대한 외부의 비판을 막아내는 것이었다. 권위주의 체제를 대외적으로 합리화하는 일도 주요 외교 임무가 되었다. 자연히 외교가 국내 정치에 종속되는 일이 심화되었다. 국내 정치의 목적 달성을 위해 대외 관계를 이용하는 사례가 빈번하였다. 이런 현상은 박정희 유신 체제와 전두환 체제에서 극심하였다.

국내 정치에 종속된 외교의 한 사례로 1972년 7 · 4 공동성명을 들 수 있다. 당시 박정희 정권은 영구 집권을 위해 '10월 유신' 체제를 도입하고자 했다. 그 여건 조성을 위해 빅뱅을 연출하려는 구상을 하였다. 남 · 북 간 극적인 합의를 추진하고, 이를 이행하기 위해 남측의 체제 정비가 필요하다는 명목으로 10월 유신을 정당화하려고 하였다. 이후락 정보부장이 비밀리에 평양을 방문하고, 김일성을 만나 7.4 공동성명을 발표하기에 이르렀다. 박정희는 단기간에 남·북 합의문을 내는 데 집착한 나머지, 그 내용에 있어서는 김일성이 제시한 대원칙을 그냥 수용하였다. 그렇게 하여 '자주, 평화, 민족 대단결'이라는 김일성의 3대 원칙이 7·4 공동성명에 들어가게 된다. 이처럼 박정희 정권은 중차대한 대외 사안을 자신의 국내 정치적 목적에 종속시켰다. 3개월 후 '10월 유신'이 발표되자, 북한은 이를 맹비난하였고, 7·4 공동성명은 사문화된 바 있다.

한국과 같이 고난도의 지정학적 처지에 놓인 나라의 경우, 대외 문제는 국제적 요인을 중심으로 해석하고, 이에 따라 합리적인 국익을 극대화하는 대처를 해야 마땅할 것이다. 또한 그렇게 접근해야 한다는 당위론이 사회 전반에 강한 공감대로 자리 잡혀 있어야 할 것이다. 그러나 우리가 목도하는 현실은 전혀 다르다. 오히려 국내 정치적 고려가 우리의 대외 행보를 좌우하는 일이 잦다. 이것이 한국 외교의 두 번째 수렁이 된다.

이념성과 당파성

문제는 여기서 그치지 않는다. 한국에서 외교는 이념과 당파에 지나치게 영향을 받는다. 이것이 세 번째 수렁이다.

여기에도 역사적 맥락이 있다. 해방 이래 권위주의 정부가 반공을 이념으로 내걸고 체제 방어를 위한 외교를 전개하자, 이에 대한 비판과 반작용이 야당과 재야 민주 세력에서 생겼다. 이들은 정부의 친미·반북·반공 노선에 대항하여 점차 자주적이고, 다소 반미적이며, 북한과의 화해 협력을 중시하는 경향을 보였다. 후일 진보 진영의 외교 관점이 형성되는 초기 과정이 시작된 것이다. 이처럼 권위주의 보수 정권의 이념적 접근은 불가피하게 진보 진영의 이념적 접근을 촉발하였다. 비판과 반작용 또한 이념성을 띠게 되었다는 말이다.

앞서 예로 든 7·4 공동성명은 진보 진영의 이념성을 보여주는 사례도 된다. 흥미롭게도, 진보 진영은 7·4 공동성명을 긍정적으로 평가한다. 한국 민주화를 위해 투쟁해온 진보 진영이, 한국 민주주의를 후퇴시킨 '10월 유신'을 추동하기 위한 계략에 이용되었던 7·4 성명을 높이 평가한다는 것은 이해하기 어려운 일이다. 진보 진영은 7·4 성명이 남·북 화해 협력 합의라는 점에서 이를 평가한다. 김일성의 원칙을 맹종한 반민주 독재 기도도 남·북 협력이라는 모양만 갖추면 높이 평가한다는 것이니, 이 또한 이념적인 관점이라고 하지 않을 수 없다.

1990년대 냉전이 종식된 이후, 우리 외교의 외연이 공산권을 향하여 극적으로 넓어지고 우리 외교가 글로벌한 차원에서 전개되기 시작할 즈음에, 우리도 이에 걸맞은 외교 담론을 하는 나라로 변모했어야 했다. 그러나 그렇지 못하였다. 냉전 시기의 관성이 한국 지도층과 사회 전반에 남아 있었다. 자기중심적 관점과 국내 정치 종속 외교는 여전하고 이념성과 당파성도 여전하였다.

이처럼 우리의 역사적, 정치적, 사회적, 문화적 경험이 대외 문제 인식과 대처에 영향을 주고 있다. 대외 문제를 중국과의 관계라는 특이한 환경 속에서 다루어 온 데에서 생긴 역사적 유산, 식민지를 경험한 데서 오는 민족의식과 국민감정 과잉 현상, 분단과 냉전이 초래한 사회 제 세력 간의 정치적 이념적 간극 등이 우리 사회의 외교 담론 과정에 그대로 투영되고 있다. 이것이 한국 외교 생태계의 기본 환경이다.

경제 성장과 민주화 이후 현상: 기존 문제의 심화와 새로운 문제의 대두

자기중심적 감정적 관점, 국내 정치에 종속된 외교, 이념성과 당파성 과잉이라는 문제는 한국이 경제적으로 성장하고 민주화가 이룩된 후에도 개선되지 않았다. 오히려 경제 발전과 정치 발전이 가져다준 자신감과 민족주의적 분위기에 영향을 받아 기존의 문제는 더욱 악화되었다.

특히 민주화가 진전된 이후에 관찰되는 두드러진 현상은 이념적 당파적 대립이 더 심화되었다는 것이다. 민주화 이후에는 해방 후 처음으로 진보 세력이 집권하였고, 그 후 보수와 진보가 번갈아 집권하게 되었다. 한국 사회의 정치 지형은 보수ㆍ진보 간의 대립 구도로 정착되었다.

정치 지형이 이렇게 바뀌다 보니, 대외 문제에 대한 접근도 이념적 당파적 스펙트럼에 따라 두 개의 스쿨로 나뉘었다. 하나의 스쿨은 친미ㆍ동맹 중심, 국제 공조 중심의 전통적 접근을 대표한다. 다른 스쿨은 다소 반미ㆍ친중 성향을 띠며, 남ㆍ북 관계 중심의 민족 공조를 표방한다.

이 두 스쿨은 냉전 시기 한국 외교에 가해진 이념적 대립에 그 뿌리를 두고 있다. 전자는 냉전 시기 이래 보수 관변의 시각이고, 후자는 그 시기 야당과 재야의 시각이다.

보수와 진보가 이처럼 상이한 접근을 취하고 있다가, 집권한 쪽은 자신의 접근을 정책으로 실천에 옮기고, 야당이 된 쪽은 이에 반대하게 되었다. 자연히 대외 정책과 대북 정책이 첨예한 정치 쟁점이 되기 시작하였다.

사실 민족 공조냐 국제 공조냐는 이분법적인 선택의 문제가 아니다. 두 접근이 모두 한국 대외 정책의 주요 요소가 되어야 하며, 실제 정책은 두 접근 사이의 조화와 균형을 바탕으로 성안되어야 마땅하다. 상황에 따라 융합되는 정도는 다를 수 있겠다. 그러나 진보와 보수가 대결하는 국내 외교 담론 구조 속에서는 두 접근은 대립적으로만 존재한다.

외교 문제가 정치 투쟁의 대상이 되니, 외교를 국내 정치의 도구로 쓰려는 경향도 더 현저해졌다. 이념적 당파적 접근이 심화되면서 당연히 외교를 국내 정치에 이용하려는 동력도 강해질 수밖에 없었다.

포퓰리즘(인기 영합주의)

덧붙여 민주화 이후에는 새로운 문제점이 대두되었다. 이른바 포퓰리즘의 문제이다. 자기중심적 감정적 관점과 국내 정치 중심 사고가 횡행하고 이념적 당파적 대립이 심화하는 한국 외교 생태계에서, 국민 여론은 비합리적인 방향으로 쏠리기 쉽다. 여기에 민주화 기류가 가세하니 다중의 견해가 더 중요시된다. 자연히 외교 담론은 그것이 오도된 여론일지라도, 다중이 표출하는 감정에 좌우된다. 이른바 국민 정서의 문제이다. 집권 엘리트나 정치권은 물론 관료들까지 포퓰리즘에 따르는 것이 안전하다고 믿고 행동하는 경향을 보였다. 인기와 여론을 지나치게 의식한 나머지, 어렵더라도 반드시 해야 할 결정조차 회피하는 일이 아주 흔하게 되었다.

이런 현상의 가장 전형적인 사례가 일본과의 과거사 문제라고 할 수 있다. 한·미 동맹 관련 이슈, 미·중 사이의 노선 설정 문제, 북핵 문제에도 이런 영향이 있다.

그런데 포퓰리즘은 주로 언론에 의해 표출, 증폭, 활용되므로 언론의 역할이 중요해진다. 실제 외교 관련 정부 부서는 매일매일 업무 에너지의 대부분을 외교 상대국이 아니라 국내 언론을 상대로 소진한다. 이러한 일은 국내 언론의 입지를 정식 외교 상대국의 수준으로 고양시킨다. 국내 언론은 점점 더 큰 역할을 하게 되고, 외교 당국자는 더욱 언론 대응에 매달리는 악순환 속에 스스로를 가두게 된다. 언론과 외교 당국자 간의 이러한 역학 관계는, 일본에 약간 유사한 형태가 있기는 하나, 전 세계에 유례가 드문 한국만의 특이 사례이다.

한편, 외교가 포퓰리즘에 휘둘리고, 외교 당국자가 언론과 정치권의 관심사에 대응하는 수준에 매몰되면, 외교 우선순위 선택에도 왜곡이 생겨날 수 있다. 즉, 언론이 관심을 갖는 현안에 대해 반사적으로 대응하는 일이 외교의 주 임무가 된다. 당장의 돌발 현안이나 사건 사고 대처가 외교의 전면에 대두되는 이유가 여기에 있다.

만일 한국 사회 내 외교 담론 질서가 건강하다면, 형성된 여론도 합리적이겠지만, 상술한 바와 같이 담론 과정에 왜곡이 있으므로, 포퓰리즘을 통해 형성된 여론을 좇아가는 외교는 우려의 대상이 된다. 이것이 한국 외교의 네 번째 수렁이다.

아마추어리즘

외교가 포퓰리즘에 포획되면서 또 다른 문제가 생겨났다. 외교가 다중의 여론에 부응하는 데 집착할수록, 외교 전문가의 입지는 줄어든다. 대신 정치공학적인 접근이 중시된다. 그래서 비전문가인 정치권 인사가 중심이 되어 외교 사안을 다루는 일이 더 빈번해진다. 여기서 아마추어리즘의 문제가 생긴다.

국내 정치 목적을 위해, 국내 여론을 주 대상으로 하는 외교는 국제적으로는 아마추어식이라는 평가를 받기 쉽지만, 국내에서는 대외 문제를 놓고 여론을 타고 넘는 일이 중요한 외교 행위로 간주된다. 이 일을 하는 데 있어서 외교에 관한 전문 지식이나 경험이 꼭 필요한 것은 아니라는 인식이 정치 엘리트 일각에 자리 잡아가고 있다. 이런 추세는 진보와 보수 양쪽 모두에서 나타난다.

그래서 권력 실세들이 전문적 의견도 구하지 않고 구체적 외교 방향을 좌우하는 현상이 더욱 현저해진다. 외교 사령탑의 요직을 식견과 경험이 제한된 비전문가에게 맡기는 사례도 점점 늘어나고 있다. 외교는 곧잘 총성 없는 전투에 비교되곤 하는데, 이 비유를 따른다면, 총참모부 요직에 전문 지식과 전투 경험이 없는 인사가 보임되는 셈이다. 물론 그동안 관료 집단이 대단한 전문성으로 외교에 큰 역할을 해온 것도 아니었으니, 이런 현상은 관료의 자업자득이라고 말할 수도 있겠다.

그러나 그렇더라도 나라 외교의 발전을 위한 바람직한 해법은 관료, 비관료를 가릴 것 없이 주요 외교 업무를 맡길 인사에게는 해당 분야에 대한 높은 식견과 전문성을 요구하는 방향이 되어야 할 것이다. 그렇지 않고, 비전문성을 선양하는 방향으로 나아간다면, 눈치 빠른 관료들은 아마추어리즘 수준에 맞추어 복무하고 처신하는 것이 자신의 신상에 유익하다고 판단하게 될 것이다. 이런 분위기는 그나마 남아 있던 관료의 전문성마저 더 저하시키는 결과를 초래할 것이다. 그래서 아마추어리즘은 한국 외교의 다섯 번째 수렁이 된다.

자기중심적 감정적 관점, 국내 정치에 종속된 외교, 이념성과 당파성, 포퓰리즘, 아마추어리즘이라는 한국 외교의 5대 수렁은 한국 외교 생태계의 심각한 문제이다. 이 수렁들은 서로가 서로에게 부정적 영향을 주면서 한국 외교의 선진화를 저해하는 기능을 한다.

6대 플레이어의 행태와 구조적 문제

그러면 이러한 생태계에서 활동하는 한국 외교의 주요 플레이어의 행태는 어떤지를 살펴보자. 집권 엘리트, 관료, 정치권, 언론, 학계, 시민사회 단체를 한국 외교의 주요 플레이어로 규정할 수 있다. 이들 6대 플레이어는 앞서 말한 한국 외교 생태계 속에서 적응하면서 움직이고 있는데, 이들 또한 많은 문제를 노정하고 있다.

이들의 특성을 문제점 위주로 보면 다음과 같다. 부정적 측면만 언급하는 것임을 이해 바란다.

우선, 집권 엘리트는 대체로 외교에 대한 이해나 경험이 충분하지 못한 상태로 국정을 맡게 되는 경우가 많다. 이들 대부분은 외교 분야 경험이 적고, 국내 정치 분야 경험이 많다. 경력이 이렇기 때문에 이들은 외교를 국내 정치 목적에 연결된 하위 변수로 대하는 경향이 있다. 그런데 정권은 5년마다 교체되니, 집권 엘리트들은 5년 내에 단기적이고 가시적인 성과를 내어 이를 정치적 자산으로 활용하려고 한다.

관료는 권위주의 정부 하에서 오랜 기간 수동적인 자세로 순응해온 바 있어서, 정책적 전략적 접근보다, 행정적 대증적 대처를 위주로 하는 외교에 익숙해져 있다. 민주화 시대에도 관료는 집권 엘리트의 국내 정치 위주, 이념과 당파 위주 접근을 따라 하지 않을 수 없는 구조 속에 있다. 한국의 5년 단임 대통령제는 관료가 적자생존의 경주에 몰입하지 않을 수 없게 한다. 결과적으로 관료는 집권 엘리트의 주문에 영합하기 쉽다. 영합주의는 관료의 보신주의와 연결되어 있다. 이러한 관료의 관성은 전문성 축적을 저해한다. 낮은 전문성은 영합주의를 부추기는 악순환으로 이어지기 쉽다. 한편, 민주화와 함께 더욱 적극적이고 공세적이 된 언론과 시민사회 단체도 관료를 더욱 소극적으로 만들고 있다.

　정치권은 여야로 갈려 대치하고 있으므로, 외교는 당파적 이념적 쟁투의 소재가 된다. 정치권이 편을 나누어 대적하고 있으나, 포퓰리즘과 국민감정에 영합하는 데 있어서는 여야가 따로 없다.

　언론 또한 진보와 보수 진영으로 나뉜 경우가 대부분이라서 당파적 이념적 쟁투에서 자유롭지 못하다. 언론이 포퓰리즘과 국민감정을 조장하는 역할을 하는 경우도 많다.

　학계나 시민사회 단체도 진영 논리에 묶여 있는 경우가 흔하다. 이 그룹도 국민감정이나 진보 · 보수 갈등을 증폭시키는 기능을 하는 사례가 있다.

　각 플레이어들의 이러한 행태가 앞서 말한 생태계와 맞물려 소용돌이와 같이 돌아가는 속에서, 우리의 외교 · 안보 사안이 재단되는 것이 작금의 현실이다.

　이것은 한국 외교가 내재적으로 안고 있는 구조적 취약점이 되고 있다.

무엇을 해야 하나?

한국 외교의 5대 수렁이 이러하고, 그 안에서 움직이는 6대 플레이어들의 행태가 저러하니, 한국에서 주요 외교 사안이 생길 경우 큰 소동과 논란이 비등할 테지만, 그런 논란이 합리적 대책을 도출하는 생산적인 담론 과정으로 기능하지는 못한다. 오히려 소모적 논란만 무성한 후에 결국은 비전문적, 비전략적, 관료적, 행정적, 회피적 대처로 귀착되는 일이 흔하다. 북핵, 사드(THADD), 대일 관계 등에서 이러한 사례를 볼 수 있다. 북핵과 사드는 이념성과 정치화에 의해서, 대일 관계는 국민감정과 포퓰리즘에 의해서 영향을 받는 사례라고 할 것이다.

이 구조적인 문제가 개선되지 않으면, 한국 외교는 선진 외교를 지향하지 못할 것이다. 외교가 자기중심주의와 국민감정과 국내 정치에 종속되어 다루어지는 일은, 강대국에 둘러싸여 있고, 핵을 가진 북한과 마주한 한국에 위험하다. 다른 한편, 이념적 당파적 외교는 다음 정부에 의해 부정되기 일쑤이니 계속성과 일관성, 신뢰성 측면에서도 큰 문제가 된다. 포퓰리즘과 아마추어리즘 외교를 가지고는 북핵과 한반도 주변 세력 구도 변화에 적절히 대처하기 어렵다. 또 장래에 기회가 온다고 해도, 통일 국면에 제대로 대처할 수도 없다.

그러니 한국이 국력에 걸맞은 외교를 하려면 이 문제를 비켜 갈 수 없다. 결국, 생태계와 플레이어의 행태를 바꿔야 한다는 말이다. 우선은 이러한 문제의식을 공감하는 분위기가 형성되어야 한다. 이런 기초 위에서 문제의 생태계를 바꾸어 가고 구조적 문제를 완화해 나가는 노력을 지속적으로 해야 한다.

이 일을 해나갈 주체는 역시 6대 플레이어에서 나올 수밖에 없다. 분석적으로 보자면, 상기 6대 플레이어 중 집권 엘리트와 관료는 외교 정책 주도 그룹이고, 언론·학계·시민사회 단체는 주로 여론 형성과 감시 그룹이며, 정치권은 양 그룹에 발을 걸치고 있다고 할 수 있다.

정책 주도 그룹이 솔선하여 앞에서 기술한 부정적 현상을 타파하는 비전을 제시하고 이행하는 것이 가장 효과적인 해법일 것이다. 만일 대통령과 집권 엘리트가 이 문제를 중대한 개혁 과제로 채택한다면, 관료 집단은 이를 따를 것이므로 정책 주도 그룹에서 문제 해결의 동력이 생겨날 것이다.

집권 엘리트가 외교 개혁에 나서서 솔선하여 외교에서 정치성·당파성을 줄이고 국익 위주의 접근을 표방한다면, 반대 세력의 예봉(銳鋒)을 완화하고 폭넓은 지지를 모을 수 있을 것이다. 더 나아가, 집권 엘리트가 객관적이고 냉정한 관점에 따라 합리적이고 현실적인 대처를 추구하면서, 이에 기초하여 선제적으로 범사회적 담론을 건설적인 방향으로 이끌고 나간다면, 한국 외교 담론의 장에 변화가 올 것이다. 소모적인 쟁론 소지를 줄이고 국민적 여론을 모으는 데 도움이 될 것이다.

그런데 정작 문제는 집권 엘리트가 이 일에 소매를 걷어붙이고 나설 것인가이다. 지금까지 사법 개혁, 국정원 개혁의 기치를 든 집권 엘리트는 있었으나, 외교 개혁에 관심을 돌리는 집권 엘리트는 없었다. 앞으로도 그럴지는 두고 볼 일이다.

만일 집권 엘리트가 솔선하여 나서지 않을 경우에는 어떻게 해야 하나? 그러면 다음으로 기대해볼 만한 플레이어는 외교 실무를 맡고 있는 관료이다. 관료는 현안에 익숙하고 현실감을 갖고 있으므로, 관료가 건설적인 역할을 한다면 한국적 생태계를 변화시키는 데 기여할 수 있을 것이다.

일본의 경우가 관료가 일정한 역할을 하는 사례에 해당한다. 일본은 내각책임제로서 외무성을 포함한 각부의 장관을 정치인인 의원이 맡는다. 일본 외무성의 관료들은 정치인 장관을 보좌하여 일본 외교의 일관성과 계속성을 담보하는 기능을 수행한다. 전통적으로 일본의 장관은 사무차관 이하 외무성 관료 집단의 전문성과 일정한 자율성을 인정한다.

물론 우리의 사정은 일본과 다르다. 정권과 정치권이 압도적 권력으로 지배권을 행사하고, 관료는 이를 따르고 수행해온 것이 우리의 역사이다. 이런 역사적 경험상 한국 외교 관료의 정책적 전문성은 그리 높지 못하다. 권력 내부에 관료의 견해를 존중하는 문화도 약하다. 집권 엘리트가 움직이지 않는데, 관료가 역할을 하기는 쉽지 않다. 그래서 관료는 소극적이다. 그러므로 외교의 정치화 경향을 완화하고 정책적 전략적 방향을 잡는 일에 관료 집단은 별 기여를 못 해왔다.

그러나 6대 플레이어 중 그래도 상대적으로 전문성 측면에서 앞서 있고, 기능과 조직 면에서 역량을 갖춘 플레이어는 역시 관료이다. 관료 조직 내에 외교 문제를 전략과 정책 위주로 접근하는 문화가 진작되고, 관행적·행정적·보신적·영합적 접근을 타기하는 기운이 생겨나면 상황은 변할 수 있다. 이를 위해서는 관료 집단 내에 외교 선진화를 위한 책임 의식을 일깨울 필요가 있다.

외무 관료는 매일매일 국제사회의 수준 높은 상대를 접하고 겨루는 한국 사회의 유일한 집단이다. 이들은 국제 수준이 어떠한가를 알고 있고, 그곳을 지향해야 한다는 점도 알고 있다. 게다가 외교부는 국내 권력 부서도 아니고 이권 부서도 아니므로, 세계 수준에 맞게 스스로를 선진화해 나간다고 해서 특별히 잃을 것도 없다. 변화 가능성이 있는, 그래서 기대할 수 있는 집단이다.

이 집단에서 일대 각성이 일어나면, 문제를 풀어가는 데 큰 도움이 될 것이다. 그러려면 무엇보다도 관료 사회 내에 스스로 깊은 전문성을 축적하려는 기류부터 살아나야 할 것이다. 만일 이런 흐름 속에서 집권 엘리트가 관료의 견해를 활용하는 데 열린 자세를 보인다면, 관료 사회의 새로운 추세는 동력을 얻을 것이다.

만일 관료 사회의 변화도 오지 않으면 어떻게 해야 하나? 집권 세력과 관료 사회의 자생적인 변화를 마냥 기다리고만 있을 수는 없을 것이다. 그러기에는 현실이 엄중하고 시급하기 때문이다. 위로부터의 변화를 기다리는 동안이라도, 아래로부터 여론 형성과 감시 그룹이 나서서 한국 외교의 개선을 촉구하고 고무하는 기능을 하도록 자극해야 한다.

그래서 언론, 학계나 시민사회 단체의 역할에 눈을 돌리게 되는 것이다. 이 그룹에서 사회적 담론이 잘못된 방향을 지향하지 않도록 감시견 역할을 한다면, 현재의 문제를 어느 정도 완화시킬 수 있을 것이다. 그리고 더 나아가 집권 세력과 관료의 변화를 압박하는 효과도 기대할 수 있을 것이다.

이를 위해서는 언론, 학계, 시민사회 단체의 깨어 있는 인사들로부터 시작하여 한국 외교의 생태계와 플레이어의 문제점에 대한 인식을 확산시켜야 한다. 그리하여 언론과 전문가 집단이 범사회적 외교 담론 과정에서 정화 기능과 계몽 기능을 하도록 해야 한다.

물론 언론의 경우, 정보를 제때 접하지 못하는 데에서 오는 제약이 있다. 더구나 지금 일부 한국의 언론은 진영으로 갈라져 있고, 상호 간 경쟁도 우심하여 각 진영이 제공하는 정보를 보도하지 않을 수 없는 구조 아래에 있기도 하다. 그러나 언론의 경우, 외교 분야에 대한 전문성 제고가 비교적 빠른 속도로 진행 중이므로, 건설적인 외교 담론을 생산하는 베이스로 기능할 여지가 있다.

학계나 시민사회 단체도 관련된 정보가 부족하다는 문제를 안고 있다. 우리의 경우, 미국 등 여타 국에 비추어 볼 때 학계나 시민사회 단체 등과 공유되는 정보가 상대적으로 적다. 진영으로 갈라진 사회 환경상 정보를 공유할 경우, 상대 진영에 유출되어 논란이 심화될 것이라는 우려 때문에 이런 현상이 생겼을 수 있다. 그러나 학계에는 선진화된 외교에 기여할 전문 인력 풀이 있다. 이들을 중심으로 담론 과정에서 건설적 역할을 하도록 고무할 수 있다. 시민사회 단체에서도 합리적이고, 초당적 국익을 위한 외교 정책을 지지하는 활동가들을 찾을 수 있다.

정치권 · 언론 · 학계 · 시민사회 단체 등의 의식 있는 인사들이 연대하여 초당적, 탈이념적, 국익 위주 외교 정책을 위한 담론을 적극 제기하는 것도 유용할 것이다. 보수 · 진보를 막론하고 국익 중심의 접근을 하려는 인사들의 힘을 적극 모으자는 말이다. 이러한 전문가 집단이 한국의 외교 · 안보 커뮤니티로서 기능하면서 한국 외교 · 안보 담론의 수준을 격상시키는 역할을 한다면 아주 바람직할 것이다.

이러한 작업은 일견 방대하고 요원해 보인다. 그러나 한국이 세계 10위권의 무역 국가로서 국제사회에 위치하는 현실에 비추어 볼 때, 한국의 외교가 안고 있는 생태계의 현상은 시대착오적이다. 그러니 어느 한 분야에서 먼저 작업이 시작되어 이로부터 신선한 변화가 전해지기 시작하면, 변화의 물결이 빠른 속도로 여타 영역에 시너지 효과를 초래할 소지도 없지 않다.

언론 · 학계 · 시민사회 단체가 한국 외교 생태계의 부정적 측면을 철저히 감시하고, 초당적이고 현실적인 국익 위주의 외교 정책을 주문하는 감시견 역할을 강화한다면, 집권 엘리트 · 관료 · 정치권도 이를 의식하지 않을 수 없을 것이다. 그러다 보면 향후 어느 집권 엘리트가 외교 분야 개혁을 주요 국정 과제로 채택할 수도 있다. 민주화 이래 세력이 강해진 언론과 시민사회 단체가 강화된 힘을 외교 개혁에 투사하고, 정치 세력이 이를 수용한다면, 한국 외교가 안고 있는 수렁의 문제는 기대보다 빨리 개선될 수도 있을 것이다.

지금까지 한국에서의 외교 담론이 이루어지는 생태계와 그 속에서 운신하는 플레이어의 특이성을 살펴보았다. 한국 외교는 5대 수렁 앞에 있고, 6대 플레이어는 그런 생태계를 바꾸려 하기보다는 이에 적응하며 움직이고 있다. 그래서 건국 이래 60년가량 보수 세력이 집권하는 동안, 내세울 만한 외교 정책이 많았다고 말하기 어렵다. 15년 가까운 진보 정권 집권 기간에도 한국 외교의 구조적 문제는 개선되지 못하였다.

지금 한반도 주변 정세는 미·중, 미·러 대결에 따라 거대한 세력 재편을 향해 가고 있다. 북한의 핵과 미사일 위협은 더욱 고도화되었다. 한반도 비핵 평화 프로세스는 정체 국면에 들어섰다. 이런 국면에서 한국 외교의 고질인 이 문제를 더는 방치할 수 없을 것이다. 한국과 같은 난해한 지정학 속에 있는 나라의 경우, 외교가 국가의 존망을 좌우할 수 있지 않은가? 이미 그런 일을 겪지 않았는가? 그러니 이 주술을 깨야 한다. 한국 외교가 5대 수렁에서 벗어나 초당적, 국익 위주, 전략적, 정책적 외교의 길로 나가는 일은 4강에 둘러싸이고 분단된 한반도에 살면서 통일을 지향해야 하는 우리에게 너무나 뒤늦은 시대적 과제다.

이 작업은 사회 여러 부문에 걸쳐 장기적인 노력을 요하는 일이 될 것이다. 그러나 6대 플레이어의 일부에서라도 작금의 한국 외교 생태계를 이대로 둘 수 없고, 누구라도 각자의 위치에서 작은 역할이나마 해야 한다는 인식을 새롭게 한다면, 그것은 소중한 희망의 등불이 될 것이다.

다음 장에서 시작되는 글들은 필자가 이러한 문제의식 아래 작은 역할이나마 하고자 했던 노력의 결과물이다. 2016년 북한이 핵과 미사일 도발을 가속하던 때로부터 최근까지 주요 외교 현안이 생길 때마다, 한국식 담론 생태계의 대척점에서 냉철한 현실주의에 기반을 둔 정책적 대안을 제기하려고 했던 나름의 시도를 모은 것이다.

제2장

북핵 문제

정상 외교 전야:
도발하는 북한,
치닫는 위기

북한의 4차 핵실험,
중국 탓은
득책이 아니다

북한이 4차 핵실험을 하자마자 주요 관련국들은 서로를 탓하기에 바쁘다. 우려하지 않을 수 없다.

주지하듯이 우리 앞의 당면 과제는 국제사회의 의견을 모아 북한의 도발적 행동을 견제할 적절한 대처 방안을 도출하는 것이다. 그 성패는 중국과 러시아의 협조에 달려 있다. 이 작업은 안보리에서 막 시작되었다. 그런데 핵실험 직후 미국에서 중국에 대한 비판이 나왔고, 중국은 이에 강하게 반발하였다. 미국과 중국 간에 날 선 공방이 일었다. 먼저 사태를 촉발한 것은 미국 고위 당국자였다. 비슷한 시기에 한국에서도 중국에 대한 비난 여론이 번졌다. 한국 사회 특성인 쏠림 현상을 감안한다면, 비등하는 여론이 정책을 반중국 방향으로 몰아갈 소지도 배제할 수 없다. 이런 상황의 진전은 비생산적일 수 있다. 왜 그런가?

그간 중국과 러시아가 북한 핵 문제와 관련하여 보여온 행동에 대해서는 이를 옹호할 뜻도, 그럴 이유도 없다. 그러나 중국과 러시아의 대북 정책 배경에 그들 나름의 지정학적 전략적 고려라는 엄혹한 현실이 있으니, 우리로서는 호불호를 떠나 현실주의로 대처해야 한다. 더욱이 중국은 근래 미국과 경쟁하고 대립하면서 북한을 더 복잡한 셈법으로 보고 있다. 러시아는 크림반도 사태 이후 거의 모든 대외 이슈를 미국과의 대립이라는 프레임으로 보고 있다. 북한 문제에 대해서도 마찬가지다. 또 양국 모두 과거 제국 시절의 손상된 자존심을 회복하려는 분위기 속에 있어서, 외부의 비판에 민감하다. 과오를 인정할 여유가 없는 심리 상태에 붙잡혀 있다. 남을 가르치려 할지언정 가르침을 받기는 싫어한다. 자존심의 문제에 대해서는 과도하게 반발한다.

그러나 다른 한편, 중국의 대외 행태를 큰 흐름 중심으로 관찰해보면, 조금씩이나마 책임 있는 행위자를 지향하고 있다는 점이 드러난다. 러시아도 핵 비확산 조약(NPT) 체제의 공동 설립자로서, 적어도 국제 핵 비확산 문제에 대해서는 상대적으로 책임 있는 처신을 하려고 한다. 중국과 러시아 모두 내심으로는 북한의 도발에 대해 피로감을 느끼고 있다.

이렇다면 우리의 대처는 중국과 러시아의 심리에 유의하면서, 미·중 경쟁이나 미·러 대립의 주술이 북핵에 미칠 영향은 최소화하고, 북핵의 문제점과 국제적 책임을 설득하는 쪽이어야 할 것이다. 그럼으로써 중국과 러시아가 기존의 지정학적, 전략적 관점을 새롭게 진화시켜 가도록 유도하는 방향이어야 할 것이다. 그런데 정작 벌어지고 있는 일은 미국이 중국을 공개 비판하고, 한국 여론은 이에 호응하는 상황이다.

공개적 비판은 중국과 러시아의 특성상 역효과의 소지가 크다. 지금 물은 좀 엎질러졌으나, 아직 늦은 것은 아니다. 상호 비난으로 안보리 논의가 길어질 수 있으니, 우리가 나서서라도 비난 게임이 중단되도록 미국 및 중국과 협의하고, 미국·일본 등과 함께 중국과 러시아의 전향적 태도를 유도하는 막후 외교에 나설 필요가 있다. 그럼으로써 중국과 러시아가 북한의 도발 때문에 '하는 수 없이 국제적 다자 컨센서스(consensus)에 편승'하도록 빌미를 제공하는 것이 좋다. 이것이 중국과 러시아를 우리 쪽으로 견인하는 현실적 접근이다.

북한이 3차 핵실험을 했을 때 안보리에서 이러한 현실적 접근이 시도됐었다. 그때 중국과 러시아의 협조 수위가 상대적으로 높았다. 그때는 북한이 중국에 대해서 비굴하게 미국을 추종하였다고 맹비난했을 정도였다.

이번에 우리는 그때보다 더 앞으로 나아가야 한다. 그러려면 하루빨리 미국과 중국 간의 비난 게임을 뜯어말리고, 진지하게 안보리 문안 협상에 나서 중국과 러시아의 협조를 끌어내야 한다.

이와 관련된 또 다른 유의점은 안보리 차원의 조치와 안보리 밖의 일방적 또는 소·다자적 행보를 어떻게 배합할 것이냐이다. 지금 한국과 미국은 안보리 밖에서 북한의 도발을 억지하기 위한 군사적 대비 태세를 강화하고 있다. 물론 핵실험이라는 안보 위기를 맞아 한국과 미국이 연합 억지력을 강화하는 것은 불가피할 것이다. 그러나 이러한 행보가 안보리에서 중국과 러시아의 협조를 압박하는 정도를 넘어서, 협조 거부를 야기할 수준은 아닌지를 잘 살필 필요가 있다.

중국과 러시아는 이미 시작된 미국의 대중국, 대러시아 비난 게임에 자극받아서인지, 한국과 미국의 전략 자산 전개에 한목소리로 반대하고 있다. 안보리 논의 와중에 중국과 러시아가 '북한의 핵실험도 문제이지만, 한국과 미국의 전략 자산 전개도 문제'라는 식의 양비론을 펴는 일은 바람직하지 않다. 기본적으로 중국과 러시아는 미국의 동북아 지역 내 군사전략에 민감하고, 미국이 군사력을 활용하여 일방적으로 압박을 가하는 일에 부정적이다. 중국과 러시아는 안보리 차원의 다자 조치를 선호하며, 각국의 일방적 조치는 막으려고 해왔다.

그렇다면 우리로서는 우선 안보리 논의에 집중하여, 다자적 조치로 우리가 추구하던 목표의 상당 부분을 달성하려는 노력을 하되, 추후 미진한 부분이 있다면 이를 일방적 또는 소·다자 조치로 메우는 접근을 하는 것이 합리적일 것이다. 양자 차원의 압박 조치가 안보리 협의를 저해하지 않도록 강도와 수순을 세심히 고려할 필요가 있다는 말이다.

마지막으로 제기하고 싶은 것은 우리가 제재 압박을 추구하면서도, 언젠가 재개될 협상을 잊지 않아야 한다는 것이다. 제재 압박은 수단이며, 진정한 목적은 이를 통해 비핵화의 본질적 진전을 기할 협상을 유도하는 것이기 때문이다. 그러므로 안보리를 포함한 우리의 제재 압박 노력도 협상을 겨냥하여 추진되어야 한다.

4차 핵실험을 계기로 중국과 러시아를 좀 더 우리 쪽으로 견인해 내거나, 중국과 러시아가 북한의 도발이 미칠 악영향에 대해 우리와 좀 더 진지하게 공감하도록 만들 수 있다면, 이는 향후 협상에서 유용한 자산이 될 것이다. 협상에서 5자 공조 수위가 높아질 것이기 때문이다. 지금 진행될 중국 및 러시아와의 안보리 협의가 이러한 방향으로 진행되기를 기대한다.

많은 사람이 북한 핵 문제와 이란 핵 문제를 비교하면서, 이란 핵 협상 결과를 선망한다. 이란 핵 협상은 상임이사국 5개국과 독일이 한편이 되어 공조하면서, 이란을 상대로 협상한 결과물이다. 이에 비하면 북핵 협상에서 5

자 간 공조는 갈 길이 멀다. 그러나 지금은 북한이 연속적인 도발을 함으로써, 5자가 공조를 강화할 수 있는 역설적인 여건이 생겨나는 상황이다. 중요한 것은 우리가 북한의 도발을 이용하여 5자 공조를 강화해 가는 새 구도를 짤 역량을 발휘할 수 있느냐일 것이다.

4차 핵실험이 중국·러시아와 한국·미국·일본 간에 감정의 골만 깊게 하는 계기가 되고 만다면, 그것은 북한에 윈-윈(win-win)을 안기는 우가 될 것이다. 이를 피하려면, 중국과 러시아라는 현실을 냉엄하게 인식하는 기초 위에서, 도발까지 활용하는 현명하고 현실주의적 접근에 눈을 돌려야 한다.

북한의 핵실험을
역이용해보자

북한이 4차 핵실험을 한 후 달포가 지난 시점에서 각방이 취하고 있는 대응을 보면, 국제사회 차원의 의견을 모은다기보다 서로 엇나가는 편에 가까워 보인다. 본디 취해야 할 첫 스텝은 도발을 계기로 한국과 미국, 일본이 중심이 되어 중국 및 러시아와의 공조를 모색하고 최대한의 안보리 조치를 끌어내는 것이다. 그리고 미진한 부분은 일방 제재로 보완한 후, 미래의 협상이 단순 6자 간 구도가 아닌 5자 대 북한의 구도가 되도록 원모(遠謀), 심려하는 것이다. 그런데 실제 벌어진 일은 이와는 거리가 멀었다.

　일단 북한의 핵실험이 중국과 러시아를 분노하게 한 것은 맞다. 그동안 지정학적 고려 때문에 북한을 감싸왔던 중국과 러시아에도, 잠시나마 핵 비확산 명분을 위해 북한에 대한 징벌 쪽으로 움직일 계기가 생긴 셈이다. 그런데 이런 기회라면 기회인 상황에서 북한의 핵실험이 누구 탓인지를 두고 미국이 중국을 지칭하는 일이 벌어졌다. 중국은 발끈하였다. 이처럼 미국과 중국 사이에 공조의 모멘텀이 손상된 데서부터 일이 틀어졌다. 이러한 분위기에서 미국의 존 케리(John Kerry) 국무장관이 방중 협의를 하였다. 공조 논의는 책임론 공방에 묻혀버렸다. 격앙된 중국은 안보리 결의안 협의를 설 연휴 이후로 지연시켜, 북한에 대한 징벌 분위기의 김을 빼려 하였다.

이러는 사이에 북한은 다시 로켓 발사로 도발을 하여, 상황을 한 번 더 뒤틀어버렸다. 돌이켜 보면, 북한은 로켓 발사 전에 이를 시사한 바 있었다. 중국은 발사가 예상되자 크게 당황하였다. 중국으로선 미국의 대중국 비난 행태가 마땅치 않아 안보리 협의를 지연시키고 있는데, 북한이 또 로켓을 발사하면 중국에 대한 국제사회의 비난이 더 가중될 것이 분명하기 때문이다. 중국은 북한을 만류하기 위해 급거 우다웨이(武大偉) 대표를 보냈다. 그러나 북한은 바로 로켓 발사를 공지해버렸다. 그러고는 실제 발사를 해버렸다.

중국은 크게 분노하였는데 이는 다시 한번 중국을 국제 공조에 끌어당길 수 있는 기회를 제공하였다. 그러나 실제 벌어진 일은 또 달랐다. 미국이 로켓 발사는 중국의 뺨을 때린 것이라고 공개적으로 중국 탓을 하자, 중국은 북한이 누구 뺨을 때렸는지는 말한 측이 알 것이라고 맞받았다. 아픈 데를 건드리자, 중국은 반발로 곤경을 덮으려 한 것이다.

사실 그간 중국의 협조는 미진하였으나 적어도 공조 방향으로 조금씩 나오는 추세는 분명하였으므로, 이를 조장하는 것이 계기마다 할 일이었다. 그러나 계속되는 네 탓 공방이 또 일을 그르친 셈이다.

이 국면에서 각국의 일방적 조치들이 쏟아져 나왔다. 한국 박근혜 정부의 사드 배치 협의 개시, 일본의 대북 제재 복원, 한국의 개성공단 가동 중단, 미국의 북한 제재 법안 통과 등이 그것이다. 이러한 일방 조치가 안보리 협의에 시너지를 줄 가능성은 적다. 오히려 그 반대일 가능성이 크다. 벌써 중국과 러시아는 사드 문제를 걸어 대미 공세를 강화하고 있다. 중국과 러시아가 자국 안보와 지정학적 이해에 집착하여, 둘만의 공조로 가려고 하지 않을까 염려된다.

한편, 국내에서는 강력한 대북 조치를 주문하는 담론들이 넘쳐났다. 핵무장으로부터 필살 제재, 중국과 러시아의 행태에 대한 격한 대응에 이르기까지 실현이 어려운 주장들이 나와 합리적 대안 형성을 저해할 정도가 되었다.

이처럼 이제 북핵 외교는 또 다른 국면에 들어섰다. 앞길에 요동이 많을 것임을 알 수 있다. 우리 외교가 새로운 상황에 대처하는 데 참고가 되기를 바라는 마음에서 몇 가지 주문을 하고 싶다.

첫째, 냉정한 현실주의에 확고히 서야 한다. 정치권이나 여론의 격한 주문에 휘둘리지 않아야 한다. 그렇지 않아도 우리 사회의 외교 · 안보 논의 과정은 특이하다. 정파와 이념에 경도되고 포퓰리즘과 감정에 좌우되는 일이 잦다. 더욱이 지금은 선거를 앞둔 때이다. 현실주의의 요체는 국제 정세를 정확히 읽고 우리의 역량과 한계를 냉정히 알아 대처하는 것이다. 국제정치 현실은 냉혹한데, 우리가 반면을 좌우할 것처럼 사고하는 것은 비현실적이다. 우리가 북핵 문제에 있어서 이스라엘이 자국 주변에서 하듯 단호한 군사 행동을 해온 것도 아니므로, 한반도에서 우리의 독자적 영향력은 제한적이다. 4강에 둘러싸이고 분단되어 북핵을 해결해야 하는 우리로서는, 동맹과 동반자를 지혜롭게 활용하는 외교를 펼쳐야 한다. 그래야 일정한 영향력을 행사할 수 있다.

둘째, 지금 상황이 더 나빠졌으나 중국과 러시아를 공조로 유도하는 노력은 지속해야 한다. 우리에게 북핵은 사활이 걸린 이슈이지만, 다른 나라로서는 국경 안보, 대미 관계 등 여타 계산도 연루된 복합적인 사안이다. 그러므로 우리가 할 일은 욱하거나 원망할 것이 아니라 도발을 활용하여 중국과 러시아를 끈질기게 유도하는 것이다. 감정을 내려놓고 네 탓 공방은 말리면서 미국과 중국, 러시아가 공조하도록 촉진자 역할을 해야 한다.

셋째, 이 역할을 할 때 강대국 간 관계의 큰 맥락을 잘 짚어야 한다. 북핵 공조에 영향을 미칠 미국과 중국 관계의 큰 틀은 지난 수년간 경화되었다. 케리 미국 국무장관의 중국 방문도 캄보디아 라오스 방문에 이은 것인데, 중국은 이 여정이 중국 견제를 위한 미·아세안 정상 회의 준비를 위한 포석이라고 보고 있었다. 또 케리 장관 방중 직전에 미 군함이 남중국해의 중국 관할 섬 인근을 항해한 일도 있었다. 케리 장관의 중국 방문이 중국의 긍정적인 반응을 끌어내기 어려웠던 배경이다. 더욱이 방중 전 미국과 중국 간에 네 탓 공방까지 있었으니 더 말할 것이 없다. 미국과 러시아 관계도 우크라이나 사태 이래 경색 국면이다. 이런 환경에서 사드가 쟁점으로 추가되었다. 이처럼 현실은 우리에게 강대국 관계의 큰 맥락 속에서 북핵 공조에 여지를 찾아낼 창의력을 요구한다.

마지막으로 강대국을 상대할 땐 주도면밀해야 한다. 빌미를 주지 않아야 하고 사전 대처를 잘해야 한다. 그러면서도 거친 행동에 대비해야 한다. 우리만 댄스 하는 줄 알고 상대를 붙들고 도는 동안 상대는 이미 유도 경기를 벌이고 있을 수 있다. 아울러 대외적 어려움 앞에서 대내적 단합과 지구력을 보여야 그나마 강대국에 대처할 수 있다는 것도 기억해야 한다.

우리 외교는 험로에 있다. 한국 외교가 리얼리즘과 사려 깊은 대응으로 이 길을 헤쳐가기 바란다. 사회적 담론도 이 방향으로 전개되기 바란다. 어떻게든 북한에 대량살상무기(WMD) 능력과 한국 내 분열 그리고 국제 공조 균열이라는 일석삼조를 안겨주는 일을 허용해서는 안 될 것이다.

미·중, 미·러
불화 시대의
북핵 외교

최근 한반도의 주변국들이 보여준 북한 관련 움직임은 난이도가 높아져 가는 북핵 문제의 새로운 현실을 드러내 보여주었다. 자연히 우리의 대응을 다시 생각해보는 계기도 되었다.

북한 리수용 당 중앙위 부위원장의 중국 방문과 미사일 실험, 안보리 의장 성명, 미국의 자금 세탁 우려국 지정, 미·중 간의 각종 마찰과 미·중 경제 전략 대화에서의 상호 공방이 한꺼번에 분출되어 보는 이들을 혼란스럽게 하였다.

상황이 혼란스러울 때, 관련된 그간의 경과를 재구성해보고 배경에 깔린 작동 원리를 따져보는 일은 사안에 대한 이해를 높이는 데 도움이 될 것이다. 먼저 중국부터 살펴보자.

중국은 북핵 문제와 관련된 자신의 행동을 설명할 때 중국의 입장은 명확하고 일관된다고 강조한다. 아마도 중국 스스로 자신의 입장이 모호하고 상호 모순된다는 점을 의식하여, 굳이 명료성과 일관성을 강조하려는 듯하다.

중국은 북한 비핵화를 추구하면서도 이웃인 북한이 갖는 지정학적 이해 또한 중시한다. 두 마리 토끼를 쫓는 셈이다. 그렇기 때문에 핵 비확산을 중심으로 보면 중국의 행보는 혼란스럽게 비친다. 근자에는 여기에 미·중 간의 불화라는 추가 요소가 투영되어 더 혼란스럽게 보인다.

북한 리수용 부위원장의 방중은 중국의 이러한 처지를 극명하게 드러낸 계기였다. 애당초 방문은 북한과 중국 간의 고위급 소통을 강화하여 경색된 북·중 관계를 복원시키려는 목적으로 추진되었을 것이다. 중국 또한 이 계기를 선용하고자 진지하게 임하였을 터이고, 시진핑 주석 예방도 관례에 따라 추진되었을 것이다.

문제는 북한이 리수용 부위원장의 방중 기간에 미사일 발사 실험을 한 데에서 발생하였다. 북한의 행위는 중국에 방자한 일이 아닐 수 없다. 안보리가 즉각 의장 성명으로 규탄하였다. 그런데 안보리 상임이사국인 중국의 국가원수가 안보리가 규탄 성명을 내는 날 규탄 대상인 북한의 대표를 접견하였다. 아주 어색한 일이 아닐 수 없다. 중국이 이를 모를 리 없으니, 알고도 접견을 했다고 보아야 한다. 중국으로서는 앞서 말한 여러 요소를 두고 고심하다가, 밉지만 그래도 접견 없이 돌려보내는 것은 득이 아니라는 판단을 하였을 것이다. 같은 시점에 미국이 중국에 대해서 보인 '견제' 행보에 대해 대응한다는 의미도 있었을 것이다. 또 북한이 실시한 미사일 실험이 실패하였으므로, 도발이 그리 심각하지 않다는 아전인수격 자기 합리화가 작동하였을 수도 있다.

결과적으로 중국의 행동은 비핵화 명분과 지정학적 이해관계, 대미 대결 심리라는 서로 다른 고려 요소 사이에서 임시방편적 대응으로 해석된다.

러시아도 유사한 행보를 보여주고 있다. 러시아의 경우는 북한에 대한 지정학보다 대미 대결 시각이 북핵에 더 영향을 준다고 해야 할 것이다. 우크라이나 사태 이래 악화된 미·러 관계가 북핵에 영향을 주고 있다. 러시아의 북핵 관련 언급이 종래보다 좀 더 양비론적 성격을 띠고 있음은 부인할 수 없는 사실이다. 러시아는 한국과 미국이 보여주고 있는 북한 WMD에 대한 억지력 강화 노력이 과도한 군사 정책이고, 실제로는 러시아와 중국을 겨냥한 함의가 있는 움직임이라고 본다.

러시아는 지난 5월 초 이래 북한의 미사일 실험에 대응하는 안보리 의장 성명에 막판 제동을 건 바 있다. 러시아는 한국과 미국의 한반도 군사 활동 축소 요구를 결의안에 추가할 것을 요구하였다. 결국, 의장 성명은 무산되었다. 이러한 상황 전개는 현 국면을 보는 러시아의 관점을 말해준다.

그런데 최근 북한이 미사일 실험을 하자, 미국이 의장 성명을 다시 추진하였다. 이번에는 러시아가 즉각 동의하였다. 이번 결의안에 군사훈련 자제 문구가 포함되지 않았는데 러시아가 왜 가로막지 않았는지 흥미롭다. 아마도 러시아는 북한 비핵화와 대미 관계에 대한 전술 전략적 고려하에 그때그때 완급을 조절하는 임시적인 대응을 하고 있다고 여겨진다.

그러면 미국과 일본은 어떤가? 미국과 일본도 북한 비핵화 외에, 중국의 부상을 기존 질서와 규범 체계의 틀 속에서 관리하려는 전략적 목표를 갖고 대응하고 있다. 중국은 이를 견제 내지 방해라며 반발하고 있다.

지금 미국은 중국과 남중국해를 비롯한 거의 전 이슈에 걸쳐 마찰을 보이고 있다. 미국은 부상하는 중국이 보편적 국제 규범을 존중하지 않으면 지역 안정이 깨진다고 보고, 아시아 재균형 정책을 취하고 있다. 미국으로서는 무역에서부터 통항, 영역 획정, 사이버 이슈에 이르기까지 중국이 세계 질서를 새로 쓰게 할 수는 없다는 것이다. 화웨이에 대한 조사와 철강 등 반덤핑 조사도 이런 맥락에서 나왔다. 일본은 이러한 미국의 접근에 적극 협력하고 있다.

미국은 러시아에 대해서도 우크라이나 사태 이래 국제법 위배 사례를 묵과할 수 없다며 제재 압박하고 있고 러시아는 반격하고 있다.

이처럼 미국과 일본도 북한의 비핵화를 중시하지만, 또 다른 정책 목표들이 있다는 말이다. 그러니 이것을 함께 좇다 보면 오른손이 하는 일을 왼손이 흐트러뜨리는 일이 생긴다.

이러한 환경 속에서 미국은 북한의 미사일 발사에 대해 안보리 의장 성명을 주도하고, 자금 세탁 우려국으로 지정하는 등 북한 비핵화와 관련된 주요 행보를 하고 있다. 이것은 안보리 제재 강화에 해당하는 것이므로 성과는 중국과 러시아의 협조에 달려 있다. 그러나 지금의 분위기로 보아선 중국과 러시아의 적극적 호응을 기대하기 쉽지 않을 듯하다.

문제는 이러한 사정을 북한이 악용할 것이라는 점이다. 북한은 미국·중국·러시아 간의 경쟁으로 인해 치명적인 대북 공조는 성사될 수 없으며, 언제든 강대국 간의 틈새를 비집고 운신할 공간이 있다고 여긴다. 그래서 쉽게 방자한 도발 행위를 하는 것이다.

특히 김정은 체제하에서 북한의 핵 정책은 전보다 격하고 급하게 움직이고 있다. 이제 북한은 비핵화 목표를 부인하고 핵과 미사일 능력 개발에 매진하면서 계속 도발을 예고하고, 동시에 경제 발전을 위해 중국·러시아와 관계 복원에 나서고 있다.

리수용의 시진핑 주석 예방은 북한식 틈새 접근이 가능하다는 인식을 북한에 주었을 것이다. 북한은 병진 노선을 지속하면서 중국과 관계 복원을 한다는 접근에 대해 중국 최고 지도부가 양해했다고 해석할 것이다.

러시아와 북한 간 관계도 근래에 호전되었다. 북한이 우크라이나 사태에 대해 각별히 러시아 편을 들면서부터다. 북한은 러시아에도 자신의 병진 노선을 세일즈 할 수 있다고 볼 것이다.

다만 이러한 암울한 여건에도 불구하고, 역설적인 위안은 북한의 계속되는 도발이 북·중 관계 복원과 북·러 관계 진전에 감속재로 기능하고 있다는 사실이다. 만일 북한이 계속 도발을 하지 않았다면, 미·중, 미·러 관계 흐름을 볼 때 북·중, 북·러 관계는 더 진전되고 북핵 관련 국제 공조는 더 흐트러졌을 것이다.

상황이 이러하므로 우리의 대응은 치밀해야 한다. 북핵 문제의 관점에서 보면, 핵 비확산 명분이 구심력이라면 각국의 여타 전략적 고려는 원심력이다. 우리에게는 어떠한 정책 목표보다 북한 비핵화가 압도적으로 중요하다. 그러므로 한국은 구심력을 강화하고 원심력을 줄이는 일을 해야 한다. 각국이 양자 경쟁을 하더라도 북핵에 대해서는 국제사회에 대한 공동의 위협으로 보고 공조하는 환경을 조성하려는 노력을 멈추지 않아야 한다.

이란 핵의 경우, 문제를 해결하려는 구심력이 미국·러시아·중국 간의 경쟁이라는 원심력보다 컸기 때문에 협상 구도가 국제사회 대 이란 식이 되었고 타결이 가능하였다. 북핵의 경우는 원심력이 더 크니, 협상 구도는 빈번히 한국·미국·일본 대 북한·중국·러시아 식이 된다.

이와 관련하여 몇 가지 제기하고 싶은 유의점이 있다. 우선 한·미·일 3

자 회동이다. 한·미·일 3자 공조는 튼튼히 해야 하지만, 이것은 중국과 러시아를 공조로 끌어들이는 데 장애가 되기도 한다. 미국과 중국, 러시아 간의 불화 시기에는 더욱 그렇다. 그러므로 3자 회동은 북한의 도발이나, 중국·러시아의 부정적 행보가 있을 때 반응하는 식으로 운용하는 것이 좋다. 이러한 관점에서 근래 눈에 띄는 한·미·일 3자 회동들이 실제로 효용이 있는 일인지 언뜻 이해하기 어렵다.

두 번째로는 제재 위주의 대북 정책이다. 지금의 국면에서 제재가 전면에 나오고 중시되는 것은 당연하나, 제재만이 문제 해결 방안인 것처럼 접근하면 중국과 러시아의 공조를 확보하기 어렵고, 제재 이행에 대한 협조도 얻기 어렵다. 이러한 접근이 그들의 전략적 원심력을 촉발할 것이기 때문이다.

마지막으로, 사드에 대해 이야기하고 싶다. 사드는 북한의 WMD 정책과 이에 대처해야 하는 한·미의 방어 노력, 그리고 중국과 러시아의 지·전략적 이해가 충돌하는 첨예한 이슈가 되었다. 전형적인 원심력 소재이다.

어차피 사드 배치를 한·미 간에 협의하기로 한 이상, 이제 우리는 엄중한 외교 게임의 와중에 들어섰다고 보아야 한다. 우리로서는 이 방어 체계가 북한의 남한 지역에 대한 미사일 위협에 대처해야 하는 한국의 안보 이해로 특정하여 다루어야 한다. 이것을 미국의 동아시아 지·전략적 셈법으로 보려는 중국과 러시아의 시각을 적극 완화하려는 노력을 해야 한다.

그런데 사드 배치 문제에 있어 우리가 논의를 주도하지 않고 미국에 끌려가는 모습을 보이면, 중국과 러시아는 이것이 한국의 안보 이슈가 아니라 미국의 지·전략적 정책 이슈라고 확신하게 될 것이다. 그럴 경우, 사드를 다루기는 더 어려워진다. 또한 중국과 러시아는 한국이 미국의 전략을 추종하는 것으로 보고, 그 후과를 한국에 지우는 것이 온당하다고 생각할 것이다.

이에 더하여, 북핵 공조를 위한 구심력은 사드를 둘러싼 강대국 간 전략적 대립이라는 원심력에 떠내려갈 것이다. 북한은 준동할 공간을 더 얻게 될 것이다.

우리의 대응에 따라서 이러한 일이 생겨날 소지가 없지 않아 보인다. 미국과 중국·러시아가 불화 시대에 들어선 지금, 우리 북핵 외교에는 창의성과 유연성·적극성이 더욱더 요망된다.

한국과 미국
정권 교체기의
북핵 대응

김정은의 핵·미사일 정책은 격하고 급하다. 일 년에 두 차례나 핵실험을 하고 무수히 미사일을 실험하는 행태는 선대인 김정일 시대에 비추어 보더라도 악성이다.

그런데 김정은 시대의 극악한 핵·미사일 행태에도 역설적인 유용성은 있다. 김정은 시기에 들어서서 북한은 수많은 도발을 통해 일관된 정책적 방향성을 드러내었다. 그러한 결과로 이제 우리는 북한의 전술적 전략적 의도와 겨냥 점을 명확히 알 수 있게 되었다.

북한은 분명히 핵무기 소형화와 경량화, 운반 수단의 고도화를 과시하는 데 집중하고 있다. 제재를 비웃고, 후견인인 중국의 만류나 평화협정 병행 논의 제안도 무시하며 거칠게 나가고 있다.

또 북한은 서두르고 있다. 몇 주가 멀다 하고 미사일 실험을, 몇 달이 멀다

하고 핵실험을 한다. 요행을 바라듯, 무수단 미사일을 오전과 오후에 연달아 발사하기도 한다. 5차 핵실험 직후 대형 엔진 실험에 성공하였다고 선전한 것도 같은 맥락이다. 핵실험으로 안보리가 소집되는 중에 미사일 도발을 하는 것은 4차 핵실험 후 상황과 판박이다. 조급성을 보여주는 것과 동시에 핵실험에 이어 미사일 추가 발사가 있을 것을 암시한다.

이렇듯 격하고 급한 행보의 겨냥 점은 어디일까? 물론 궁극적으로 핵 보유를 지향하겠으나, 우선은 미국을 타격할 역량을 입증하려는 것으로 보인다. 미국 대선에 맞추어 충격 효과를 키우고자 서두르고 있다.

과거에 북한은 미국에 정부가 들어서면 도발을 해왔다. 1993년 클린턴 대통령 취임 후 NPT 탈퇴, 2009년 오바마 대통령 취임 후 2차 핵실험, 2013년 오바마 대통령 재선 후 3차 핵실험을 하였다. 예외라면 2001년 부시 대통령 취임 때 정도인데, 그때는 이렇다 할 도발이 없었다. 부시의 카우보이 식 대응을 의식하여 다소 자제를 하였을 수 있다. 그러나 2005년 부시 대통령이 재선되자, 북한은 핵무기를 제조하였고 6자회담은 안 하겠다고 선언하여 판을 흔들었다.

북한은 이런 식으로 대미 위협을 하여 어찌하겠다는 것인가? 여기에서 북한이 일단 새로운 대미 담판을 꿈꾸고 있다는 추론을 끌어낼 수 있다. 담판이 아니라면 지금과 같은 수순과 시점에서 구사하는 위협적 수사학을 해석하기 어렵다. 위협을 고조시키면, 미국의 새 대통령은 누구라도 압박의 방향이든 협상의 방향이든, 오바마 대통령보다 강하게 밀고 나가지 않을 수 없다. 그때 벼랑 끝에서 고강도 협상을 벌여 돌파구를 모색하려는 것이 북한의 계산일 터이다. 북한은 미국의 새 정부와 사실상의 핵 능력 인정, 평화 체제,

군사 안보 문제 등을 놓고 담판하려는 것이다.

벌써 워싱턴에서는 군사 옵션이 언급되기 시작하였다. 우선 미사일 발사 대나 비행 중인 미사일을 타격하는 방안, 무력을 수반한 선박 취체 등을 예상할 수 있다. 그런데 미국으로서도 강수를 채택하기 전에 협상을 시도하려 할 수 있다. 긴장된 협상이 될 것이다. 이 협상이 실패하게 될 경우, 강수의 명분이 된다.

한편 우리 쪽을 보면, 이때가 현 정부의 마지막 해이자 대선 기간이다. 북핵 상황이 대선을 흔들 소지가 있다. 현 정부는 물론 차기 정부도 미국과 강압 또는 협상 모두에 대해 고난도 조율을 대비해야 할 것이다.

사정이 이렇다면, 현재 우리 내부에 존재하는 몇 갈래의 대처 방향을 다시 생각해볼 필요가 있다. 우선 박근혜 정부는 가변적인 상황에 적응하기 어려운 대처 입장을 갖고 있다. 지금 정부가 취하고 있는 제재 압박 위주 대응은 미국이 북한과 협상하려 할 때엔 반대 입장이라 적응이 어렵고, 미국이 강수를 쓰려 할 때엔 딜레마에 빠질 수 있다. 우리 여론은 군사 옵션에 반대할 공산이 크기 때문이다. 이럴 경우 미국과 엇박자를 내거나, 아니면 사드 때처럼 급 변침(變針)이 불가피할 것이다.

정치권 일각에서는 핵무장, 전술핵무기 도입 등 강성 스탠스가 대두되고 있다. 이 주장은 실현 가능성도 없고 유용성도 없다. 정치권의 또 다른 대처 입장은 대화 일변도의 주장이다. 향후 상황이 북한발 도발과 이에 따른 대립을 중심으로 전개될 것이므로, 이 또한 걸맞지 않을 것이다. 유사한 일을 사드 사례에서 본 바 있다.

만일 한국 대선에서 핵 문제가 이슈가 되고, 논의가 객관적 정세와 무관하게 한국식 싸움 논리에 따라 강온 양극단으로 가게 되면, 승리한 쪽은 자신의 접근 방안이 국민적 위임을 받았다고 여길 수 있다. 이러한 결말은 우리의 대응을 제약하므로 우려해야 할 일이다. 그렇지 않아도 우리 내부에는 매사를 원론과 극단으로 몰아가는 관성이 있다. 대선 열기는 이 관성을 부추길 소지가 크다.

압박과 협상은 둘 다 연장 상자에 없어서는 안 될 필수 도구이다. 상황에 따라 쓰이는 비율이 다를 뿐이다. 도발하면 압박이 강화되는 것은 당연하다. 그렇기에 협상을 통해 상대의 응수를 타진하고, 다음 수순을 선택해야 한다.

안타깝게도 한국에서는 이념 대립의 결과로 압박과 대화라는 용어가 둘 다 오염되었다. 보수는 대화를 포상으로 여기고, 진보는 압박을 대화 저해 요소로 보는 경향이 있다. 그러나 현실에서는 하나만으로는 안 된다. 중국 공산당의 유격전 교범에 나오는 담담타타, 타타담담(談談打打, 打打談談)에 시사점이 있다. 대화와 압박을 함께 구사해야 한다.

이제 우리도 북한의 의도를 감안하여 대응을 정립할 필요가 있다. 핵에 대해서는 정파와 이념을 내려놓고, 국익 위주로 초당적이고 합리적인 선택을 고민해야 한다. 대선은 이를 향한 국민적 의견 수렴의 정치 과정이 되어야 한다. 대선이 북핵 대처를 양극화하는 굿판이 되지 않도록 경계해야 한다. 상황은 강수와 협상 모두를 요구할 것이기 때문이다.

향후 일 년여는 북핵 문제의 향배에 중요한 겨루기의 시기이다. 북한은 이 게임을 향하여 격하고 급하게 가고 있다. 한국과 미국은 대선이라는 열기와 불확실성의 시기로 들어가고 있고, 이 속에서 각자 냉철한 선택과 정교한 상호 공조를 해야 하는 과제를 안고 있다.

과도기 황교안 체제의
대중적 북핵 정책에 대한 우려

북한이 트럼프 행정부를 상대로 도발을 가속화함에 따라 북핵 상황은 심각한 국면에 들어섰다. 사태의 시작은 신형 미사일 실험이었다. 트럼프 대통령이 당선된 이후 최초의 도발이다. 이어 김정남 암살 사건이 터졌다. 상황을 주시하던 미국은 그동안 미국의 민간단체가 추진하던 북한 외무성 국장의 뉴욕 개최 트랙2 회의 참석 초청을 저지하였다. 그에 대한 비자 발급을 거부한 것이다. 그러고는 강도 높은 한·미 연합훈련을 실시하였다. 미국의 트럼프 행정부는 여러 옵션을 놓고 대북 정책을 검토하기 시작하였다. 그러자 북한은 다시 주일 미군 기지를 타격할 수 있는 미사일 실험을 하였다. 미국의 정책이 강경해질 개연성이 점점 더 커졌다.

그간 김정은의 북한은 핵과 미사일 능력 향상을 위해 내달려 왔다. 그 겨냥 점은 차기 미국 행정부와 강화된 입지에서 담판을 벌인다는 것이다. 북한이 미국 대선 때마다 해오던 게임인데, 트럼프 대통령이 취임하자마자 신형 미사일 실험으로 북한식 담판 요청서를 내민 셈이다. 북한은 앞에서는 도발을 하고, 뒤에서는 북·미 트랙2 뉴욕 회의 참가를 모색해 왔다.

그러므로 북한으로서 지금은 오랫동안 도모해온 담판을 탐색하는 막바지 과정이다. 통상 북한은 이쯤에서 여의치 않으면 본격적인 대결 사이클을 시작한다. 그러니 지금은 새 사이클의 시작 여부가 결정되는 국면이라고 할 수 있다.

이 지점에서 우리의 대처가 문제가 된다. 과거 역사를 보면 한국은 정권의 이념적 성향에 따라 미국에 대해 징벌 아니면 대화라는 하나의 대응을 고집스레 주문하는 경향이 있었다. 지금도 이 패턴에서 벗어나지 않고 있다. 그간 제재 압박을 주창하던 한국은 이제 북·미 접촉을 반대하고, 테러 지원국 부각, 국제기구에서의 자격 박탈 등 대증적 강성 주문을 내놓고 있다.

결론부터 말하면 이것은 대증적이고 관성적인 접근일 뿐 전략적인 접근이라고 보기 어렵다. 두 가지 이유에서다. 첫째로는 지금이 새로운 대결 사이클로 넘어갈지 여부가 결정되는 중요한 국면이기 때문이다. 둘째로는 황교안 대행 체제하의 과도기 정부가 이러한 대응을 할 경우, 향후 한·미 간 정책이 엇박자로 이어질 수 있기 때문이다. 하나씩 살펴보자.

먼저, 대결 사이클로 갈지 여부에 대한 결정적 국면에 대해서 살펴보자. 본디 미국은 북한식 담판 시도에 부정적이다. 그러므로 한국이 미국에 강성 주문을 내면 미국이 이에 호응할 개연성이 크다. 그래서 첫째 우려는 지금과 같은 결정적 국면에서 미국이 강성 대처로 나가면, 미국과 북한 간에 상호 강경 대응이 이어져 결과적으로 대결과 정체가 오래갈 수 있다는 점이다. 이와 유사한 상황을 오바마 대통령 집권기 8년간 본 적이 있다. 동일한 대응을 반복하면서 다른 결과를 기대할 수는 없을 것이다. 트럼프 집권 4년간에도 같은 일이 이어질 수 있다. 이는 우리에게 바람직한 일일 수 없다.

그러므로 대북 제재 압박과 함께 접촉도 추진하면서, 차후의 강온 수순을 고려하는 것이 더 나은 전술일 것이다. 한국이 더는 북·미 접촉을 가로막지 않기를 바라는 까닭이다.

또 북·미 접촉이 열리게 되면, 그 반대의 경우보다 중국을 우리 쪽으로 견인하기가 쉬워진다. 북한의 미사일 발사 후, 중국은 북한산 석탄 수입 중단을 발표하였다. 그러자 바로 북한은 중국을 미국의 장단에 춤추는 대국이라고 맹비난하였다. 이처럼 중국이 북한의 막무가내식 행태에 혐오감을 갖고 있는 시점에, 중국이 오랫동안 요망해온 북·미 대화의 창을 열어 두는 것은 중국과 협의를 심화시키는 데 적절하고 시의성 있는 대응이다. 중국 견인은 관건적 이슈인 만큼 이를 위해서 유연할 필요가 있다.

두 번째 우려는 우리의 강경 주문이 예기치 않게 일을 키울 수 있다는 것이다. 만일 미국이 북한의 도발에 자극되고 우리의 강경 주문에 이끌려 군사 옵션까지 적극 고려하게 된다면 이는 우리가 생각하는 제재 압박의 수준을 넘어서는 일이 될 것이다. 1994년 1차 북핵 위기 때 한국은 미국에 강경책을 주문했다가 정작 미국이 군사 옵션을 고려하자, 극구 만류하는 쪽으로 급선회한 적이 있었다. 지금의 트럼프 행정부는 불가측성이 큰 정부이니 이 점을 감안해서 미국을 부추기는 일에는 신중해야 한다.

이와 관련하여 재고해야 할 문제가 김정남 암살에 대한 대처이다. 이 사건은 북한이 벌여온 북핵 게임과는 별개의 돌출 사안으로 보인다. 그것이 김정은의 지시 때문인지 충성 경쟁 때문인지는 알기 어려우나, 적어도 북핵과 관련된 대미·대남 전술의 일부는 아니라고 생각된다. 물론 테러 사례이고 화학무기 성분을 암살에 사용하였다는 점에서 화학무기 금지라는 명분으로도 심각한 문제임이 틀림없다. 그러나 이것을 북핵 강경 드라이브에 섞는 것이 현실적일지는 의문이다. 북한에 테러 모자를 다시 씌운다면 외교가 작동할 공간은 상당 기간 없어질 수 있다.

이제는 황교안 과도기 대행 체제와 관련된 문제를 살펴보자.

지금 한국에서는 정부가 과도기에 있고 정국은 대선 국면이다. 머지않아 새 정부가 들어선다. 과도기를 이끌고 있는 황교안 대행 체제는 차기 정부가 들어설 때까지 국정을 연결하는 일에 치중하는 것이 적절하다. 여기서 세 번째 우려가 나온다. 트럼프 행정부가 대북 정책을 검토하는 시점에서 과도기 한국 정부가 강성 주문을 내놓으면, 결과적으로 차기 우리 정부 입지가 제약될 소지가 있다. 만일 트럼프 행정부가 한국 과도기 정부의 주문대로 강경 선회를 결정해버리면, 향후 한·미 정책 조율이 난항에 빠질 수 있다는 말이다. 대행 체제에 그럴 권한이나 위임이 있다고 보기 어렵다.

그러므로 현 정부는 북한의 도발을 억지하는 조치를 추진하면서, 미국에는 한국에서 차기 정부가 등장할 때까지 대북 정책의 속도를 조절할 것을 권해야 한다. 미국도 조만간 한국에 새 정부가 온다는 점을 염두에 두고 정책을 검토해야 한다. 정책 옵션의 일부는 차기 한국 정부와 협의할 몫으로 남겨두어야 한다.

요컨대 북한의 도발이 혐오스럽더라도 현 국면에서는 냉철한 전략적, 전술적 고려를 해야 한다. 중요하고 미묘한 상황에서 대중적, 관성적, 강성 대응은 우려의 대상이 된다. 과도기 정부가 그렇게 하는 것은 부적절하기도 하다.

트럼프식
북핵 대응에
대처하기 위해서는

미국과 북한 간에 오가는 언사가 위태롭다. 정상이 직접 나서서 상호 간에 날 선 공방을 벌이는 전례 없는 일이 다반사로 일어나고 있다. 이러다가 자칫 군사 충돌까지 갈지도 모른다는 염려가 생길 정도다.

문제의 근원은 북한이 핵미사일 도발로 한반도 안보 구도에 변화를 가져오려는 데 있다. 그런데 국내에는 북한은 어찌할 수 없으니 미국을 말려야 한다는 소리가 높다.

그도 그럴 것이, 큰일이 나면 그 피해가 한국에 밀어닥칠 것이므로 일단 막고 보자는 심리가 국내에서 일어나는 것은 이해할 수 있다. 게다가 촛불 민심으로 진보 정부를 탄생시킨 뒤이니, 전쟁이냐 평화냐의 이분법적 관점이 통하기 쉬운 사회 분위기도 있다. 덧붙여 트럼프 대통령의 행태에 대해 미국 내에서도 비판이 상당하므로, 트럼프식 접근을 우려하는 우리 쪽 시각에 대해 미국 내에도 동조자가 있을 것이라는 인식도 생겨나고 있다. 이래저래 한반도 평화를 위해 미국과 대립도 불사하라는 주문이 정부에 가해지고 있다. 이것이 트럼프 방한 전야의 한국 내 분위기다.

　그동안 정부는 북한의 도발을 앞에 두고서, 국제적 흐름과 국내 지지층의 주문 사이를 오가는 정책 선택을 해왔다. 그 결과로 대미 관계와 지지층 관리라는 양측 모두에서 어정쩡한 상황에 부닥친 적이 많았다. 그런데 이제 정부 앞에는 다시 한번 지지층의 강력한 평화 주문이 대두된 것이다.

　그러나 냉정히 보자면, 그 길로 갈 경우 일은 더 꼬인다. 우선, 지금은 미국 본토가 북핵 위협하에 들어가고 있는 사정이다. 미국은 자국이 위협에 처하면 과잉 반응해온 역사를 갖고 있다. 더구나 워싱턴에는 미국 우선을 표방하는 트럼프 대통령이 최고 결정권자의 위치에 있다. 예측 불가인 그가 미국의 안보를 지킨다는 명목으로 어떤 행보를 할지는 헤아리기 어렵다. 현실이 이러니 일본, 호주는 물론 중국마저도 트럼프에 대해서는 신중히 대처하는 형편이다. 미국 대통령이 조금 특이한 인물이라는 현실 속에서 각자 자국의 국익을 지키려고 그러한 대응 방식을 취하는 것일 것이다.

　물론 이 나라들과, 실제로 전쟁의 참화를 겪게 될 수도 있는 한국은 다르다고 주장할 수 있는데, 그러면 우리가 강하게 평화를 제기할 경우, 미국의 행보가 제어되느냐고 반문할 수 있다. 미국과 신뢰가 충분하다면 가능할 것이다. 그러면 지금 한국과 미국 사이의 신뢰 관계는 충분한가를 물을 수 있다. 아마도 한국이 미국에 대해 대립각을 세워도 좋을 만큼은 아닐 것이다.

　오히려 트럼프는 미국이 한국을 지키기 위해 물심양면으로 많은 노력을 해왔는데, 정작 미국이 위협받게 되었는데도 한국은 자신의 이해만 앞세운다고 생각할 수 있다. 동맹의 신뢰 문제가 생길 수 있고 역기능이 우려된다.

그렇게 되면 지금처럼 어려워진 한·중 관계 속에서, 중국은 이를 이용할 것이다. 북한도 기회를 놓치지 않을 것이다.

그렇다고 전쟁의 위험을 무릅쓰면서까지 미국을 따르자는 말은 아니다. 우리의 목표가 전쟁이냐 평화냐의 이분법이 아니라, 전쟁을 막고 도발도 견제하면서 협상을 열어야 하는 복합적인 것이니, 그에 걸맞은 대처를 해나가야 한다는 말이다.

그간 정부도 이 점을 고심해온 것으로 보이지만, 좀 더 주문하자면 미국의 요구와 지지층의 기대를 그때그때 선택하는 물리적 접근을 하지 말라는 것이다. 차라리 미국의 요구와 지지층의 기대를 우리의 복합적 목표에 맞도록 화학적으로 융합한 정책 믹스의 틀을 먼저 만들고, 이 골격을 갖고 대미 협의를 하는 것이 낫겠다는 생각이다. 그러면 정책의 일체성, 일관성과 예측 가능성 측면에서 비판을 덜 받을 것이다. 그런 후에 대미 협의 과정에서 필요한 만류를 해야 할 것이다.

그런데, 그보다 먼저 해야 할 일들이 있어 보인다. 첫째로 한·미 간에 신뢰를 더 축적해야 한다. 그래야 미국을 설득할 입지가 생긴다. 신뢰의 기본은 한국이 동맹으로서 공동의 위협을 회피하지 않고 응분의 책임을 다할 용의를 견지하는 데 있다. 아울러 트럼프 대통령처럼 특이한 지도자에 대해서는 도덕적 판단이나 호불호의 감정적 태도보다는 현실주의로 대해야 한다. 트럼프식 행태를 끌어안고 갈 생각까지 해야 한다.

둘째, 미국을 만류하는 작업도 공조를 강화하는 가운데 조용히 할 필요가 있다. 트럼프식 접근의 부분적 효용도 인정해주는 것이 좋다. 트럼프 대통령이 인정받기 좋아하고 비판받는 일에 극도로 민감하다는 것은 잘 알려져 있다. 그래야 설득이 효과적이다. 트럼프식 강압술은 위태로운 점만 빼면 대북 억지에 효용이 있다. 북핵 문제에 관해 중국을 압박하는 데 있어서 트럼프 대통령의 예측 불가한 행보는 효용이 있었다. 중국에 대한 세컨더리 보이콧을 큰 분란 없이 정착시킨 점이 이를 말해준다. 작년만 해도 미국이 중국에 대해 세컨더리 보이콧을 적용하는 것이 가능하리라고 본 사람은 별로 없었으니 상당한 성과다.

셋째, 한·미 간 이해가 엇갈리는 사안을 다룰 때 공식과 비공식 행보를 구별하여 대처해야 한다. 그래야 논란의 소지가 줄어든다. 예컨대 북한과의 대화 문제에 관해서, 우리 쪽에는 미국도 북한과 대화를 시도하는데, 왜 우리가 시도하면 문제가 되느냐는 항변을 하는 인사가 있다. 그런데 내막을 들여다보면, 미국이 막후에서 비공식적으로 대북 접촉을 하는 동안, 우리는 공식적으로 대화 제의를 한 점이 달랐다. 그것도 우리가 막후에서 타진한 대화에 대해 북측이 무반응인 상황에서 공개적으로 대화를 제안한 것이었다. 북한은 역시 공개적으로 거부하였다. 그러니 대외적으로는 우리 공식 제안이 잘못된 것처럼 비쳤다. 만일 우리도 막후에서 비공식적으로 대화를 계속 타진하였다면 문제가 없었을 것이다.

관련하여 부언하고 싶은 것은 남·북 대화의 효용이다. 혹자는 우리가 남·북 관계를 열면 미국을 제어하기 쉽다고 본다. 그런데 실상은 더 복잡하다. 남·북 대화는 유용하나, 그 유용도는 어떠한 여건에서 대화가 운용되느냐에 따라 다르다. 한·미 공조가 삐걱대는 여건에서의 남·북 대화는 대미 제어력이 되지 못한다.

넷째, 미국을 만류하는 데 우리 혼자로는 힘이 부친다. 이런 점에서 일본과의 협력이 중요하다. 한국과 일본은 동북아에서의 위기와 분쟁에 대해 유사한 이해관계와 관점을 갖고 있기 때문이다. 그런데 미국과 일본 사이의 신뢰 수준이 높다. 국내에는 미·일 신뢰 관계를 시샘하는 분위기가 있다. 그러나 정작 우리가 할 일은 시샘이 아니다. 오히려 일본과 협조하여 일본과 미국 간의 신뢰 관계를 우리의 대미 설득 외교에 활용하는 것이 낫다. 더 나아가 호주·캐나다 등 미국의 여타 동맹국들과도 연대하면서 이를 바탕으로 필요시 트럼프를 제지할 구상을 해야 한다.

결론적으로 트럼프식 강성 북핵 대응에 대해서는 우리가 나서서 조율을 요구해야 하지만, 지금으로선 대립각을 세우기에는 축적된 대미 외교 자산이 미진하여 리스크가 크다. 하는 수 없이 좀 더 신뢰와 공조를 탄탄히 하면서 점진적으로 접근해야 한다. 정부 출범 이래 짧은 기간에 이루어진 대미 외교 결과로는 이렇게밖에 할 수 없다. 마땅치 않아도 어쩔 수 없다. 지피지기를 잘못하고 무리한 대응을 하면 더 어려운 현실과 맞닥뜨리게 된다.

정점으로 가는
북한의 도발,
향배는 대미 외교에 달렸다

지금의 한반도 상황은 위태롭다. 우선 겉으로 드러난 현상만 보더라도 북한의 핵과 미사일 도발은 정점을 향해 치닫고 있고, 미국은 최대 압박으로 대응하고 있다. 그래서 미국과 북한 간의 대립은 수십 년 이래로 최고 수준이다. 군사적 충돌이 이처럼 공공연히 거론된 적도 없었다.

더욱 심각한 것은 현상의 이면에 있는 각국 간 역학 관계이다. 이것을 보면 위기의 깊이를 알 수 있다. 김정은은 비핵화를 거부하면서, 미국 본토 타격 능력을 바탕으로 미국과 건곤일척(乾坤一擲)의 담판을 겨냥하고 있다. 트럼프가 1월 6일 기자회견에서 북한과의 대화 가능성을 내비쳤지만, 김정은이 겨냥하는 담판을 용납할지는 미지수다. 한국은 미국의 동맹으로서 미국이 공격받을 경우 대응할 의무를 지고 있다. 그러나 한국의 진보 정부와 미국 트럼프 행정부의 대북 관점이 같지는 않다. 북한은 이 틈을 노리고 있다.

중국과 북한 사이의 관계는 중국이 미국 주도의 압박에 동참하자 크게 악화되었다. 한국과 중국의 관계는 사드 보복으로 인하여 엊그제까지 사상 최저였다.

외적 상황이 이러할 때에 한국 내에서도 국면에 영향을 주는 변화가 있었다. 촛불 시위와 탄핵을 거쳐 새 정부가 탄생했다. 정치적 열기 속에 집권한 정부는 변화와 개혁을 소임으로 인식하며 새로운 대북 구상을 가다듬었다.

그런데 북한이 출범 초부터 도발을 하자, 한국 정부는 미국과 공조하여 압박을 강화할 수밖에 없었다. 그러면서도 지지층의 기대에 부응하여 당초 구상했던 평화 제안도 내놓았다. 국제 압박 공조와 대북 평화 제안이라는 두 트랙을 합성한 하이브리드 식 접근이다. 정부는 두 트랙을 번갈아 구사하였다.

그러나 이러한 대응은 외적 상황이 계속적으로 악화되자, 시험대에 오르게 되었다. 두 트랙이 실제 운용에서 상호 배치되는 관계였기 때문이다. 평화 제안은 대미 공조에 도움이 안 되고, 대미 공조는 평화 제안에 도움이 안 되었다. 긴장은 고조되고, 국내에서는 전쟁 걱정과 함께 평화로의 국면 전환에 대한 기대가 높아져 갔다.

사실, 전쟁 위험을 줄이려면 북 · 미 대화 국면을 열어야 한다. 그러려면 추진 여건이 마련되어야 한다. 또 그 대화가 비핵화에 도움이 되어야 한다. 그러나 저간의 경위는 추진 여건부터 미비하였음을 보여준다.

좋은 사례가 있다. 지난해 말 북한의 도발이 한동안 잠잠해지자, 이를 활용하여 미 · 북 대화를 열자는 기대가 국내에서 높아졌다. 그러나 결국 북한이 75일의 침묵을 깨고 대륙간탄도유도탄(ICBM)을 발사하자, 기대를 키워왔던 일각에서는 실망한 나머지 미국을 탓하였다. 미국이 북한을 테러 지원국으로 지정했기 때문에, 북한이 반발하여 ICBM을 발사했다고 본 것이다.

하지만 복기해보면, 북한과 미국의 치고받기식 대응은 이미 예정되어 있었음이 드러난다. 북한은 지난 2년여 동안, 미국 본토 타격 능력 과시라는 행로에서 머뭇거린 적이 없다. 북한은 트럼프 등장 이후에도 ICBM과 핵실험을 이어갔다. 핵과 미사일 능력 완성을 향하여 지속적으로 나아가는 과정이었다.

이에 대해 트럼프도 압박의 고삐를 늦춘 적이 없다. 2017년 트럼프의 아시아 순방은 압박 강화의 일환이었다. 그는 방한 시에도 단지 돌출 언동을 자제했을 뿐, 국회 연설을 통해 북한 지도부와 정책에 대해 조목조목 검사 논고하듯 죄상을 장장 22분에 걸쳐 설파하였다. 귀국해서는 논고에 대해 판결이라도 하듯 북한을 테러 지원국으로 지정하였다. 그 사이에 미국은 동해에 3개 항공모함 전단을 보내 군사훈련을 하였다. 모두 일관된 행보였다.

그러니 북한이 다시 도발한 것은 행로상 예비된 것이었고, 미국의 일관된 행보에 대한 당연한 대응이었다고 봐야 할 것이다. 새 미사일을 준비하고 트럼프의 순방을 기다려 응수하다 보니 75일이 지났을 것이다.

요컨대 지난 1년여의 경과는 북한의 도발과 미국 주도의 압박이 맞부딪힐 뿐, 그 어느 시점에도 의미 있는 국면 전환의 기회는 없었다고 보는 것이 냉정한 관찰이다.

맥락이 이런데도 우리 내부에는 '이제 북한이 핵미사일 능력을 완성하였다고 하니, 북한의 추가 도발이 없으면 북·미 협상이 가능하리라'는 기대가 다시 부상하고 있다. 그러나 이 기대가 충족되려면, 미국 본토 타격 능력을 과시한 후 유리한 입지에서 미국과 담판하겠다는 북한식 협상 구도를 트럼프가 용납해야 한다. 그럴지는 불확실하다.

한편, 일각에서는 중국이 거중조정(居中調停)을 하여 미국과 북한이 대좌할 가능성에 대한 기대를 보이고 있으나, 역시 개연성이 적다. 중국의 대북 설득력이 바닥을 쳤기 때문이다. 작년에 시진핑이 보낸 특사를 김정은이 만나주지 않은 일이 그 징표이다. 그간 북한은 중국의 제재 동참에 반발해 왔으므로 김정은이 중국 특사를 만날 가능성은 애당초 없었다고 봐야 한다. 이 점은 중국도 알고 있었을 것이다. 중국이 진정 김정은 면담을 통해 국면 전환을 해볼 요량이었다면 정치국 상무위원 정도를 보냈어야 한다. 그러나 면담 불발을 우려한 중국은 모험을 피하고, 직급이 낮은 장관급을 보낸 것이다. 역시나 김정은은 오불관언(吾不關焉), 장관급 특사를 만나주지 않았다.

그러다 김정은은 신년사에서 남·북 대화로 선회하였다. 미국에는 위협을 하고, 한국에는 미국을 추종하지 말라고 했다. 그간 대화를 제안해왔던 한국으로서는 남·북 대화를 기점으로 대화 국면을 북·미로 확산하고픈 의욕을 가질 법하다.

이 국면에서 우선 유의해야 할 것은 미국과 북한이 서로 샅바를 유리하게 잡으려고 계속 대립하는 가운데, 북한이 한·미 사이를 이간질하려 들 가능성이다.

여건이 이러하니 향후 우리의 대응은 제반 사정을 감안해야 한다. 북한의 대남 평화 공세와 향후 계속될지 모를 북·미 긴장 가능성을 관리해야 한다. 또 갑자기 도래할 수 있는 북·미 협상 국면에도 대비해야 할 것이다. 그리고 이 모두를 관통하는 운용 지침은 '비핵화에 도움이 되도록'일 것이다.

그런데 우리 내부에는 대미 공조 때문에 긴장이 고조되고 우리의 운신이 제약되니, 대미 공조를 희생하더라도 남·북 대화를 진전시켜 상황을 바꿔보자는 주장이 있다. 북한의 신년사는 이를 부추길 수 있다. 그러나 앞서 살펼듯이 충돌 방지든 협상으로의 전환이든 대부분 미국에 달려 있다. 평창 올림픽을 계기로 군사훈련을 조정하여 출로를 찾자는 구상도 미국의 반응에 좌우된다. 남·북 대화도 열리면 좋으나, 그 자체로는 국면을 전환시키지 못한다. 미국과 공조하에 추진해야 그나마 효용을 기대할 수 있다. 더구나 지금 미국은 괴팍한 지도자의 주도하에, 북한의 직접적인 미국 본토 위협에 격하게 반응하고 있다. 한국은 미국의 동맹으로서 책무를 지고 있는데, 북한은 통남봉미(通南封美)로 한·미 분열을 꾀하고 있다. 자칫 남·북은 대화를 하는데 북·미는 대립하게 되면, 문제가 더 어렵게 된다. 미국과 엇나가서는 국면 전환도 어렵고, 비핵화에 득이 되도록 일을 풀기도 어렵다. 우리 입지도 좁아진다. 오히려 평화를 지키기 위해서라도 대미 외교에 공들여, 결정적 순간에 트럼프의 미국을 만류할 외교 자산을 축적해야 할 사정이다.

물론 그동안 트럼프 방한 등 계기마다 우리 측으로부터 그런 노력이 있었다. 그러나 현재의 한·미 공조는 그리 깊다고 볼 수 없다. 트럼프는 방한 시 진정으로 심도 있는 북핵 협의는 피하려는 모습이었다. 더 내실 있는 조율을 해야 한다.

한편, 기존의 하이브리드 식 접근도 현실에 맞게 조정할 필요가 있다. 대선 때 구상 그대로 하려는 관성을 피해야 한다. 아이젠하워는 "작전 계획(plan)은 사실 쓸데없으나, 작전 기획(planning)은 중요하다."라고 말했다. 작전 계획은 실제 전투가 시작되면 무용하나, 작전을 기획해본 경험은 실전에서 유용하다는 말이다. 그러니 기획의 경험을 살려 하이브리드 식 접근의 두 트랙인 국제 공조와 대북 평화 제안의 배합 비율을 현실에 맞게 바꾸는 것이 좋다.

그리고 더 나아가 두 트랙 접근을 지양하고, 두 트랙을 하나로 융합한 정책 믹스를 마련한 후, 이를 기초로 국내를 설득하고 국외에 대처할 것을 주문하고 싶다. 예컨대 미국의 요구가 3시 방향이고 국내 지지 기반이나 중국의 요구가 9시 방향이라고 할 때, 하이브리드 식 접근을 하면 3시와 9시 방향을 오가는 정책 선택을 하게 된다. 그러나 1시 방향의 정책 믹스를 마련하면 정책의 정합성, 일관성과 예측 가능성이 높아진다. 미국과 중국의 요구에 휘말릴 소지도 줄어든다.

끝으로, 우리가 이처럼 현실에 맞게 정책을 조정하며 대미 외교를 하더라도, 트럼프의 미국을 상대할 때는 누군가와 연대가 필요할 수 있다. 일각에서는 중국을 활용하여 미국을 만류하는 방안을 제기하지만, 이것은 미·중 관계 실상이나 트럼프의 성향상 역풍의 소지가 크다. 오히려 미국의 동맹이자 트럼프와 긴밀한 관계를 갖고 있고, 한반도 위기에 대해서는 우리와 우려를 함께하는 일본을 활용하는 편이 낫다. 발상의 전환이 필요한 대목이다.

현 상황은 긴장 속에서 변화 방향을 예측하기 어려운 국면이다. 그러나 그 속에서도 파국은 막고 비핵화 협상 환경은 끌어내며, 우리의 외교 입지를 키우는 일은 당위이다. 냉정한 상황 인식과 현실적이고 유연한 대처가 어느 때보다 요구되는 새해 벽두이다.

평창 이후
외교 과제

평창 동계올림픽이 성공적으로 끝났다. 당초 북한의 불참과 방해 공작까지, 우려했던 올림픽은 다행히 북한의 참가로 평화롭게 치러졌다. 반면 올림픽을 계기로 벌어진 외교전에 대한 평가는 그리 간단치 않다. 평창은 우리 외교에 답보다는 질문을 더 많이 제기하였기 때문이다.

'평창 외교'는 당초 한국이 북한을 초청함으로써 올림픽을 평화와 화해의 제전으로 만들고, 긴장 국면을 협상 국면으로 바꾸려는 의도하에서 추진되었다. 이 점에서는 대단한 성과가 있었다.

그런데 평창을 계기로 국면을 협상으로 바꾸는 방안은 지난 대선 이래 주로 국내에서 우리끼리 거론되었을 뿐 한 · 미 간에 충분히 협의된 것은 아니었다. 그러다가 김정은이 신년사에서 평창 올림픽 참가를 밝히자, 그때부터 남 · 북 대화가 급물살을 탄 것이다. 자연히 급진전하는 남 · 북 대화를 경계하는 미국의 시각이 노정되었다.

　한국은 미국발 파장을 줄이고자, 남·북 대화를 북·미 대화와 북핵 협상으로 이어가겠다고 하였다. 쉽지 않은 목표였다. 왜냐하면 미국의 조야는 평창 올림픽을 계기로 북한에 대한 최대 압박 구도가 이완되는 것을 막고, 북한의 부정적 이미지를 부각시키는 데 주력하였기 때문이다. 이 점에서 미국의 행보는 한국의 그것과 엇갈렸다. 그러다 보니 한국과 미국은 테이블 위에서는 덕담을 나누면서 테이블 아래에서는 각축전을 벌이는 것처럼 보였다.

　결과적으로 평창 계기에 북·미 대화는 이루어지지 않았다. 오히려 평창이 보여준 것은 남·북 관계와 북·미 관계 간의 괴리였다. 남·북은 정상회담 추진까지 나아갔으나, 북·미는 반목과 대립을 심화시켰다. 미국이 올림픽 폐막 직전 사상 최강도의 대북 제재를 부과한 것이 이 점을 보여준다.

　이러한 괴리는 그렇지 않아도 분열된 한국 내 정치 지형을 자극하였다. 급기야 북한 김영철 전 정찰총국장의 평창 동계올림픽 폐막식 참석을 두고 남남 갈등은 격화되었다.

　이상이 대차대조표인데, 지금 상황은 남·북 대화만 앞서 나가는 모습이다. 남·북 대화와 북·미 대화, 그리고 비핵화 국면이 상호 보완적으로 움직이도록 정책 조정이 필요하고 관련된 한·미 조율이 긴요하다 할 것이다.

　이러한 중간 평가를 전제로 향후 상황을 전망해보자. 우선 한국과 미국은 연기된 군사훈련 문제를 결정해야 한다. 미국의 조야는 추가 연기나 축소에 부정적이다. 우리가 추가 조정을 꾀할 경우 분란이 생겨날 것이다. 일단은 훈련 재개 가능성이 더 있어 보인다. 그러면 북한이 어떻게 나올지가 관심사이다.

　다음으로는 남·북 정상회담 준비이다. 북측의 남·북 정상회담 제안이

다소 조급한 느낌이나, 국내에는 이 매력적인 사안을 활용하여 향후 게임을 운영하려는 동력이 크다. 그러나 앞서 말한 대로 한·미 간 정책 조정과 조율이 미진한 상태에서 추진되는 남·북 정상회담은 평창 이후 한·미 관계에 불협화음을 야기할 소지가 있다.

물론 한국은 미국과의 불협화음을 줄이기 위해 북·미 대화를 주선하려 할 것이다. 그러나 북·미 대화는 미국이 하려고 하면 언제라도 할 수 있고 미국이 내키지 않아 하면 일과성 회동이 있더라도 큰 의미가 없다. 물론 예측 불가인 트럼프라는 변수가 있기는 하지만, 미국 조야의 주류는 북·미 본격 대화에 소극적이다.

한편, 국면에 영향을 줄 또 다른 요소는 제재 이행이다. 최근 미국은 해상 단속을 중심으로 강한 제재를 추가하였다. 향후 북한의 반응이 주목된다. 한국, 미국, 중국, 러시아 사이에 많은 논란도 예상된다. 예기치 않은 상황이 생길 수도 있다.

이처럼 상호 배치되는 목표인 군사훈련, 정상회담, 제재 이행, 북·미 대화에 대처하면서 비핵화를 추구하는 일은 난제 중의 난제다. 한국에 두 길이 있을 것이다. 하나는 남·북 대화, 북·미 대화, 비핵화가 균형을 이루도록 현재의 정책을 조정하고 미국과 조율하면서 나아가는 길이다. 그 길은 난이도가 높고 당장 성과를 보여주지는 못한다. 반면 지금껏 해오던 대로 남·북 이벤트를 벌여 상황을 끌고 가는 길이 있다. 정상회담이라는 큰 목표가 앞에 있으니 특사 파견, 이산가족 등 소재는 많다. 북한이 신소재를 제공하고 나올 수도 있다. 홍보나 국내 정치적 관점에서 유혹적이다.

일단 후자가 유력해 보인다. 이 경우 외양상 한국 주도가 부각되지만, 미국 손에 달려 있는 군사적 긴장이나 비핵화 등 실질 측면은 정체될 것이다.

한 · 미 사이의 이견은 계속 내연할 수 있다. 한국 외교 앞에 쉽지 않은 과제가 다가오고 있다.

초유의 싱가포르
북·미 정상회담,
기대보다
위험 대비가 먼저다

2018년 초부터 급물살을 탄 평창 외교는 급기야 남·북 정상회담과 북·미 정상회담으로 귀결되었다. 북측이 남측의 대화 제의에 남·북 정상회담으로 호응한 것까지는 그렇다 해도, 남측의 북·미 대화 권유에 북측이 북·미 정상회담으로 답하고, 이를 미국이 수락한 것은 예상 밖의 진전이다. 역시, 예측 불가인 트럼프 대통령이 아니면 있기 어려운 일이 일어난 것이다.

이제 우리는 남·북 정상회담과 북·미 정상회담이 이어지는 초유의 상황을 맞게 되었다. 북핵 문제 해결에 대한 기대도 커지고 있다. 그러나 냉정히 보면 큰 협상의 장은 해결의 기회일 수도 있고 파국의 계기가 될 수도 있다. 우리로서는 마땅히 기회를 살려 비핵화와 평화의 결정적 전기를 추구하면서 부수되는 위험에도 대비해야 할 것이다.

이런 점에서 우선 안이한 낙관을 경계해야 한다. 유례없는 회담 형식이 생졌다 하여 수십 년에 걸쳐 난마와 같이 얽힌 북핵 문제가 해결되리라고 보기는 어렵다.

첫째로 중요한 것은 회담할 내용이다. 현재로서 이 부분에서는 약간의 진전과 모호성이 혼재되어 있을 뿐이다. 북한이 핵과 미사일 실험 중단을 말한 것은 진전이다. 반면, 비핵화 협의를 하겠다는 말이 입장 변화인지, 미국이 비핵화를 제기하면 들어 보겠다는 뜻인지 불분명하다.

그간 북한은 핵을 갖고 대등한 입지에서 대화하겠다고 해왔고, 미국은 이를 거부해 왔다. 그런데 북한이 정상회담을 제안하자, 트럼프 대통령은 북한의 입장이 불분명한 데도 회담 제안을 전격적으로 수락하였다. 결국, 김정은은 약간의 내용을 양보하고, 미국 대통령과 동렬에 설 수 있는 정상회담 기회를 얻었다.

충분한 사전 협의 없이 정상회담부터 정해진 셈인데, 이것은 정상적 수순이 아니다. 역순이다. 그러니 상당한 모험이 아닐 수 없다. 이제 제한된 시간 속에서 초치기식 준비가 진행될 것이다. 미국은 비핵화 의지를 확인하려 할 것이고, 추가 양보를 확보하려 할 것이다. 만일 북한의 입장이 전과 같다면, 북한은 사전 협의에 진지하게 응하지 않을 것이다. 그러면 회담은 전망이 불투명한 가운데 열리게 된다. 위험한 일이다.

다음으로는 북한의 공작에 대비해야 한다. 북한은 남·북 정상회담과 북·미 정상회담을 열자고 해놓고, 회담별로 의제를 분리하여 대처하려 할 것이다. 정상회담을 준비하다 보면, 남·북은 순항하고 북·미는 난항할 수 있다. 우리 쪽에서 혹시라도 이제 북·미 대화가 이루어졌으니, 남·북 대화를 한껏 밀고 가도 된다고 생각하지 않아야 한다. 북한에 이간할 틈을 줄 소지가 있다.

다른 한편, 북·미 간 논의 과정에서 우리 어깨너머로 거래가 오갈 가능성도 유의해야 한다. 이와 관련하여 트럼프의 불가측성을 감안해야 한다. 미국과 북한 간의 평화 체제나 주한미군 등 안보 논의를 주시해야 한다.

아울러 남·북 정상회담과 북·미 정상회담을 준비하면서 일본 요소도 관리해야 한다. 아베 총리는 북·미 정상회담 뉴스를 접하고 4월 방미를 급히 결정하였다. 한·일 관계는 그렇지 않아도 악화 일로인데, 이대로 가면 마지막 남은 공조 영역인 북핵 문제에서조차도 한국과 일본이 대립할 소지가 있다. 우리로서는 일본도 끌어안고 가야 한다.

이처럼 우리가 회담 준비 과정에서 맞닥뜨릴 난제들과 북한의 공작 의도, 그리고 트럼프의 불가측성에 잘 대비하기 위해서는 무엇보다도 미국과의 공조가 튼튼해야 한다.

그런 점에서 현재의 한·미 조율은 개선의 여지가 있어 보인다. 우선 그간의 진행 양태는 한국이 한 방향으로 치고 나가고, 미국은 추인하는 식이었다. 우리 입장에서는 효율적이지만 미국 입장에서는 달가운 방식은 아니다.

북한 신년사에 대한 우리의 즉각적 호응으로부터 북측 대표단의 평창 동계올림픽 참가, 우리의 특사 방북, 남·북 정상회담 확정, 그리고 북·미 정상회담 제안이 나오기까지의 과정이 정해진 길처럼 일사천리로 진행되었다. 그 과정에서 미국과 협의는 비교적 간략히 처리되는 느낌이었다. 미국은 급격한 남·북 간의 상황 전개에 부담스러워하면서도 한국의 입장을 대체로 배려해주었다. 그러나 미국 내에 불만이 누적되고 있는 것이 사실이니, 앞으로 이 방식이 지속 가능할지 의문이다.

또 눈에 띄는 것은 우리의 조율이 톱다운(top-down) 방식이라는 것이다. 미국 내 각 부서와 계층별 협의를 하면서 위로 올라가는 대신, 바로 트럼프와 교감을 하고 그의 공감을 얻어 아래를 다스리는 방식이었다. 역시 효율적이지만 이 방식을 계속하면 미국 내 관료 그룹으로부터 반감을 불러일으킬 수 있다.

치고 나가고 톱다운 방식으로 트럼프를 움직이는 접근은 꿩 잡는 게 매라는 한국식 결과 중심 기준으로 보면 잘하는 것이다. 그러나 절차를 중시하는 미국식 가치와 다원화된 워싱턴의 정책 결정 구조를 감안하면 우려를 갖지 않을 수 없다.

더욱이 미국 조야는 트럼프처럼 특이한 성격의 지도자에 대해서 한국 측이 톱다운 방식 협의를 빈번히 하는 데 대해 민감하다. 트럼프의 즉각적인 정상회담 수용에 대해서 제기되고 있는 미국 내 비판이 하나의 예이다. 미국 내 일각에서는 트럼프 대통령이 정치적 곤경에서 탈출하기 위해 북·미 정상회담을 전격 수용했다는 의구심을 갖고 있다.

그러니 트럼프 대통령과 교감을 하면서도, 미국 정부 내 실무급 협의를 층층으로 내실 있게 병행하는 것이 좋다. 여태까지는 남·북의 게임이 두드러졌으나, 지금부터는 미국의 게임이고 그것은 미국 내 외교·안보 실무 조직이 주도하게 될 것이기 때문이다.

다른 한편, 한·미 조율 강화 작업은 한·일 공조와 함께 갈 때 더 효과적이라는 점도 잊지 않아야 한다. 일본과의 관계를 안정시키고, 적어도 북핵 문제에 대한 공조는 더 강화해야 한다.

지금의 북·미 정상회담 기회는 준비 없이 갑자기 다가왔다. 위험 요소가 많을 수밖에 없다. 잘 대처해야 한다. 잘못되면 그 결과는 심각할 수 있다.

연이어 열리는
남·북, 북·미 정상회담:
갈 길과 피할 길

나흘 뒤면 남·북 정상회담이다. 연초부터 숨 가쁘게 진행된 외교 여정의 첫 변곡점이다. 결과에 따라 우리 외교·안보에 큰 변화가 시작될 수 있다.

그런데 사안의 비중에 비해 우리 사회가 걸맞은 대처를 하고 있는지는 의문이다. 근거 없는 낙관과 지나친 폄하가 혼재하는 가운데, 일반 대중은 이슈보다 행사 자체에 매혹된 인상이다. 당연히 제기해야 할 주요 이슈는 성패의 관건인 한·미 조율의 심도가 어느 정도인지, 남·북 간 비핵화 사전 논의는 어디에 가 있는지이다. 이 모두가 불분명하다.

나라의 명운이 걸린 일이니 사회적 논의도 이러한 이슈를 중심으로 진행되어야 할 것이다. 이를 통해 중지와 국론이 모아지면 좋을 것이다. 그러려면 정파와 이념을 넘어 현상을 냉정히 해석하고 이슈별로 현실주의적 대처를 모색하는 담론이 활발해야 한다. 이런 문제의식하에 현 상황을 개괄해보고 몇 가지 제언을 하고자 한다.

먼저 상황을 보자. 이번 남·북 정상회담은 이전 정상회담과 두 가지 점에서 다르다. 첫째, 바로 이어서 북·미 정상회담이 열린다. 둘째, 이제 비핵화는 남·북 회담에서도 주 이슈가 되었다. 과거에는 교류 협력이 주였고, 북측은 핵 문제는 북·미 간의 이슈라고 하였다.

이러하니 성과는 비핵화로 평가될 것이고 그것은 상당 부분 북·미 정상회담에 달렸다. 북측이 남측과 비핵화를 다룰지라도, 여전히 비핵화의 성과물은 북·미 정상회담 과정에서 나올 것이다. 과거 남·북 정상회담만 있고 비핵화는 주 의제가 아니었던 때에 비하면 우리는 난이도가 높아진 외교 게임 앞에 있는 셈이다.

일이 이렇게 된 것은 김정은 위원장의 적극적인 회담 공세와 트럼프 대통령의 즉흥성이 시너지를 일으켰기 때문이다. 연초 우리의 평창 구상에 호응한 김정은은 방남한 김여정을 통해 남·북 정상회담을 전격 제안하였다. 방북한 우리 특사에게는 트럼프와의 회담이라는 예상 밖의 제안을 하였다. 이를 전해 들은 트럼프는 즉각 수락하였다. 모두가 놀랐다.

김정은은 왜 두 정상회담 카드를 던졌을까? 나름 현 국면의 유불리를 계산한 결과로 보인다.

그의 계산상 유리한 점, 제1번으로는 핵미사일 능력이 향상되어 협상 입지가 높아졌다는 인식이 있었을 것이다. 한국에 진보 정부가 있고, 미국에 보수 정부가 있는 사정도 감안했을 것이다. 트럼프가 국내적으로 궁지에 몰려 있다는 점과 미국과 중국, 러시아 간 대립이 심화 일로라는 점도 활용거리였을 것이다.

불리한 점으로는 강도 높은 제재와 트럼프의 불가측성이 고려되었을 것이다. 중국이 제재 강화로 기우는 점도 우려되었을 것이다. 리스크 관리가 필요하다고 보았음 직하다.

북측으로서는 일단 협상 국면을 열어 판을 흔들되, 잘 안 되더라도 북측에 가해진 현 구도를 재편할 때라고 보았을 법하다.

물론 전개되는 상황 중에는 일부 북측 구도와 엇나간 것도 있다. 하나는 트럼프의 즉석 수락으로 북·미 정상회담이 북측 예상보다 빨라졌다는 점이다. 아마도 북측은 남·북 정상회담 달포 후에 북·미 정상회담이 열리는 상황을 염두에 두지는 않았을 것이다. 다른 하나는 비핵화가 남·북 정상회담의 주 이슈가 된 일이다. 평창 이래 북측이 교류 분위기에 공을 들였으나, 남측 여론은 교류에 그리 호응하지 않았고, 비핵화에 고정되어 있었다.

통상적인 북측 전술은 먼저 남측과 교류 협력을 논의하고, 미국과는 비핵화를 논의하여 한·미를 갈라치기 하는 것이다. 의제를 분리하고 한국과 미국 간의 간극을 벌이려면 두 정상회담 간에 시차가 있는 것이 좋을 것이다. 그런데 국내 여론의 비핵화 주문과 연이은 회담 일정 때문에 그 공작은 쉽지 않아 보인다.

아무튼 큰 틀은 북한의 구도대로이니, 우리로서는 북측이 특유의 화전(和戰) 양면 벼랑 끝 전술, 한·미 간 이간, 강대국 간 틈새 벌리기로 나올 것으로 보고 대처해야 할 것이다.

이상의 총론적 상황 인식을 전제로 각론 차원의 제언을 하고 싶다. 먼저 남·북 정상회담 관련이다.

첫째, 비핵화에 관한 한 두 정상회담을 하나의 경기로 보고 총체적으로 접근할 필요가 있다. 한·미가 북측과 주고받을 거래 전반을 사전 조율하여 시너지가 되게 해야 한다. 그런 면에서 남 · 북, 북 · 미 간 사전 협의 내용이 한 · 미 간에 공유되어야 한다. 남 · 북 회담 결과가 북 · 미 회담 결과에 연동될 것이기 때문이다.

둘째, 비핵화를 다루는 우리의 입장을 잘 정립해야 한다. 그간 우리는 북 · 미 대화를 연결하기 위해 중재를 해왔다. 여기서 북 · 미 정상회담이라는 예상외의 성과가 났다. 그러다 보니 성공에 고무되어, 이 방식으로 계속 성과를 견인하려는 심리가 생겼다.

그런데 북핵은 우리에 대한 위협이고, 미국은 우리와 함께 비핵화를 추구하는 동맹이다. 공조와 중재가 섞일 수 있어도 어디까지나 공조가 주이다. 그런 면에서 우리와 미국은 기본적으로 북한을 상대로 비핵화 레슬링 태그 매치를 하는 한 팀 선수이다. 프로모터 역할은 꼭 필요한 경우로 국한해야 한다.

지나친 중재 역할은 미국이 북한과 일방적인 딜을 하도록 부추길 수 있다. 이제 워싱턴에는 일방주의로 무장한 인사들이 속속 등장하고 있다. 이들에게 빌미를 주지 않아야 한다. 미국에도 팀플레이를 주문해야 한다.

셋째, 북한이 비핵화 논의는 피하고 평화 분위기를 띄우며 교류 협력을 요구할 경우에 대비해야 한다. 우선 북한은 10 · 4 선언 이행을 주문할 수 있다. 제재 완화를 추구하여, 한 · 미 이견과 남남 갈등을 조장할 수 있다. 북한에게 틈을 주지 않으면서 대처해야 한다.

이제 또 하나의 변곡점인 북 · 미 정상회담 관련 제언을 하고자 한다.

첫째, 과잉 기대는 금물이다. 이 회담은 충분한 사전 협의 없이, 정상이 대좌하는 식으로 추진된다. 그러니 이번에 완전 해결은 어렵다.

결국, 정상 간에 원칙 선언을 하고, 이행 방안은 추가 협상하는 선이 될 가능성이 높다. 그러면 이행 협상을 어떻게 하느냐가 중요한데, 여기서 단계적 접근 문제가 나올 수 있다. 그간 단계적 접근이라는 용어는 일괄 타결과 함께 혼란스럽게 사용되었다. 개념부터 정리할 필요가 있다.

일괄 타결이란 그것으로 추가 협상 없이 문제가 종결되는 것을 말한다. 원칙 선언 이후 이행 협상을 하는 방식이라면 그 원칙 선언을 일괄 타결이라 부르지 않는다.

원칙 선언 이후 이행 협상을 한목(single undertaking)에 끝내면서 모든 조치를 시계열적으로 엮어 합의하면 그것은 일괄 타결이다. 이행이 시간을 두고 단계로 이루어지더라도, 그 진행은 자동항법장치가 작동되는 것처럼 합의된 로드맵에 따라 연속된다. 더는 협상은 없다. 단계 개념이 들어 있으나, 이것을 단계적 접근이라 부르지는 않는다. 정전 협정, 이란 핵 합의가 이 방식이다.

진정한 단계적 접근은 단계별로 부분적 합의가 이어지는 협상 방식을 말한다. 과거 6자회담에서 9 · 19 원칙 선언 이후 이행 협상 과정에서 나온 2 · 13 합의, 10 · 3 합의가 그 예이다.

북한은 단계적 접근을 말하고 있다. 그 의미가 과거식이라면, "이미 본 영화, 한 번 산 말"이라는 비판이 나올 것이다.

그렇다고 북한 주장을 전면 거부하면 결렬을 무릅써야 하니, 현실적 대안을 찾게 될 것이다. 예컨대 원칙 선언에 일부 비핵화 행동을 포함시켜 9 · 19와 차별화하는 것이다. 그리고 이행 협상 단계를 최소화하며 시한을 부여하는 것이다. 이런 정도의 수정주의적 접근이 기대치일 것이다.

둘째, 미국이 자신에 대한 위협 해소 위주로 편의적 타협을 할 가능성도 염두에 두어야 한다. 북측을 견인하려면 담대한 인센티브도 고려해야 하나, 그것 때문에 우리의 안보 이해를 두고 타협하는 일은 경계해야 한다. 트럼프와 주변 참모의 성향을 보면 미국 우선이라는 말은 단순 구호가 아닐 수 있다. 정치적 곤경을 의식한 트럼프가 과도한 성과주의에 집착할 수도 있다. 평화 체제, 주한미군, 동맹 운용 등 군사 사안을 면밀히 조율해야 한다.

셋째, 미국과 북한 두 정상의 대화 스타일도 유의 대상이다. 두 정상은 자기중심적이고 즉흥적인 데가 있다. 잘될 경우라도 미스커뮤니케이션(miscommunication)이 우려된다. 자기 편의에 따라 해석된 모호한 합의를 내놓고 성공으로 포장할 수도 있다. 그런 합의는 이행될 수 없다.

넷째, 회담 결렬에도 대비해야 한다. 결렬은 즉각적일 수도 있고 추후 결렬로 귀결될 수도 있다. 각방이 취할 자세를 미리 짚어 보고 대처를 준비해야 한다.

결렬이 되면, 트럼프는 여론과 중간선거를 의식하여 강경 선회할 것이다. 더구나 마이크 폼페이오(Mike Pompeo)와 존 볼턴(John Bolton) 라인업이 들어온 참이다. 이들의 강성이 트럼프의 불가측성과 결합되면 위기가 닥친다. 북측의 경우, 결렬되더라도 북한은 김정은이 트럼프와 동격이라는 상징성은 챙기고, 결렬의 책임은 적대시 정책을 '고집'한 미국에 씌울 것이다. 그리고 적대시 정책 철폐를 비핵화의 등가물로 부각시킬 것이다. 이에 중국과 러시아가 동조할 수 있다. 그간 중국과 러시아는 국제 공조 쪽으로 움직여 왔다. 이제 중국과 러시아가 북측에 경사(傾斜)되면, 진전을 보였던 국제 공조는 원점으로 돌아가게 된다. 현재 중국, 러시아와 미국 간 대립을 볼 때 개연성이 있다.

김정은이 트럼프와 동격이 되고 비핵화와 적대시 정책이 등가물이 되며 중국과 러시아가 북측으로 기운다면, 현 구도를 재편하려는 김정은의 시도는 성과를 거두는 셈이다. 이것이 김정은이 추동한 구상의 최소 목표치일지 모른다.

　이제 정부에서는 막바지 준비가 한창일 것이다. 기대는 높으나 낙관은 불허이다. 갈 길과 피할 길을 헤아려 현명한 대응책을 마련하기를 기대한다. 그리하여 촛불 민심으로 세워진 정부답게 비핵화와 평화의 돌파구를 열어가기 바란다.

다가온 싱가포르 북 · 미 정상회담,
무엇을 주목해야 하나

내일이면 북 · 미 정상회담이다. 연초부터 시작된 일련의 남 · 북, 북 · 미 정상 외교가 첫 라운드의 대단원을 향해 가고 있다.

　여기서 비핵화의 향배가 드러날 것이다. 그런데 북한은 핵을 미국의 '적대시 정책'에 연계하고 있다. 적대시 정책이 없어져야 비핵화가 가능하며 그것이 완전한 비핵화라고 주장한다. 그러니 비핵화를 끌어내리려면 북한의 요구인 군사 · 외교 조치를 고려하지 않을 수 없다. 이것은 불가피하게 기존 안보 구도에 변화를 초래한다. 따라서 내일 한반도 안보 구도의 향배도 드러날 것이다.

　이처럼 싱가포르 회담은 우리의 사활적 이해인 비핵화와 안보 구도가 협상되는 장이다. 그간 세간의 관심은 지나친 기대 쪽으로 가더니, 이제는 비관론으로 기울고 있다. 그러나 정작 필요한 것은 일희일비하지 않고 냉철하게 회담을 평가하는 일일 것이다. 그러려면 관찰 포인트와 평가 기준이 잘 세워져야 할 터이니, 오늘은 이 점을 논의하고자 한다.

협상이 잘될 경우와 잘못될 경우로 나누어 볼 수 있겠다. 우선 잘될 경우다. 물론 잘된다 해도 핵 문제의 완전 해결을 기대할 수는 없다. 핵과 '적대시 정책' 간의 주고받기가 담긴 원칙 틀 합의 정도가 기대할 수 있는 최고치일 것이다. 정상 간에 원칙만 합의하고 이행 로드맵은 추후 협상하는 식이다. 추후 협상에서 잘못될 소지는 상존한다. 그런데 이 원칙 합의도 주고받을 내용에 따라 평가가 천차만별이다.

받을 것에 해당하는 비핵화부터 살펴보자. 첫째, CVID(완전하고 검증 가능하며 불가역적인 폐기) 개념에 합의할지 여부이다. 만일 비핵화 개념의 차를 좁히지 못하고 각자 편의적으로 해석한 표현을 내놓는다면 성과로 볼 수 없다.

둘째, 비핵화 경로의 문제이다. 북한은 단계적 접근을 주장한다. 미국은 과거 경험을 들어 부정적이다. 만일 비핵화 경로가 단계적으로 가더라도, 단계가 비교적 단순하게 규정되고 시한이 설정된다면, 과거보다 나은 접근이라 할 수 있다.

셋째, 비핵화 원칙 합의가 약속으로만 구성될지, 행동까지 포함할지도 관심사다. 이것은 핵과 미사일 제거를 초반에 시작할지 여부로서, 소위 프런트 로딩(front-loading) 문제다. 핵미사일을 끝까지 쥐고 협상하려는 북한의 자세가 달라질지 두고 봐야 한다.

넷째, 미국이 자국의 안보 위주로 협상할지, 동맹국을 배려할지 여부이다.

미국이 ICBM 제거에 치중하고, 여타 미사일과 핵무기를 소홀히 한다면 우려할 일이다.

다섯째, 기만술에 대한 대비이다. 북한이 핵미사일 일부를 감추고 전면 포기를 내걸 수 있다. 그래서 합의에 신고와 사찰이 잘 규정되어야 한다.

다음으로 미국이 내줄 것에 대해 살펴보자. 북한은 '적대시 정책'의 예로서 군사훈련, 전략 자산, 핵 항공모함과 핵 잠수함, 핵우산, 주한미군, 제재 압박, 내부 교란을 거론한다. 트럼프는 정치적 곤경 속에서 중간선거를 앞두고 있으므로 성과에 급급할 수 있다.

그러니 첫째, 미국이 내주려는 카드가 우리와 조율된 것인지, 우리 안보 이해를 저해하지 않을지 주시해야 한다.

둘째, 안전 보장을 제공하는 방식이다. 평화 체제나 종전 선언도 여기에 포함된다. 북한은 선 평화협정 논의를 주장해 왔다. 평화협정과 비핵화가 어떻게 연동될지 봐야 한다.

셋째, 북·미 관계 개선 문제이다. 초유의 정상회담이므로 고위급 대화, 교류 증대, 연락 사무소 설치가 논의될 수 있다.

넷째, 최대 압박에 변화가 올지, 경제적 인도적 지원이 제공될지도 주시해야 한다. 회담 자체가 압박 분위기를 이완시킬 수 있다. 경제 지원의 경우, 누가 부담할 것인지도 주목해야 한다. 이미 트럼프는 미국의 부담을 부인하고, 한국을 거명한 바 있다.

이제 협상이 잘못될 경우를 짚어 보고자 한다. 개연성이 적더라도 이 가능성은 열어 두어야 한다. 트럼프는 북·미 정상회담을 취소한 적이 있기 때문이다.

첫째, 회담이 결렬되고 상호 비난이 이어지는 경우를 상정할 수 있다. 상황이 급속히 악화될 것이다.

둘째, 성과는 미진하나 계속 협의를 하는 선에서 봉합될 경우이다. 미국 내 강성 여론이 대두될 뿐만 아니라 앞길이 불확실해질 것이다.

이상 열거한 변수가 실제 어떻게 조합될지 두고 볼 일이나, 내일의 결과는 그간 진행된 북핵 관련 정상 외교 첫 라운드의 성적표로 간주될 것이다. 아울러 내일을 계기로 비핵화와 한반도 안보 구도는 변화 속으로 들어갈 것이다.

새로운 상황이 열리는 셈인데, 우리의 급선무는 회담 결과를 냉정히 평가하는 것이다. 우리에게 유리하게 해석하고픈 유혹을 떨쳐야 한다. 그 평가에 따라 다음 행보를 조정하여, 가을에 있을 남·북 정상회담 등 두 번째 라운드의 정상 외교에 대처해야 한다. 북핵 협상은 길고 험한 과정일 수밖에 없다. 변화하는 현실을 잘 읽고, 이를 적시에 반영하면서 긴 경주에 임할 필요가 있다.

싱가포르 회담 결과:
승리에 도취한 북한과
어두워지는 비핵화 전망

싱가포르 회담 이후 북·미 간 비핵화 논의가 난항이다. 북한이 선 신뢰 조성을 요구하기 때문이다. 북한으로선 당연한 요구다. 북한은 싱가포르에서 그렇게 합의되었다고 믿고 있다. 무슨 말인가?

싱가포르 공동성명으로 돌아가보자. 8할이 북한 주장이다. 관통하는 메시지와 전개 방식이 압도적으로 북한 시각을 반영한다. 북한 초안에 미국이 약간의 수정을 가한 것처럼 보인다.

구체적으로 보면, 주 메시지는 '새로운 북·미 관계' 구축이다. 한 페이지 남짓한 성명에 '새로운 북·미 관계'가 무려 다섯 번 나온다. '평화'도 네 번 나온다. 두 키워드가 중언부언이 되니 이게 과연 정상 성명의 격에 맞는 문장인지 믿기지 않을 정도다. 그만큼 북한으로서는 이 개념을 확실히 하고 싶었던 듯하다. 그래서 남세스럽더라도 접착제로 붙이고 대못을 박고도 또 철갑을 둘러친 것 같다.

한편, 비핵화는 두 번 언급되고 있다. 주목해야 할 것은 언급 횟수보다 언급 방식이다. 미국이 기존의 비핵화 추진 방식을 바꾼 것처럼 쓰여 있다. 종래 미국은 비핵화 진전에 따라 관계 개선과 안전 보장을 추진한다고 해왔고, 북한은 관계 개선과 신뢰 구축이 먼저라고 해왔다. 그런데, 성명에서 양 정상은 새로운 북·미 관계가 한반도 평화 번영에 기여하고, 신뢰 구축이 비핵화를 증진한다는 데 확신한다고 적고 있다. 이 논리가 성명 전반에 점철되어 있다. 요컨대 싱가포르 성명은 평화와 신뢰를 구축하여 새로운 북·미 관계를 열고, 그 과정에서 비핵화를 해나가자는 선언이다. 북한의 주장에 미국이 동조한 선언인 셈이다.

더구나 그 비핵화는 '한반도의 완전한 비핵화'다. 북한의 개념인데, 북한뿐 아니라 한국과 미국도 비핵화 관련 조치를 취하여 한반도 전체가 비핵화되어야 한다는 뜻이다. 북한으로선 북한만 완전히 비핵화하라는 요구는 한반도의 불완전한 비핵화로서 있을 수 없다. 그래서 북한은 CVID를 강도적 요구라고 하는 것이다.

그런데 이 합의가 나오기까지 경위를 보면, 북한이 느낄 성취감의 일단을 이해할 수 있다. 북·미는 사전 몇 달간 막후 협상을 하였다. 싱가포르 정상회담이 정해진 후 판문점에서 6차례 문안 협상을 했으며, 그것으로 모자라 회담 당일 새벽까지 싱가포르에서 문안 조정을 했다. 그러나 북한은 비핵화의 개념에 대한 기존 입장을 지켜냈고, 자기식의 비핵화 접근 방법에 대한 미국의 동조까지 얻어냈다. 이처럼 치열한 담판 끝에 원하는 합의문을 만들었으니 북한으로서는 외교 대첩으로 여길 만하다.

과거에도 북한은 대미 협상에서 큰 성과를 거둔 적이 있지만, 비중 면에서 싱가포르 합의에 비교할 바가 못 된다. 그간 북한은 1993년 6월의 로버트 갈루치(Robrert L. Gallucci) · 강석주 간 뉴욕 회담 합의문을 조 · 미 관계 40여 년 역사상 최고의 문서라고 불렀다. 당시 미국은 북한의 NPT 탈퇴 과정을 중단시킨다는 화급한 목표를 달성하기 위해 북측의 요구를 거의 대부분 수용하였다. 이제 북한은 최고지도자가 직접 담판하고 서명한 싱가포르 성명을 조 · 미 관계 70년 역사상 최고의 문서라고 여길 것이다.

물론 북한의 접근 방식에 동조하느냐고 물으면 미국은 부인할 것이다. 그러나 중요한 것은 북한은 트럼프 대통령과 그렇게 합의했다고 믿고 있다는 점이다. 공동성명에 그렇게 쓰여 있으니 북한의 인식이 틀렸다고 할 수도 없다.

그러면 미국은 왜 이러한 합의를 했을까? 무엇보다도 트럼프가 회담을 성공으로 갈음하고 협상에 기회를 부여하기로 결단하였기 때문일 것이다. 정치적 스캔들과 중간선거를 앞둔 그는 회담을 성공적 이벤트로 만들고 싶었을 법하다.

북한이 이러한 사정을 꿰뚫어 보고 시종 강수로 나왔다고 보아야 한다. 성공적 행사를 만들어 내야 하는 트럼프로서는 북한이 문안 협상에서 완강히 버틸 때, 달리 대안이 없었을 것이다. 공동성명을 포기하면 회담 실패로 비칠 것이기 때문이다. 결국, 트럼프는 문안 협상에서 호의를 베풀어 합의를 해주고, 후속 협상에 동력을 부여하는 길을 택하였다. 그는 정상 간 신뢰가 구축되었으니 후속 협상을 기대할 수 있다고 본 것 같다.

그러나 북한은 정상 간 담판에서 승리했다고 보고, 핵 문제에 대한 자신의 입장을 강화할 판이었다. 후속 협상이 쉽지 않을 것을 예측하게 하는 대목이다. 북한은 앞으로 중점적으로 논의할 일은 관계 개선과 신뢰 구축이며, 여기에 진전이 있어야 비핵화도 진전한다는 것이 싱가포르 합의 정신이라고 믿게 되었다. 이것이 의도했든 아니든, 싱가포르에서 미국이 북한에 심어준 인식이며, 키워준 기대이다. 북한은 이를 극력 활용할 것이다. 두고두고 미국이 감당해야 할 업보라 아니할 수 없다.

미국의 업장은 이미 현실로 나타나고 있다. 폼페이오 장관이 싱가포르 회담 직후 방북을 마치고 떠나자마자, 북한은 비난을 쏟아냈다. 요지는 왜 폼페이오는 정상이 합의한 새 방식을 버리고 낡은 방식으로 돌아갔으며, 관계 개선, 신뢰 조성, 평화 체제 등 우선적 이슈를 버리고 강도적인 비핵화 요구만 하느냐는 것이었다.

김정은 위원장은 트럼프 대통령에게 친서를 보내, 싱가포르 성명의 이행과 관계 개선을 주문하고, 트럼프의 노력에 기대를 표하였다. 친서의 숨은 메시지는 아랫것들을 잘 단속하여 정상 간 합의가 변질되지 않도록 해달라는 당부였다. 비핵화에 대해서는 일언반구가 없었다. 싱가포르 이후 미국이 치러야 할 업장의 서막이 이렇게 열렸다.

우려되는 점은 북한이 싱가포르 성공에 집착할수록 협상은 어려워진다는 것이다. 미국은 북한의 기대대로 움직일 수 없고, 북한은 최고 존엄이 이룩한 신성한 합의를 해태하는 미국을 용납할 수 없다. 분란이 예상된다. 결국, 파국으로 이어질 소지가 있다. 그런데 그런 결말은 북한을 포함한 모두에게 해로운 일이다. 이른바 싱가포르 승리 인식이 초래할 딜레마이고, 이것이 지금 우리가 처한 문제의 핵심이다.

왜 미국은 싱가포르 합의대로 움직일 수 없다는 말인가? 총론적으로 미국처럼 선민의식을 가진 강대국이 북한과 같이 일탈 행위를 해온 작은 나라에 대해 계속 선의의 조치를 취해, 비핵화를 유도하기는 어렵다. 각론으로 보더라도 미국 정부 내에 싱가포르 성명을 문자 그대로 이행해야 한다고 생각하는 사람은 없을 것이다. 미국 관리들에게 싱가포르 성명은 특이한 대통령의 즉흥적인 행태가 빚어낸 결과물일 뿐이다. 트럼프 대통령마저도 북한의 기대대로 움직여야 할 의무가 있다고 생각하지 않을 것이다.

이렇게 말하면 정상 간 합의를 지나치게 경시하는 것처럼 들릴 수 있겠으나, 냉전 시기 미·소 정상 간에도 우발적으로 이루어진 합의가 실제 지켜지지 않은 사례는 많다. 더욱이 트럼프 행정부의 경우, 말과 행동 간에 편차가 크다는 것은 엄연한 현실이다.

파국을 피하기 위한 하나의 방안은 결자해지 식으로 미국이 다시 정상회담을 하여 싱가포르의 업장을 해소하는 것이다. 그러나 성공 가능성은 낮다. 북한이 선점한 유리한 고지를 내놓을 가능성은 거의 없기 때문이다.

오히려 현실적으로 개연성이 큰 시나리오는 이렇다. 당분간 트럼프 대통령은 협상을 독려하고 미국 조야는 비핵화 요구를 내세우는 가운데 대북 강압 조치와 협상을 병행하는 것이다. 유사 사례가 미국과 러시아 간의 관계에서 관찰된다. 트럼프는 미·러 관계 개선을 위해 유연한 대응을 선호하면서도 미국 정부 차원의 대 러시아 강성 조치를 막지 않고 있다. 북한에 대해서도 비슷한 상황이 생길 수 있다.

그런데 싱가포르 이전이라면 이런 식의 병행 접근을 시도해봄 직하지만, 싱가포르에서 북한의 기대치를 높여 놓은 만큼 반발도 클 것이다. 협상은 답보하고, 이윽고 트럼프도 정부 내 강성 흐름에 합류할 소지가 크다. 당초 깊은 고민 없이 싱가포르 합의문을 수용한 트럼프는 동일한 심사로 싱가포르 성명에서 벗어나는 결정을 할 수 있다. 중간선거 결과에 따라 트럼프의 강성 선회 시점도 앞당겨질 수 있다. 그러면 트럼프에 기대하던 북한은 합의 파기라며 격하게 나올 것이다. 협상은 좌초하고 도발이 있을 것이다. 그때 트럼프가 어떤 강수를 쓸지는 예측 불가다.

마지막으로 거론하고 싶은 시나리오는 북한이 이러한 전후 사정을 현명하게 헤아려, 합의문에 집착하지 않고 유연한 자세를 취할 경우이다. 그러나 이 또한 개연성은 적다. 북한이 스스로 승리의 주술에서 벗어나기는 쉽지 않을 것이다. 그만큼 북한은 교조적이다.

전망이 이렇다면, 우리로서는 파국을 피하고 비핵화를 진전시키기 위해 무엇을 할지 고심해야 할 것이다. 대처 방안을 모색하는 작업은 현 국면의 심각성과 문제의 연원을 냉정히 인식하는 지점에서만 시작될 수 있다.

싱가포르 합의는 그대로 되기에는 북한에 너무 좋은 것이었다. 그래서 이행되기 어렵다. 그런데도 북한은 이에 집착하고 있다. 미국은 별 의미를 두지 않고 있다. 이대로라면 앞길은 어둡다. 과연 큰 분란 없이 싱가포르의 주술을 넘어설 방안이 나올지, 모두가 피해자가 될 파국을 감수하고 나서야 이 주술을 벗어날지 앞으로 다가올 수개월이 말해줄 것이다.

어렵사리 재개된
북 · 미 협상,
무엇을 유의해야 하나

폼페이오 국무장관이 4차 방북을 하였다. 지난 8월 트럼프 대통령이 성과를 기대할 수 없다며 취소시켰던 방문이 뒤늦게 이루어진 것이다.

폼페이오 장관은 짧은 체류 시간의 대부분을 김정은 위원장 예방과 오찬에 썼다. 상대역인 김영철과의 회담은 눈에 띄지 않았다. 그의 방북 성과는 비핵화 진전보다는 2차 북 · 미 정상회담과 실무 협상 추진을 합의한 데 있는 것으로 보인다. 가시적인 비핵화 성과는 향후 실무 협상 결과를 보아야 알 수 있을 것 같다. 어쨌든 이로써 교착상태에 있던 비핵화 협상이 복원되었다. 의미가 있는 일이다.

그러면 향후 협상을 낙관해도 되는 것일까? 한마디로 회담이 이어지는 모양새는 좋지만 실질 내용을 중심으로 보면 꼭 그렇지는 않다.

그간 2018년 9월에 남 · 북 평양 정상회담이 있었고, 이어서 한 · 미 뉴욕 정상회담이 있었다. 이를 계기로 북·미 대화가 재개되었다. 폼페이오 장관과 이용호 북한 외무상이 뉴욕에서 마주 앉았다. 이후 폼페이오 국무장관의 금번 방북이 이어졌다. 이제 2차 미·북 정상회담과 실무 협상이 예상된다. 모든 것이 좋은 모양새이다. 그 배경에는 한국의 역할이 있었다.

그러나 실질 내용을 중심으로 보면, 폼페이오 국무장관의 북한 방문 전까지 목격된 북·미 간 공방은 심상치 않았다. 그간 북한은 핵 신고를 하면 종전 선언을 하겠다는 미국의 입장에 불응해 왔다. 이용호가 유엔 총회 계기에 발신한 대미국 메시지도 일관되게 경직된 것이었다. 미국 쪽에서는 트럼프 대통령과 폼페이오 국무장관의 호의적인 메시지도 있었으나, 다른 한편 미국은 안보리에서 제재 유지를 강조하였다. 일방적인 독자 제재도 추가하였다. 급기야 북한은 폼페이오 국무장관의 방북 직전 논평을 통해 종전 선언이 누가 누구에게 주는 선사품이 아니며, 비핵화 조치와 바꿀 흥정거리는 더욱 아니라고 밝혔다. 종전 선언 대신 핵 신고를 하라는 요구를 분명히 거부한 것이다.

이러한 분위기에서 이루어진 폼페이오 방북이니, 당장 비핵화 성과를 내지 못했다 해도 놀랄 일은 아니다.

북·미 간 공방의 배경에는 싱가포르 회담 결과와 그 이후 상황에 대한 미국과 북한의 상이한 인식이 존재한다. 북한은 싱가포르에서 북한이 의도한 대로 '관계 개선이 평화 번영에 기여하고 신뢰 구축이 비핵화를 증진한다'는 합의를 끌어내는 데 성공했다고 본다. 그래서 관계 개선과 신뢰 구축을 하면서 비핵화에 접근하자고 주장한다.

북한은 싱가포르 이후 상황도 북한에 유리하며, 미국은 몰리고 있다고 보고 있다. 제재 이행이 느슨해지는 기류가 있고, 중국과 러시아가 제재 완화를 주장하고 있기 때문이다. 급기야 중국, 러시아와 북한이 3자 북핵 협의를 하는 초유의 일도 생겼다.

덧붙여 북한은 트럼프의 김정은에 대한 호의도 호재로 보고, 트럼프를 활용해 미국 내 강성 기류를 제어하려고 한다.

이러한 상황 인식에 따라, 북한은 자기식 비핵화 접근을 밀어붙이고 있다. 바둑으로 치면 초반 포석의 우위를 적극 활용하려는 자세이다.

이에 대한 미국의 대응은 혼란스럽다. 트럼프 대통령의 시각과 이를 만류하고 보완하려는 관료의 시각이 병존한다. 트럼프 대통령은 싱가포르 성과를 자랑하나, 관료는 문제점을 알고, 싱가포르 합의를 미국의 이해에 맞추어 재해석하고 있다. 관료 대부분이 강성이다.

이처럼 미국 정부 내에 상이한 견해가 혼재하지만, 큰 줄거리는 북한이 싱가포르에서 완전한 비핵화를 약속했으니 이의 이행을 요구한다는 것으로 정리되었다. 제재는 견지하기로 정해졌다. 대체로 미국은 힘을 바탕으로 초반 포석의 열세를 만회하려는 자세이다.

이상이 협상의 배경에 작동하는 북·미 양측 동력의 실상이다. 이것이 방치되고는 협상의 장래를 낙관하기 어렵다. 그러니 어렵사리 협상이 복원된 차제에 무엇을 어찌해야 할지 생각해볼 필요가 있다. 그런 문제의식하에 몇 가지 유의점을 제기해보고자 한다.

첫째, 북한 관련 사항이다. 우선 북한은 싱가포르 성공 이래 자기식 접근에 대한 확신을 키운 것으로 보인다. 이 성공 신화에서 벗어나야 한다. 트럼프는 개인적 호의로 그러한 합의에 서명했겠지만, 미국이 북한식 접근에 응할 리는 없기 때문이다. 오히려 북한으로서는 트럼프의 호의가 소진되기 전에, 비핵화의 진전에 나서는 것이 현실적이다. 그래야 북한이 원하는 북·미 관계 개선과 북 · 미 신뢰 구축, 남 · 북 협력도 진전된다.

자칫하면 모처럼의 협상 기회가 사라진다. 트럼프가 호의를 접는 순간, 미국 조야는 강경으로 선회할 것이기 때문이다. 그렇게 되면 정상이 직접 해온 협상이 잘못되는 셈이니, 역풍이 없을 수 없다. 이것이 톱다운 방식의 리스크다.

그러므로 북한이 자기식 접근에 대한 집착을 내려놓고, 비핵화의 길에 나서도록 유도할 필요가 있다. 한국이 이 작업에 역할을 해야 한다.

둘째, 미국 관련 사항이다. 우선 미국은 북한에 더는 성공 카드를 쥐어주지 않아야 한다. 그런 면에서 2차 북 · 미 정상회담을 그냥 환영하기에는 일말의 우려가 있다. 다시 싱가포르식이 되면, 문제는 어려워진다. 그러면 그때 가서 또 정상회담을 하여 동력을 주입해야 하느냐는 딜레마에 직면할 것인데, 미국이 정상회담을 마냥 할 수는 없을 것이다. 그러니 2차 회담에서 비핵화의 가시적 성과를 확보해야 한다.

또 트럼프와 관료가 서로 다른 강온 메시지를 내놓는 일도 반복되지 않아야 한다. 이것은 북한이 자기 편의대로 상황을 인식하게 하는 잘못된 신호가 된다. 내부적으로 조율된 일관된 정책이 나와야 한다. 그것이 유연한 방향이면 더욱 좋다.

셋째, 한 · 미 관련 사항이다. 한 · 미는 협상 전략 논의를 더 긴밀히 하고, 협상 장애 요소에 민첩하게 대처해야 한다. 우리의 핵심 국익을 미국이 협상하고 있기 때문이다.

지금의 장애는 종전 선언이다. 미국은 종전 선언을 하려면 핵을 신고하라 하고, 북한은 이를 공개적으로 거부하였다. 한국은 핵 신고 대신 영변 시설 폐쇄를 요구하자는 안을 내놨다. 교착상태를 풀 우회로인 셈이다. 그러나 북한이 종전 선언은 흥정거리가 아니라는 입장을 견지하면 일은 여전히 안 풀린다.

종전 선언은 협상 소재의 하나일 뿐인데, 비핵화가 여기에 걸려 공전하는 것은 바람직하지 않다. 무언가 방안을 강구해야 한다. 생산적 논의를 위해 먼저 저간의 경위를 냉정하게 돌아보자.

북한의 입장을 옹호할 생각은 전혀 없으나, 북한이 공개 거부를 한 데에는 나름의 배경이 있음을 인정해야 한다. 종전 선언은 10년 전 제기되었을 때부터 근래에 이르기까지 북한의 조치를 전제로 하는 제안이 아니었다. 옳든 그르든 제안의 취지는 종전 선언을 통해 비핵화나 협력을 진전시킬 환경을 조성한다는 것이었다. 모두에게 유익한 공공재처럼 조건 없이 제기된 것이었다. 그래서 2007년 남·북 정상 간 10·4 공동성명이나 2018년 4월 남·북 정상 간 판문점 선언에도 조건부가 아닌 표현으로 적혔을 것이다.

이 과정에서 북한은 종전 선언에 호응하면서도 적극적이지는 않았다. 미국 조야는 내내 종전 선언에 소극적이었고 금년 들어서도 유사하였다. 그런데 트럼프는 예외였다. 그는 싱가포르에서 종전 선언을 하겠다고 하였다. 북한은 싱가포르 이래 아주 적극적이 되었다.

종전 선언을 달가워하지 않던 미국의 관료들은 트럼프가 긍정적으로 나오니 이를 안 할 수는 없다고 보고, 대신 종전 선언을 핵 신고 조건부로 변형하여 북한에 제시하였다.

한국은 미국 조야의 소극적 태도를 우려하다가 미국이 종전 선언 추진으로 선회한 데 안도한 나머지, 조건부로의 변형에는 괘념치 않았던 듯하다. 그때 일이 크게 꼬여 들어갔는데도 말이다.

물론 우리 입장에서는 미국의 접근이 무조건적인 추진 방안보다 전술적으로 나을 수 있다. 그러나 북한은 무조건이었던 제안이 갑자기 조건부가 되어버리니 반대하는 것이다. 이제 북한은 미국이 종전을 바라지 않는다면 북한도 연연하지 않는다고 말한다.

경위가 이러하니 북한이 조건부 종전 선언에 동의할 가능성은 적어 보인다. 이대로 두면 협상은 거기서 정체한다. 그러므로 종전 선언의 대상물을 바꾸자는 한국의 제안은 물론, 종전 선언을 일단 미루고 다른 카드를 중심으로 협상을 끌고 가는 방안, 종전 선언의 내용을 희석시켜 조건 없이 추진하는 방안까지 옵션을 확대하여 대안을 고려했으면 한다.

넷째, 한국 관련 사항이다. 우선 한국은 상기 유의점을 중심으로 대북, 대미 협의를 하여 만류도 하고 설득도 해야 한다.

또 미국과의 조율에 더 신경을 쓰기 바란다. 특히 미국의 정책 중심이 하나가 아니라는 점을 유의해야 한다. 미국에는 트럼프의 관점이 있고, 관료의 관점이 있다. 우리는 트럼프에 크게 의존해 왔다. 트럼프 이외의 정책 중심과 교감을 강화해야 한다. 결국, 미국의 정책은 이 두 그룹 간의 논의를 거쳐 형성되기 때문이다. 대표적인 사례가 종전 선언 제안의 변형이다. 그처럼 일이 적기에 조율되지 않으면, 나중에 수습하기 어려울 정도로 커진다.

북핵 문제처럼 각방의 사활적 이해가 걸려 있고, 꼬일 대로 꼬인 현안 협상은 정상이 나서서 주도한다 해도 마냥 순탄할 순 없다. 일은 어딘가에서 반드시 틀어진다. 운명의 여신은 징조를 미리 포착하고, 파국을 미연에 방지하려는 노력을 할 때에 기회의 손을 내밀 것이다.

톱다운 방식
북핵 외교의 명암

연초부터 숨 가쁘게 진행된 북한과의 협상에는 간과하기 쉬우나 사실은 중요한 특징이 하나 있다. 그것은 협상이 처음부터 정상급에서부터 시작되었다는 점이다. 김정은 위원장이 직접 신년사에서 남·북 대화에 응할 뜻을 밝혔고, 평창 올림픽을 거쳐 첫 남·북 정상회담이 판문점 남측 지역에서 있었다. 이후 북·미 정상회담이 합의되었다. 그런데 한때 미국이 이를 연기시키자, 북한은 2차 남·북 정상회담을 판문점 북측 지역에서 열자고 하였다. 남·북 정상회담이 국면 전환에 기여하여, 사상 초유의 북·미 정상회담이 싱가포르에서 열렸다. 그 후 남·북 3차 정상회담이 평양에서 열렸다. 이제는 내년 언제 2차 북·미 정상회담이 열릴 차례로 되어 있다.

이처럼 정상이 앞장서서 협상을 리드하고 그 동력을 아래로 내려주는 식의 접근을 세간에서는 톱다운 방식이라고 부른다. 아래에서부터 협상을 시작하여 위로 올라가면서 정상이 마무리 짓는 보텀업(bottom-up) 방식에 반대되는 개념이다.

외교 관행으로 보면 보텀업 방식이 통상적이다. 먼저 실무급에서 정상들이 합의할 얼개를 사전에 충분히 협상하고, 여기서 의견이 수렴되면 정상회담을 열어 합의문을 발표하는 식이다. 그럼으로써 정상회담은 실무진이 준비한 것을 수확하는 장이 되는 것이다.

보텀업 방식이 선호되는 이유는 톱다운 방식이 갖는 리스크 때문이다. 톱다운 방식은 최종 결정권자가 직접 담판하는 것이므로, 잘되면 신속히 과감한 성과를 낼 수 있으나, 잘못될 경우 심각한 후과가 있을 수 있다. 사전 조율이 미진한 상태에서, 정상 개인이 직접 국익 거래에 나설 경우에 생길 리스크가 크다는 말이다. 더구나 정상의 자리에 오른 분들은 대체로 강한 에고의 소유자일 개연성이 크다. 강한 에고의 소유자끼리 진검 승부를 할 경우에, 그 일이 항상 순조로우리라고 기대하기는 어려울 것이다. 이러한 위험 부담이 있기에, 첨예한 교섭은 실무선에서 수행하고, 그 결과를 토대로 정상들은 성과물을 거두는 일종의 외교적 의식(ritual)을 거행하는 것이 일반적인 정상 외교의 모습이다.

그런데 우리 사회 내에는 실무 협상에서부터 시작하여 위로 올라가는 접근에 대한 회의론이 있어 왔다. 과거 오랫동안 북핵 협상이 실무자들에 의해 양자 또는 6자 형식으로 진행되면서 교착과 파기를 거듭해온 경위가 있기 때문이다. 물론, 보다 근본적으로는 우리 의식 속에 최고위급 담판에 대한 막연한 신화 내지 호감이 존재한다는 점도 인정해야 할 것이다. 난국이 생길 때마다 영수 회담, 정상회담, 정상 특사 파견 아이디어가 무슨 기발한 해법인 양 스스럼없이 튀어나오는 것도 그래서일 것이다. 모두 정상과 직접 대화해야 문제가 풀린다는 신화의 발로이다. 우리네 생각이 그렇게 돌아가는 이유는 아마도 우리가 알게 모르게 권위주의적인 위계질서에 물들어 있기 때문인지도 모른다.

배경이 이렇다 보니, 북한처럼 모든 결정권이 최고 존엄 1인에게 집중된 체제를 상대로 실효성 있는 협상을 하려면, 정상이 나서야 한다는 주장이 국내에서 상당한 설득력을 갖게 되었다. 그래서 곧바로 정상회담을 해야 한다는 주장이 제기되었고, 김정은 위원장이 이에 호응하자 엄청난 기대가 생겨나게 된 것이다.

이러한 기대는 1차 남·북 정상회담과 싱가포르 북·미 정상회담까지는 충족되는 것처럼 보였다. 국내에서 톱다운 방식에 대한 예찬이 거보란 듯 넘쳐났고, 자연스럽게 보텀업 방식은 구태처럼 여겨졌다.

그러나 북·미 정상회담 후, 후속 협상을 위해 북한에 찾아간 폼페이오 국무장관과 김영철 통전부장 간의 협의가 공전하면서 상황이 달라지기 시작하였다. 폼페이오가 떠난 직후, 북한은 성명을 통해 폼페이오가 정상 간의 합의에서 벗어난 주문을 하였다고 비난하고 이를 강도적 요구라 불렀다. 북·미 협상은 정체되었다. 남·북 정상회담을 통해 새 동력을 불어넣어야 하는 상황이 생겨났다. 남·북 평양 정상회담이 열렸고, 이는 북·미 간 협상 분위기 조성에 기여하였다. 덕분에 폼페이오 국무장관의 방북이 성사되었다. 그는 김정은 위원장과 장시간 협의하고, 2차 북·미 정상회담과 이를 위한 실무급 협상에 의견을 모은 것으로 알려졌다. 그러나 그 후에도 실무 협상은 지연되었다. 북한은 폼페이오와 추가 회담을 위한 김영철의 방미를 마지막 순간에 연기시켰다. 북한은 미국이 일찌감치 제안한 스티븐 비건(Stephen Biegun)-최선희 협상에 대해서도 답을 주지 않고 있다.

일이 이렇게 흘러가는 이유는 싱가포르 회담 결과와 후속 협상을 보는 미국과 북한 간의 시각에 큰 괴리가 있기 때문이다. 북한은 싱가포르에서 양 정상이 관계 개선과 신뢰 구축부터 하여 비핵화에 접근하기로 합의했다고 보고 있다. 북한은 북·미 실무 협상이 할 일은 이를 이어받아 구체화하는 것이라고 본다. 싱가포르 합의 문안을 보면 북한 주장이 무리가 아니다. 문안상으로는 트럼프 대통령이 그렇게 합의해준 것으로 나온다. 그런데 북한은 폼페이오와 대좌해본 후, 미국이 후속 협상에서 싱가포르 합의를 재해석하려 한다고 의심하게 되었다. 북한이 폼페이오나 비건 레벨의 대화에 대해 소극적인 이유이다. 북한은 김정은이 트럼프를 만나면 말이 통하는데, 폼페이오 이하 급을 만나면 대화가 안 된다고 보는 것이다.

그러나 미국 내, 특히 트럼프 대통령을 제외한 조야의 시각은 이와 크게 다르다. 이들은 싱가포르 북·미 정상회담에서 충분한 사전 준비 교섭 없이 바로 정상을 대면시켰기 때문에 트럼프가 김정은에게 과도한 양보를 하였다고 본다. 그래서 2차 북·미 정상회담은 충분히 준비한 후에 진행하려고 한다. 이들은 준비 과정의 급선무는 북한이 싱가포르에서 언급한 완전한 비핵화를 실행에 옮기는 것이라고 본다. 달리 말하면, 지금부터는 보텀업 접근을 채택하려고 하는 것이다.

북·미 간 견해차로 교착상태가 계속되자, 정상회담 못지않게 실무 협상이 주목을 받는 기현상도 나타나게 되었다. 이제 북핵 문제의 향배는 후속 실무 협상이 이어지느냐, 거기서 무슨 성과가 있느냐에 달려 있는 것처럼 보인다. 정상이 리드한다고 하지만, 협상의 장래를 가름하는 결정적 지표는 실무 협상에서 나온다는 말이다. 왜냐하면, 미국 조야가 여기서 진전이 없으면, 2차 정상회담을 서두르지 않으려고 할 것이기 때문이다. 물론 트럼프 대통령이 이러한 접근을 오롯이 따를 것이냐는 별개의 문제이긴 하지만, 미국 내 주류는 실무 협상의 진도를 보고 다음 수순을 대통령에게 건의할 태세이다.

이렇게 미국과 북한이 서로 다른 접근법을 선호하여 교착상태가 지속되는 현 국면에서 우리는 어떻게 대처해야 하나? 이와 관련하여 국내에서는 김정은 방남을 추진함으로써 북·미 협상을 추동하자는 구상이 제기되고 있다. 더 나아가 미국에도 2차 미·북 정상회담 준비를 위한 실무 협의에 집착하기보다, 일단 북·미 정상회담을 열어 실무진에게 선순환의 에너지를 투하하도록 주문하자는 생각도 고개를 들고 있다. 모두 톱다운에 기반을 둔 접근이다.

그간의 경험에 비추어 보면, 남·북 정상회담 카드로 북·미를 대좌시키는 일이 몇 차례 있었으므로 이 방안이 제기되는 근거는 이해할 수 있다. 물론 북한이 남·북 정상회담에 응한다는 전제에서다. 그러나 북·미 정상회담으로 북·미 실무 협상을 추동하자는 안은 미국을 설득하기 쉽지 않다. 우선, 우리와 달리 미국 사회에는 톱다운 방식에 대한 선호가 없다. 오히려 미국의 조야는 싱가포르에서의 톱다운 실험으로 후속 실무 협상이 어렵게 되었다고 본다. 이것이 미국이 얻은 교훈이다. 싱가포르 정상회담을 반면교사로 삼으려는 분위기이다. 보텀업 방식 접근을 배제할 수 없는 현실이 드러나는 대목이다.

현실이 이럴진대, 우리가 갈 길은 자명해진다. 두 방식 모두에 대해 열린 자세로 대하는 것이다. 그래야 전술적으로도 북·미 어느 쪽에 치우치지 않고 우리의 설득 입지를 확보할 수 있게 된다. 그 후에는 현 교착상태를 타개하고, 우리의 중차대한 국익인 비핵화 협상을 진전시키는 데 치중해야 한다.

이를 통하여 남·북 관계 진전의 공간을 확보해야 한다.

그렇게 하려면 우리가 가진 톱다운 방식에 대한 선호를 조금 내려놓아야 한다. 그간 보아온 대로 톱다운 방식에도 명암이 있음을 인지해야 한다. 보텀업 방식을 부정적으로 보지 않아야 한다. 근본적으로도 두 접근은 우열 관계에 있는 것이 아니라 각자 강·약점이 있을 뿐이니, 이 둘을 보완적으로 구사하는 것이 좋다는 입장에 서는 것이 좋다. 이 입장은 북·미뿐 아니라 남·북에도 적용될 수 있다.

진정 중요한 것은 이 두 방식을 배합할 상황과 타이밍을 분간하여 대처하는 것일 터이다. 지금은 보텀업 접근을 가미하여 톱다운을 보완할 때라고 생각된다.

저무는 북핵 정상 외교 원년,
비핵화 협상의 향배

연초부터 화려한 정상 외교로 개막되었던 2018년이 저물어 간다. 김정은 위원장의 신년사를 기점으로 시작된 북한과의 대화는 전례 없는 3차례의 남·북 정상회담과 사상 최초의 북·미 정상회담으로 이어졌다. 그 결과 극한으로 치닫던 대결 국면은 사라지고 역사적인 협상 기회가 열렸다.

그러나 핵 문제를 중심으로 본다면, 전반기의 급격한 기대와 후반기의 지루한 정체가 대비되는 한 해였다고 할 수 있다. 6월 북·미 싱가포르 정상회담을 변곡점으로 북·미 비핵화 협상은 더 진전되지 못하였고, 정체 상태를 타개하지 못한 채 해를 넘기기 때문이다.

왜 지금의 정체가 도래하였는가? 이 질문에 답하려면 그간의 과정을 이끌어 온 동력이 무엇이었고, 각방은 이에 어떻게 대응하였는지를 냉정히 살펴볼 필요가 있다. 먼저 동력을 보자. 첫째는 톱다운 방식 접근이었다. 처음부터 정상이 만나 협상의 방향과 에너지를 실무급에 내려주는 방식이 시도되었다. 통상적인 방식이 아니었다. 일반적으로는 실무선에서 준비 교섭을 한 후, 성과가 가시화되면 정상회담을 열어 이를 수확하는 보텀업 방식이 채택된다. 둘째는 한국의 촉진자 역할이다. 한국은 2018년 내내 남·북 대화를 통해 북·미 대화를 촉진하는 동력을 제공하려고 하였다.

그러면 이에 대한 각방의 대응이 어떠했는지를 보자. 톱다운 방식은 당초 북한이 제안하였고, 한국은 적극 환영하였다. 미국에서는 톱다운에 대해 의견이 갈렸다. 트럼프 대통령은 호의적이었으나, 외교·안보 관리들은 신중하였다. 그래서 한때 북·미 정상회담은 연기되었다. 그러나 북한이 급거 2차 남·북 정상회담을 제안하고, 한국이 이를 활용하여 촉진자 역할을 함에 따라, 싱가포르 북·미 정상회담이 열리게 되었다. 여기까지는 톱다운 방식과 한국의 촉진자 역할이 잘 작동하였다.

그러나 그 후 미국과 북한이 후속 협상을 하는 단계에 이르자, 각방의 입장에 분화가 생기기 시작하였다. 문제가 불거진 계기는 싱가포르 직후 열린 폼페이오 국무장관과 김영철 통전부장 간의 평양 회담이었다. 북한은 폼페이오가 정상 합의에서 벗어난 요구를 하였다고 맹비난하고, 이를 강도적이라고 불렀다.

일이 이렇게 된 이유는 북·미 간에 싱가포르 회담 결과를 보는 시각에 괴리가 있기 때문이다. 북한은 싱가포르에서 양 정상이 관계 개선과 신뢰 구축부터 하여 비핵화를 추진하기로 합의했다고 생각한다. 북한은 그것이 두 정상이 아래에 내려준 협상 방향이라고 본다. 싱가포르 성명에는 북한이 보는 식으로 쓰여 있다. 그런데 북한은 폼페이오와 대좌해본 후, 그가 싱가포르 합의를 달리 해석하려 한다고 여기게 되었다.

반면 미국 내, 특히 트럼프 대통령을 제외한 조야의 시각은 다르다. 이들은 트럼프 대통령이 충분한 사전 교섭 없이 김정은 위원장과 대면한 결과, 북한 주장이 많이 담긴 성명에 합의해주게 되었다고 생각한다. 그래서 이들은 이제부터는 실무선에서 잘 준비하여 다음 단계로 나아가려고 한다. 이들에게 급선무는 북한이 싱가포르에서 언급한 완전한 비핵화를 구체화하는 것이다. 즉, 이제부터는 보텀업 접근을 하려는 것이다.

그래서 미국과 북한은 비핵화의 개념(CVID냐, 한반도의 완전한 비핵화냐), 비핵화와 신뢰 구축 간의 우선순위(신고가 먼저냐, 종전 선언 제재 완화가 먼저냐), 비핵화 추진 방식(단계적 동시적이냐, 핵·미사일 주요 부분부터 폐기냐)을 두고 계속 다투었다.

다툼이 계속되는 가운데, 실무 협상의 성과를 확신하지 못한 미국은 폼페이오 국무장관의 방북을 재추진하다가 막판에 취소하였다. 자연히 한국에서는 남·북 대화를 통해 새 동력을 불어넣어야 할 때라는 인식이 생겼다. 남·북 평양 정상회담이 열렸고, 우리의 촉진자 역할 덕분에 폼페이오 국무장관의 방북이 이루어졌다.

그러나 그 후에도 북한은 합의되었던 김영철의 방미를 연기시켰고, 미국이 요망하는 비건-최선희 간 핵 대표 협상에도 불응하고 있다. 그러면서 북한은 2차 북·미 정상회담을 요구하고 있다. 재차 톱다운으로 분위기를 정비하려는 의도이다. 그러나 미국 관리들은 실무 협상에서 진전이 없으면 2차 정상회담을 서두르지 않으려고 한다.

정체가 계속되자, 국내에서는 김정은의 연내 방남을 성사시켜 북·미 협상을 추동하자는 구상이 제기되었다. 더 나아가 미국에도 일단 북·미 정상회담을 열어 선순환의 에너지를 투하할 것을 권유하자는 생각도 고개를 들었다. 다시 촉진자 역할이다. 이러한 배경하에서 문재인 대통령은 G-20 회의 계기에 트럼프 대통령을 만나 남·북, 북·미 정상회담에 대한 긍정적인 반응을 끌어내었다. 그러나 북한은 김정은의 연내 방남에 응하지 않고 있다.

여기까지가 올 한 해의 경과다. 정리하자면, 톱다운에 관해서는 미국에서 이를 보완하려는 움직임이 주목된다는 것이고, 한국의 촉진자 역할에 관해서는 미국을 북한과 대좌시키는 효능은 있으되, 북한을 미국과의 대화로 견인하지는 못한다는 점이 눈에 띈다는 것이다.

그러면 새해에는 어떤 상황이 전개될 것인가? 장래에 대한 전망은 북한이 어떻게 나올 것인지에서부터 시작해야 한다. 지금의 교착상태가 북한의 실무 협상 기피에서 비롯되었기 때문이다.

북한의 새해 움직임을 예측하는 데 올해 북한이 보여준 행보보다 더 유용한 참고 자료는 없을 것이다. 북한으로서는 금년 신년사로부터 시작한 회담 공세가 북·미 정상회담에 이르기까지 큰 성공을 거두었다고 자임할 것이니, 새해에도 유사한 구상을 할 가능성이 있다. 목표는 지금의 정체를 타개하고 북한 입맛대로 협상을 복원하는 것일 것이다.

그간의 행태로 미루어 볼 때, 북한은 2차 북·미 정상회담에 치중하는 구상을 내놓을 것으로 보인다. 그것이 미국 실무 라인을 우회하고 트럼프와 직거래하여, 협상의 방향을 재정립하는 첩경이라고 여길 것이다. 그리하여 싱가포르 성공 신화를 이어가려고 할 것이다.

그런데 과거에 북한은 주요 구상을 내놓기 전에 극적 분위기 조성을 위해 일정 기간 어깃장을 놓곤 하였다. 이런 맥락에서 북한이 그간 미국과의 실무 협상에 불응하고, 김정은의 연내 방남에 응하지 않는 것도 그럴 법한 일이다.

아울러 새해에 북한은 북·미 정상회담을 최우선시하고 남·북 정상회담은 부수적으로 대할 소지가 있다. 금년에 남·북 정상회담을 한 후 북·미 정상회담을 하였으나, 새해에는 북·미 정상회담부터 하고, 그 후에 남·북 정상회담을 하려 할 가능성이 있다.

북한이 이렇게 나올 경우, 관련국의 대응은 무엇일까? 우선 미국 쪽에서는 북한의 주문대로 놀아주는 것은 잘못이라는 소리가 나올 것이다. 그러나 트럼프 대통령은 정상회담을 선호할 소지가 있다.

물론 그간 실무 협상을 통한 준비부터 하자고 하였던 관리들은 소극적이겠으나, 어차피 지금은 실무 협상이 이루어지지 않는 형편이므로 이들에게도 선택지는 별로 없다. 역설적이지만, 지금 상황에서 폼페이오-김영철 회담과 비건-최선희 회담을 여는 가장 빠른 방안은 미국이 2차 정상회담에 동의하는 것이다. 그러면 북한은 정상회담 준비라는 명목으로 실무 협상에 응할 것이기 때문이다. 그러니 미국 관리 중에는 그 방법으로라도 실무 협상을 열어 정상회담 준비를 철저히 하는 것이 차선이라는 쪽으로 선회하는 이가 늘어날 것이다.

한국은 정체 국면을 탈피할 수 있다는 점에서 북·미 정상회담을 지지할 것이다. 그런데 여기에는 또 하나의 유의점이 있다. 북한은 북·미 정상회담을 먼저 하면, 남·북 정상회담에 대한 한국의 집착이 더 커질 것이라고 보고, 그때 한국을 상대로 더 많은 것을 얻어낼 계산을 할 개연성이 있다. 그러니 우리로서는 진중할 필요가 있다.

어쨌든 이처럼 북·미 정상회담 성사 가능성은 상당하다. 그러면 남는 결론은 그 회담에서 비핵화의 실질 진전을 담보할 큰 틀의 합의가 반드시 나와야 한다는 것이다. 그렇게 된다면 후속 협상은 안정될 것이다. 그러면 톱다운이든 보텀업이든, 남·북이 먼저이든 북·미가 먼저이든 모두 그리 중요치 않다.

그러나 만에 하나 2차 북·미 정상회담이 싱가포르의 재판이 된다면, 이는 재앙이 될 것이다. 그런 면에서 싱가포르는 지나가버린 역사적 기회였다. 그것이 재현되면 북한은 또다시 승리에 도취하여, 자기식 비핵화를 더 강고하게 고집할 것이다. 그때 가서 미국이 이를 수용하는 후속 협상에 응할 리는 없을 것이다. 미국도 더는 톱다운에 응하기 어려울 것이다. 그러니 협상은 좌초될 것이다. 또 그때 가면 한국이 남·북 협력을 추진할 공간도 급격히 축소될 것이다. 이것은 피해야 할 길이다.

2018년 세밑에, 비핵화 협상의 경과를 돌아보고 2019년을 전망해보는 이유는 협상이 순항할지 파국으로 갈지가 2019년에 판가름 날 것으로 생각되기 때문이다. 역사적인 협상 기회는 당분간 계속될 것이다. 이 기회가 어떻게 활용될 것인가? 소망과 우려가 뒤섞인 마음으로 오는 해를 맞이한다.

CVID의
진정한 의미

미국이 북핵 협상에서 제시해온 목표로 CVID라는 개념이 있다. Complete, Verifiable and Irreversible Dismantlement의 약자인데 완전하고 검증 가능하며 불가역적인 폐기라는 뜻이다.

이 개념은 미국이 조지 W. 부시 행정부 이래 사용해온 것이다. 그런데 싱가포르 미·북 정상회담 직후에 후속 협상차 평양에 간 폼페이오 국무장관과 김영철 통전부장 간의 협의 과정에서 CVID가 큰 이슈로 부각되었다. 북한이 폼페이오의 CVID 요구를 강도적이라고 맹비난하고 나왔기 때문이다. 어떻게 된 일일까?

원래 CVID는 클린턴 행정부의 뒤를 이어 집권한 부시 행정부의 강경파인 네오콘이 만들어낸 개념이다. 당시 부시 행정부의 핵심들 사이에서는 클린턴 대통령에 대한 반감이 엄청났다. 당시 언론에서는 부시 행정부의 클린턴에 대한 거부감을 ABC(Anything But Clinton의 약자로서 클린턴이 한 것은 무엇이든지 폄하하는 분위기를 지칭)라고 부를 정도였다.

이러한 사고의 연장선에서 부시 행정부 내 강경파들은 클린턴 행정부의 북핵 협상에 대해서도 극히 부정적이었다. 당시 클린턴 행정부의 북핵 협상 결과는 이른바 Agreed Framework(AF)로 약칭되는 1994년 제네바 합의에 망라되어 있었다. 네오콘은 AF가 잘못된 합의라고 보았다. 부시 행정부 초기에는 AF를 파기하려고 나설 정도였다. 당시 콜린 파월(Collin Powell) 국무장관을 비롯한 온건파와 한국의 김대중 정부가 적극 만류하여 파기는 겨우 막았으나, AF에 대한 네오콘의 부정적 인식은 막을 수 없었다.

결국, 부시 행정부는 AF의 잘못된 점을 시정해야 한다고 입장을 정리하였다. 그 생각이 CVID로 표현되었다. 북핵 문제에 대한 부시 행정부의 대안적 목표였던 셈이고, 그 기저에는 클린턴식 AF에 대한 반감이 있었다.

CVID의 각 용어를 분석적으로 들여다보면 그런 점이 더 분명히 드러난다. 먼저 '완전한(Complete)'을 보자. 이 개념에는 AF가 영변의 일부 핵 시설만을 대상으로 한 불완전한 것이라는 인식이 깔려 있다. 이에 반하여 부시 행정부는 모든 핵 물질과 관련된 모든 시설을 대상으로 하여 완전한 해결을 추구한다는 의미이다.

다음으로 '검증 가능한(Verifiable)'을 보자. 이것은 AF가 검증 체계를 결여하고 있음을 지적하는 취지이다.

'불가역적(Irreversible)'은 AF가 영변 핵 시설을 재가동할 소지를 남겨 두는 잘못을 범했으나, 부시 행정부는 그렇게 하지 않는다는 뜻이다. 예컨대 AF에 따르면 영변 흑연로의 사용 후 연료봉은 영변 시설 내 수조에 보관하도록 합의되어 있었다. 사용 후 연료봉을 재처리하면 플루토늄을 추출할 수 있는데, 그것이 북한 국내에 남겨져 있었던 것이다. 나중에 북·미 간에 분란이 심화되자, 북한은 이것을 수조에서 꺼내 재처리해버렸다. 부시 행정부는 클린턴 행정부가 이처럼 되돌릴 수 있는 가역적 합의를 해준 것은 잘못이었다고 보는 것이다.

마지막으로, '폐기(Dismantlement)'인데, 이것은 AF가 영변 시설을 장기간 동결(Freeze) 상태에 두는 합의인 데 반하여, 부시 행정부는 폐기를 추구한다는 취지였다.

다시 말하면, 클린턴의 북핵 합의가 불완전하며 검증 불가하고 가역적인 동결인 데 반해, 부시 행정부는 완전하고 검증 가능하며 불가역적인 폐기를 추구한다는 것이다. 이처럼 CVID에는 당시 미국 네오콘의 북핵 관련 관점이 정교하게 응축되어 있다.

이러한 연원을 가진 CVID를 북한이 좋아할 리가 없다. 북한은 처음부터 거부하였다. 당시 한국의 김대중 정부와 노무현 정부도 CVID를 좋아하지 않았다. 이 개념의 목표가 너무 높아서 북핵 문제 해결 과정을 추동하는 데 도움이 되지 않는다고 생각하였기 때문이다. 중국과 러시아도 달가워하지 않았다.

그러나 그 후 북한의 핵과 미사일 도발이 첨예화하면서 CVID에 대한 국제적인 수용 태세가 크게 달라졌다. 급기야 CVID 표현이 안보리 결의에 포함되어, 이제는 중국과 러시아를 포함한 범 국제사회에 통용되는 개념이 되었다.

그런데 금년 초부터 남·북, 북·미 정상회담이 성사되고 비핵화 문제가 최고위급의 협상 소재가 되면서 새로운 상황이 전개되었다. 북한은 이 과정에서 '한반도의 완전한 비핵화'라는 용어를 사용하였다. 북한이 비핵화를 하려면 한반도에서 미국의 핵 전력 운용을 비롯한 위협이 없어져야 하며, 그래야 북한만이 아닌 한반도 전체의 완전한 비핵화가 이룩된다는 취지에서 나온 용어이다.

이 용어가 북 · 미 정상회담 문건에 반영되었다. 그러나 그 후 폼페이오 국무장관은 북측 상대를 만나, 김정은 위원장이 싱가포르에서 비핵화를 약속하였으니, CVID의 길에 나서라고 주문하였다. 북한은 싱가포르에서 논의된 것은 '한반도의 완전한 비핵화'이지 CVID가 아니라고 하며 반발하였다. 북한이 폼페이오 장관의 주문을 강도적이라고 부른 것은 이런 맥락에서 나온 말이다.

한편, 미국은 근래 CVID를 조금 다르게 풀어 쓴 FFVD라는 용어도 자주 사용한다. FFVD는 Final and Fully Verified Denuclearization의 약자이다. 최종적이고 전적으로 검증된 비핵화라는 뜻이다. Complete와 Irreversible을 Final로 대체한 것이니 그 의미는 CVID와 유사하다.

이처럼 북 · 미 간에는 CVID/FFVD냐, 아니면 한반도의 완전한 비핵화냐를 둘러싸고 논쟁이 불거졌다. 이는 결국 비핵화 협상의 정체로 이어졌다. 즉 북 · 미는 비핵화의 개념을 두고 다투는 셈이다.

이 문제에 관한 한국의 입장은 모호하다. 한국은 북 · 미 간의 비핵화 협상이 진전되어 한반도에 비핵 평화가 정착되기를 바라는 입장이므로, 협상이 비핵화의 개념에서부터 공전하는 상황은 바람직하지 않다고 여긴다. 그래서 한동안 한국은 CVID와 한반도의 완전한 비핵화가 그리 다르지 않고 유사한 것이라는 해석을 하려 하였다. 그러나 막상 북한이 CVID를 공개적으로 매도하고 나오자, 그런 해석을 유지하기 어렵게 되었다.

이제 이런 상태에서 비핵화 협상은 2019년으로 들어간다. 2019년에도 금년 초부터 전개되었던 정상 외교가 재연될지, 그렇다면 그 성과물은 금년과 무엇이 다를지가 관심사로 된다.

만일 2019년에 북·미 정상회담이 열리고, 거기에서 정상들이 앞서 말한 비핵화의 개념을 비롯한 주요 쟁점에 대해 톱다운으로 큰 틀의 교통정리를 해준다면, 후속 협상은 동력을 얻을 것이다. 지금 북·미는 비핵화 개념 외에도 비핵화부터 할지, 신뢰 구축부터 할지, 우선순위를 두고도 논쟁하고 있다. 아울러 비핵화를 한다면, 핵·미사일 등 중요 부분부터 폐기하는 프런트 로딩 식 접근을 할지, 아니면 쉬운 부분부터 단계적으로 접근할지를 두고 논란을 벌이고 있다.

싱가포르 북·미 정상회담에서는 이러한 쟁점에 대해 교통정리가 이루어지지 못하였다. 오히려 싱가포르 회담은 북한에 북한식 비핵화 개념이 받아들여졌다는 믿음을 심어준 계기가 되고 말았다. 그래서 북한은 자기식 비핵화에 더 집착하게 되었다. 초유의 북·미 정상회담이라는 빅뱅에도 불구하고, 후속 협상이 정체되는 역설이 벌어진 이유가 바로 여기에 있었다.

이러한 금년의 경과를 돌아본다면, 새해에 비핵화 협상을 낙관하기 어려울 것이다. 그러나 미래가 과거의 반복일 수는 없을 것이다. 우리가 과거로부터 교훈을 얻는다는 전제에서 하는 말이다. 새해의 상황 진전을 소망한다.

김정은 신년사로 본
비핵 평화 협상 전망

북한과 같이 폐쇄되고 비밀스러운 체제의 행동을 해석하고 전망하는 작업은 언제나 어렵고 힘들다. 그러나 그 일을 해야만 하는 사람들에게 그나마 작은 위안이 있다면, 그것은 북한에서 나오는 공개 문건들이 그 양은 적을지라도 내용 측면에서는 상당히 의존할 만한 유용한 정보 소스라는 점이다. 북측 문건은 논리적이고 일관되며 교조적이다. 그리고 철저한 기획의 산물이다. 그래서 진심이든 위장이든 북한의 의중을 담고 있다. 그러므로 이것을 잘 분석하면, 북한의 의중을 어느 정도 알 수 있다.

이번 김정은 위원장의 신년사도 이의 비근한 예이다. 그러면 의미 있는 관찰점을 추려내보자.

먼저 북한과 미국 간의 관계에 관해, 김정은은 역사적인 싱가포르 회담에도 불구하고 미국이 약속을 지키지 않아, 관계 진전이 미흡했다는 인식을 표명하고 있다. 그는 북한이 싱가포르 합의대로 새로운 관계 수립, 평화 체제 구축, 완전한 비핵화를 위해 조치를 취했으니, 미국도 이에 상응하는 조치를 취하라고 주문했다.

그는 남·북 관계가 대전환을 이룬 것처럼 북·미 관계도 결심만 하면 잘된다며, 2차 북·미 정상회담을 할 용의를 표명하였다.

동시에 그는 미국이 싱가포르에서 한 약속을 지키지 않고, 계속하여 제재 압박의 방향으로 간다면 북한도 새로운 길을 모색하지 않을 수 없다고 오금을 박았다.

그의 북·미 관계 언급은 종래보다 길고 구체적이다. 새해 북한 대외 정책의 중점이 대미 관계에 있음을 분명히 보여주는 방증이다. 메시지의 요지는 미국이 싱가포르 합의를 이행하면 문제가 해결되므로, 이를 위해 다시 트럼프를 만나겠다는 것이다.

다음으로 남·북 관계에 관해, 김정은은 2018년의 성과에 대해 대단히 만족한다고 하며, 이를 진전이 미흡한 북·미 관계와 대비시키고 있다.

그의 관점은 남·북 간에는 이미 좋은 합의가 이룩되었으므로, 앞으로 중요한 점은 이행이라는 것이다. 그는 남측이 외세의 눈치를 보거나 국제 제재에 얽매여 합의 이행에 소홀할 가능성을 경계하면서, 민족 공조를 강조하였다.

구체적으로 그는 한·미 합동 군사훈련 중단, 전쟁 장비 반입 중지를 거론하였다. 개성공단 가동, 금강산 관광 재개도 제기하였다. 이것들은 앞으로 북측이 이행 문제를 걸어 남측에 대해 어깃장을 놓을 소지가 엿보이는 잠재적 쟁점들이다.

한편, 김정은은 자신의 남측에 대한 답방에 대해서는 아무 언급을 하지 않고 있다. 미국과 정상회담을 할 용의를 밝힌 것과 대비된다. 종전 선언에 대해서도 아무런 언급이 없다. 대신 정전 체제를 평화 체제로 바꾸기 위한 협상을 하자고 제안했다.

이제 이러한 관찰점을 기초로 향후 전망을 해보자.

첫째, 2차 북·미 정상회담은 적극적으로 추진될 것으로 보인다. 김정은이 정상회담을 할 용의를 표하였으니, 조만간 양국 실무진 간에 논의가 있을 것이다. 김영철-폼페이오 라인이 재가동될 수 있다. 결국, 2차 정상회담을 하기로 합의하고 그에 대한 준비를 위한 실무 협상을 재개할 공산이 크다.

둘째, 2차 북·미 정상회담의 성과는 미지수이다. 그런데 김정은의 신년사를 보면 낙관하기 어렵다는 생각이 좀 더 든다. 왜냐하면 북한 최고 지도자가 현 상황의 문제와 해법을 싱가포르 합의 이행이라는 프레임으로 이미 규정해버렸기 때문이다.

바로 그 문제가 북·미 간 교착상태의 원인이었는데, 김정은이 이처럼 지침을 내려버리면, 실무진 간에 협상할 여지가 없게 된다. 북한 실무진은 싱가포르 합의 이행에만 집착할 것이다. 미국은 이에 응하기 어려울 것이다. 오히려 미국은 2차 정상회담을 통해 북한의 이런 관점을 바꾸려고 생각해온 것이 사실이다.

논란이 이어지면, 미국에서 회담 연기론이 불거져 나올 수 있다. 그러면 새로운 요소가 작동할 것이다. 새로운 요소란 다름이 아니라, 정상회담과 성과주의를 선호하는 트럼프 대통령이다. 트럼프 대통령이 개입하여 회담을 여는 쪽으로 상황이 흘러갈 것이다. 트럼프 요소는 회담 결과에도 영향을 미칠 것이다.

만일 트럼프가 김정은을 설득하여 비핵화의 큰 원칙을 만들어낸다면, 협상은 동력을 얻을 것이다. 그러나 만일 협상이 결렬된다면, 일은 지극히 어려워질 것이다.

그러나 만일 두 정상이 약간의 비핵화 조치와 약간의 상응 조치를 묶어 작은 패키지에 합의한다면, 일단 회담은 성공으로 포장되고, 난제는 추후 실무 협상으로 넘겨질 것이다. 그러면 북한은 자신의 관점이 관철되었다고 보고, 후속 실무 협상에서 싱가포르 방식을 더욱 고집할 것이다. 그런 실무 회담은 교착상태로 갈 가능성이 크다. 협상 자체가 좌초될 가능성도 커진다.

셋째, 신년사의 톤을 볼 때 김정은의 방남은 늦춰질 수 있다. 방남 언급이 빠진 신년사를 보면, 왜 김정은이 작년 말에 남측에 친서를 보내 방남을 거론했는지 짐작이 간다. 그때 이미 북한은 신년사에서 방남 건을 빼되, 별도로 남측에 친서를 보내 이 건을 언급하기로 정한 것 같다. 방남 전에 판문점 정상회담이 있을 수는 있겠다.

넷째, 종전 선언은 주 의제에서 밀릴 소지가 있다. 북한은 평화 체제 협상으로 관심을 돌리고 있다.

전망이 이러하니 한국이 대처해야 할 상황은 결코 쉽지 않을 것이다. 한국은 북·미 중심의 구도 속에서 입지와 역할을 찾아 상황 진전에 기여해야 할 것이다. 북·미 정상회담이 실패하지 않고 성과를 내도록 비상한 노력도 경주해야 할 것이다. 민족 공조를 계속 다그칠 북한을 잘 다루어야 할 것이다.

이제 도전의 2019년이 밝았다. 2018년에 시작된 역사적인 협상의 향배는 2019년에 결판이 난다. 쉽지 않은 전망 속에서도 비핵화와 평화의 전환점을 만들어내는 한 해가 되기를 기대한다.

하노이 전야,
왜 트럼프 변수가
문제인가

북한이 핵 개발을 시작하여 미국 본토 타격 능력을 과시하기에 이르기까지, 미국의 대응은 강경과 온건 양쪽을 오갔다. 그럼에도 그 진폭은 일정 범위 내에 있었다. 트럼프 대통령 집권 이전까지는 그랬다. 그러나 트럼프 대통령 집권 이후에는 이 한계가 무너졌다.

화염과 분노 운운하며 군사행동을 불사할 것같이 나가다가, 180도 선회하여 북·미 정상회담을 즉석에서 수락한 일, 그 회담에서 북한 입장에 경도된 성명에 서명한 일, 또 그 회담 말미에 한·미 연합훈련 중단과 주한미군 철수 가능성을 즉흥적으로 언급한 일, 모두가 트럼프 대통령이라서 생긴 파격이었다.

이제 트럼프 대통령과 김정은 위원장이 다시 만난다. 연초 김정은이 정상회담을 제안한 이래, 상황은 급진전하고 있다. 준비가 되어 가는 상황을 보고 정상회담 여부를 정하는 것이 아니라, 정상회담부터 정하고 관련 준비를 하는 역순이다. 싱가포르 방식과 똑같다. 김정은은 트럼프만이 말이 통하는 상대라고 보고, 이 방식을 추진하고 있다. 북한은 트럼프 이외의 미국 측 인사와는 의미 있는 대화를 피하려고 한다.

김정은의 접근이 싱가포르와 유사하다면, 이번에 과연 싱가포르와 다른 결과가 나올지 여부는 트럼프에 달렸다고 봐야 한다. 그러므로 현 국면에서 트럼프보다 더 중요한 변수는 없다. 지금 트럼프 변수를 논의하려는 까닭이 여기에 있다.

먼저 트럼프 변수를 분석적으로 살펴보자. 첫째, 그의 특이한 성격이다. 에고가 강한 그는 자신의 판단력과 협상력에 지나치리만큼 확신을 갖고 있다. 그러면서 승리주의, 성과주의, 포퓰리즘을 추구한다. 자연히 즉흥적이고 불가측한 결정이 나오기 쉽다.

둘째, 그가 표방하는 미국 우선 정책이다. 그는 미국의 상업적 이익에 집착한다. 2차 세계대전 이래 미국 지도층이 중시해 오던 미국의 국제적 책임이나 동맹을 오히려 경시한다.

셋째, 그의 정치적 곤경이다. 러시아의 대선 개입 연루 여부를 수사하는 로버트 뮬러(Robert Mueller) 특별 검사가 그를 겨냥하고 있다. 하원을 탈환한 민주당은 트럼프에 대한 견제를 강화하고 있다. 뉴욕 남부 지방 검찰도 트럼프의 사업 비리를 캐고 있다.

이 세 요소가 맞물려 그간의 트럼프 행보가 나왔다. 그것은 가능성과 리스크를 동시에 드러냈다. 고정관념을 넘는 파격을 통해 오랜 난제에 대해 과감한 해결사의 면모를 보인 점이 가능성이라면 가능성이다. 그러나 예측 불가한 행동과 아전인수식 해석은 리스크다.

작년까지는 리스크를 완화하려는 신중한 참모들이 트럼프 주변에 있었다. 그러나 제임스 매티스(James Mattis) 국방장관을 끝으로 대부분 트럼프 곁을 떠났다.

트럼프 변수가 작동되는 내적 외적 여건이 이런 가운데, 그가 북·미 정상 회담에 다시 나선다. 그의 행보에 따라 한반도 비핵 평화의 향배가 갈릴 것이다. 이처럼 결정적인 국면에서 그가 우리의 협상 대표인 셈이다. 우리가 싱가포르를 기억한다면, 트럼프 요소가 주는 리스크를 신경 쓰지 않을 수 없다.

그러면 이제 경계해야 할 시나리오를 짚어 보자. 우선 트럼프가 지나친 양보를 할 경우다. 미국의 이해관계 위주로 타협하고, 동맹의 이익을 내주는 시나리오다. 주한미군이나 전략 자산, 한·미 군사훈련에 대한 양보가 이에 속한다.

다른 시나리오는 작은 조치를 교환하는 정도의 합의를 해놓고, 일대 성공으로 포장하여 홍보하는 경우다. 그러면 난제는 실무 협상으로 넘어간다. 실무급에서 난제가 풀리기 어렵고, 정상회담을 또 하기도 어렵다. 교착상태가 오게 된다.

이 국면에서 파생될 수 있는 또 다른 시나리오는 교착상태 와중에 대선을 앞둔 트럼프의 정치적 입지가 손상되는 경우다. 특별 검사의 조사, 민주당 하원의 공세, 공화당 일각의 이반과 탄핵 과정 등으로 트럼프가 정치적 타격을 받을 수 있다. 그러면 대북 협상 동력은 더 약화되고 강경론이 대두된다.

그렇게 되면 북한은 과거 패턴대로 미국 대선을 기다리며 도발 카드를 만지작거릴 것이다. 한국에서는 협상 성과에 대한 논란이 격화될 것이다. 그때 한국은 총선 열기 속에 있을 것이다.

한국은 이 모든 시나리오에 대해 대비해야 한다. 그러려면 첫째, 트럼프에 대한 과도한 낙관적 시각을 조정해야 한다. 우리 내부에는 트럼프가 벌이는 외교 이벤트를 마냥 환영하는 분위기가 있다. 그의 행보에 리스크의 소지가 상당히 있다는 점을 인정해야 한다.

둘째, 트럼프를 고무할 부분과 만류할 부분을 변별하고, 필요한 대책을 마련해야 한다. 그러려면 우선 우리의 주문 사항과 우리가 타협할 수 없는 마지노선을 미국에게 명확히 해야 한다. 그래야 판단과 대처가 쉽다.

셋째, 북·미 정상회담 전에 한·미 정상회담을 해야 한다. 우리 국익을 트럼프가 협상하는 상황이므로, 그에게 주문 사항과 마지노선을 명확하게 전해야 한다. 성과 있는 한·미 협의를 위해 한·미 간 공조 분위기를 해치는 일을 삼가야 함은 물론이다. 주지하다시피 김정은은 북·미 정상회담에 대비하여 시진핑과 사전 조율을 마쳤다. 직접 협상장에 나가는 김정은도 그럴진대, 협상장에 트럼프를 내보내는 우리로서 한·미 정상 간 사전 조율은 긴요하다 할 것이다.

넷째, 만일 북·미 정상회담이 성과 없이 끝나면, 정상회담 이후에는 트럼프의 한반도에 대한 관심이 저하될 가능성에 대비해야 한다. 후속 협상이 교착되면, 그가 더는 나서지 않고 실무 외교·안보 라인의 강경 선회를 용인할 수 있다.

다섯째, 향후 전개될 수 있는 다양한 시나리오에 대처하려면, 우리는 트럼프 이외의 강성 관료, 공화당, 민주당과도 중층적인 협의 채널을 운용해야 한다. 그간 우리는 북한과의 협상에 호의적인 트럼프에게만 주로 의존하였다. 그를 만류하는 미국 내 세력과는 거리를 두었다. 이제 트럼프가 나서지 않을 경우를 대비하여 그물을 넓게 쳐야 한다.

요컨대 트럼프 변수에 따라 한반도 비핵 평화 협상의 명운이 갈릴 수 있다. 그 진폭은 아주 크다. 이것이 우리가 감당해야 할 엄연한 현실이다. 우리로서는 가능성은 활용하되, 리스크는 줄이는 대책을 서둘러야 한다.

하노이 정상회담을 앞두고
다시 보는
북핵 문제의 연원

하노이 2차 북 · 미 정상회담이 며칠 후로 다가왔다. 회담 결과에 대한 추측이 무성하다. 이번 기회를 놓치지 않기를 바라는 마음에서, 과거 북한이 핵 개발의 길로 들어서던 때의 일을 돌이켜 보고 싶다. 그때에도 기회는 있었다. 놓쳤을 뿐이다. 당시 경과를 살펴보면, 각방의 판단 착오가 드러난다. 그리고 무엇을 어떻게 해야 문제를 더 꼬이게 하지 않고 풀어 나갈 수 있는지에 대한 교훈도 얻을 수 있다.

북한이 핵 카드를 만지작거린 때는 냉전 종식 시기였다. 1980년대 말 소련에서 시작된 페레스트로이카와 이어진 정치 · 경제 · 사회적 격변과 소련의 붕괴, 중국의 개혁 · 개방 노선으로의 전환은 교조적인 공산주의의 틀 속에 있던 북한에 충격이었다. 소련과 중국이라는 후견국이 공산주의의 본령을 버리고 변질되었다는 사실은 북한에 있어 정치 안보 경제적 보호 장치가 결정적으로 약화된다는 것을 의미했다.

예컨대 북한은 냉전 시기에 소련으로부터 원유 등 에너지를 사회주의 우호 가격이라는 이름으로 저렴하게 도입해 왔는데, 소련의 변화에 따라 이러한 지원이 없어졌다. 북한 경제난의 일차적 원인이 여기에 있었다.

이 시기에 한국의 노태우 정부는 소련과 중국에서의 변화를 감지하고, 이들과의 관계 개선을 추구하는 북방 외교에 드라이브를 걸었다. 이 정책은 냉전 종식 분위기와 맞물려 성과를 내었다. 한국은 1990년대 초에 소련, 중국과 수교하였다.

북한은 자신의 후견 세력이 변질되었을 뿐만 아니라 한국과 수교하기에 이르자 패배감, 상실감, 고립감 그리고 배신감 속에서 안보 위기를 느끼게 되었다. 변화한 소련과 중국이 더는 북한의 안보 동맹으로 기능하지 않았기 때문이다.

위기의식하에서 생존을 고심하던 북한은 핵무장 쪽으로 선회하게 된다. 1990년 한국과 소련이 수교하기 바로 전, 당시 소련 외상 에두아르드 셰바르드나제(Eduard Shevardnadze)가 한국과의 수교 불가피성을 설명하려고 북한을 방문하였을 때, 북한의 김영남 외상은 셰바르드나제 외상의 설명을 경청한 뒤에 반론을 하지 않으면서, 비장한 어조로 핵무장 가능성을 시사하였다고 한다. 북한이 생존 수단으로 핵 옵션을 고려하고 있음을 밝힌 첫 사례였다.

만일 당시 북방 외교에 주력하고 있던 한국이 소련·중국과 수교를 추진하면서, 동시에 북한도 미국·일본과 관계를 개선하고 개방으로 나오도록 유도하는 여유와 통찰력을 가졌더라면, 그 후 상황은 전개가 달라졌을지도 모른다.

노태우 정부는 북한의 후견국이었던 소련과 중국을 우리 편으로 견인해 낸 데 성취감을 느끼고 있었다. 더 나아가 미·소 냉전에서 미국이 이긴 것처럼, 남·북 경쟁에서 우리가 이기고 있다는 승리주의 인식을 갖고 있었다. 탈냉전 상황을 활용하여 외교적 성과를 거두고 있었지만, 북한에 대해서는 냉전적 사고를 적용하고 있었다고 보아야 한다.

그러면 당시 미국은 어떤 생각이었을까? 당시 미국이 북한과의 관계 개선에 관심을 기울이지 않았던 것은 아니다. 미국 내 외교·안보 진용 일각은 탈냉전 기류가 생겨나고 있던 1980년대 말부터 북한과의 대화 필요성을 인식하고 있었다. 당시 레이건 행정부와 뒤이은 부시 행정부가 '모디스트 이니셔티브(Modest Initiative)'라 불리는 대북 접촉을 조용히 시작한 것은 이러한 배경에서였다. 레이건 행정부와 부시 행정부 내 일군의 대북 대화파들이 주도한 일이었다. 접촉은 베이징의 미국 대사관과 북한 대사관 간 실무급에서 이루어졌다. 그러나 이에 대해 한국 정부는 시종 부정적이었다.

그런데 1990년 한·소 수교, 1991년 남·북 기본합의서 체결, 1992년 한·중 수교로 한국의 대 공산권 관계와 남·북 관계가 진전되자 미국 내 대북 대화파는 북한과의 접촉에 좀 더 노력을 기울이게 된다. 이러한 분위기에 힘입어, 1992년도 팀 스피릿 훈련 중지 구상이 제기되었다. 당시 주한 미국 대사 도널드 그레그(Donald Gregg)가 이를 주로 주장하였는데, 그는 워싱턴의 호응을 얻는 데 성공하였다. 팀 스피릿 훈련은 일시 중단되었다.

북·미 관계 여건이 조금씩 호전되자, 급기야 고위급 접촉이 추진되었다. 1992년 1월 김용순 북한 노동당 비서와 아널드 캔터(Arnold L. Kantor) 미국 국무부 정무 차관이 뉴욕에서 회동하였다. 정전 협정 이래 최초의 고위급 북·미 접촉이었다.

한국의 노태우 정부는 이 접촉에 반대하다가 여의치 않자, 회동이 1회에 한할 것을 강력히 주문하였다. 한·소, 한·중 수교가 이루어진 상황에서도 한국은 북·미 대화에 반대한 것이다.

그런데 북·미 대화에 대한 미국 내 관심은 주로 외교·안보 부서 일각에서 나왔을 뿐, 미국 정부와 의회 내에 큰 지지가 있는 상황은 아니었다. 미국 내에서도 주된 분위기는 소련과의 냉전에서 승리하였다는 것이었다. 북한처럼 쇠락하는 작은 공산국가와의 대화는 워싱턴의 큰 관심사가 아니었다.

게다가 김용순-캔터 협의는 별 진전을 보이지 못했다. 김용순은 기존의 교조적 주장을 반복하였다. 회담 성과가 신통치 않은 데다가 한국 정부도 반대하고 미국 내 정치적 지지도 미진하자, 미국 내 대화파도 북·미 고위급 대화를 계속 밀고 가기 어렵다고 생각하였다. 반면 북한은 북·미 대화를 지속하는 데 큰 관심을 보였다. 회담에서 별 성과가 없음에도 불구하고 북한은 결과 발표문을 내자고 하였고, 후속 협의 일정도 합의하자고 하였다. 미국은 이에 응하지 않았다. 한국의 주문대로 회동은 1회로 끝났다. 당시 미국 내에 이러한 식으로 북한에 대응할 경우 어떤 일이 초래될지를 생각하는 통찰력은 없었다. 중요한 협상 기회가 이렇게 일실(逸失)되었다.

한편, 비슷한 시기인 1992년 초부터 북한과 국제원자력기구(IAEA) 사이에는 핵 사찰 문제를 둘러싼 논란이 일어나고 있었다. IAEA는 북한이 안전 조치 협정을 어기고 플루토늄을 추출하였다고 판단하고, 특별 사찰을 요구하였다. 북한은 이를 거부하였다. 논란은 1992년 내내 이어졌다. 북한에 대한 불신은 높아져 갔다. 이러한 분위기가 영향을 미쳐 1992년 말 한국과 미국은 다음 해 팀 스피릿 훈련 재개를 결정하였다.

북한은 기대했던 김용순-캔터 협의가 중단되고 팀 스피릿 훈련도 재개되자, 강수를 고려하게 된다. 그러다가 1993년 초 IAEA 이사회가 북한에 대한 특별 사찰을 결의하였다. 북한은 NPT 탈퇴라는 폭탄선언으로 대응하였다. 1차 북핵 위기는 이렇게 발생한다.

종합해보면, 북한은 탈냉전 시기에 자신의 후견국이 변질되고 한국과 수교까지 하는 상황을 맞자, 생존 수단으로 핵무장을 검토하였고, 비밀리에 플루토늄을 추출하다가 IAEA의 감시에 걸린 것이다. 그런데 모처럼 열린 미국과의 대화와 팀 스피릿 훈련 중단에 걸었던 기대가 무산되고 국제사회의 특별 사찰 요구가 당도하자, 북한은 NPT 탈퇴를 결행하며 핵무장 옵션을 집어든 것이다. 북한으로서는 충격요법을 통해 미국을 고강도 협상으로 견인하고자 하였다. 이러한 행동 경로는 그 후 30년 가까운 북핵 협상 과정에서 북한이 반복적으로 보여준 패턴이 된다.

탈냉전 시기에 소련의 보호망이 사라지는 상황을 겪은 나라가 북한만은 아니었다. 동구권과 중앙아시아의 공산국가들도 유사한 상황에 처하게 되었다. 그렇지만 그들 대부분은 개혁 개방을 하고 시장경제로 전환함으로써 새로운 환경에 적응하였다. 그러나 북한은 특이하게도 핵무장을 통한 생존이라는 길을 추구한 것이다.

북한이 그 길을 택하기까지 한국, 미국, 북한이 취한 대응을 돌이켜 보면 몇 가지 교훈이 떠오른다. 우선은 중요한 협상 기회를 살리지 못하면 위기가 온다는 것이다. 또 그러한 기회를 살리려면, 각방이 교조적인 생각에 집착하지 않고 유연해야 한다는 것이다. 아울러, 승리주의를 내세우면 진정한 협상은 이루어지기 어렵다는 것이다. 1차 북핵 위기 전에는 한 · 미의 승리주의가 있었다. 지금은 싱가포르 북 · 미 정상회담 이래 북한의 승리주의가 우려된다.

이제 우리는 다시 역사적인 협상 기회를 앞두고 있다. 걸맞은 큰 성과를 기대한다. 과거를 교훈 삼아 이 기회를 살리기 바란다. 기회를 잃으면 위기가 온다.

다가오는 또 다른 난제,
미 · 러 중거리 미사일 협정 파기

세간의 관심이 2차 북 · 미 정상회담에 쏠려 있는 동안, 한반도 안보와 북핵 문제에 영향을 미칠 또 다른 사안 하나가 미국과 러시아 사이에 불거지고 있다. 파기의 길로 가고 있는 미국과 러시아 간의 중거리 미사일(INF) 협정이다.

미 · 러 INF 협정은 양국이 사거리 500~5,500킬로미터의 지상 발사 미사일을 보유하지 않기로 한 합의이다. 1987년에 미국의 레이건 대통령과 소련의 고르바초프 총서기가 서명한 것으로서 미 · 러 간 신뢰 구축의 상징이자 냉전 종식을 알린 기념비적인 협정이었다.

이 협정이 논란의 대상이 된 것은 2014년부터다. 미국은 러시아가 개발하고 있는 신형 순항미사일이 협정에 위반된다고 주장하였다. 러시아는 협정 위반이 아니라고 하였다. 2017년 러시아는 이 미사일을 배치하기 시작하였다. 미국은 러시아와 최종 협의에 들어갔다. 협의에 진전이 없자, 미국은 금년 2월 초에 파기 의사를 통보하였다. 60일 후면 협정이 파기된다.

미국이 협정을 파기하게 된 주된 이유는 러시아의 합의 위반이지만, 미국으로선 또 다른 이유가 있었다. 그것은 중국이 개발하고 있는 각종 중거리 미사일이다. 이 협정은 미국과 러시아 간 양자 합의이므로 중국에는 적용이 되지 않는다. 미국과 러시아가 지상 발사 중거리 미사일을 모두 없앤 동안, 중국은 제약 없이 중거리 미사일을 늘려 왔다. 지금 중국은 2,000기의 중거리 미사일을 가지고 있다. 그중 상당수가 미국 군사력의 중국 주변 접근을 차단하기 위한 용도로 배치되어 있다. 주로 역내의 미군 함정, 항공기와 기지를 겨냥하고 있다. 중국이 중거리 미사일 전력을 크게 늘리는 동안, 미국 내에서는 상황을 이대로 방치할 수 없으며 무언가 대응 조치를 취해야 한다는 인식이 커지고 있었다.

협정이 파기되고 미국이 동북아에서 대응 조치를 하면, 중국과 러시아도 가만있지 않을 것이다. 그 여파가 우리에게 미칠 것이다. 이에 관하여 몇 가지 추론을 해볼 수 있다. 우선 미국은 중국의 중거리 전력에 대한 전술적 균형을 명분으로 역내에 중거리 미사일을 배치할 수 있다. 이론적으로 미국은 해상, 공중, 지상에 중거리 미사일을 배치할 수 있다. 해상 배치와 공중 배치는 INF 협정에서 금지하지 않는 사안이니 당장에라도 할 수 있다. 그러나 그간 미국이 해상과 공중 배치 미사일을 증강하지 않았던 점과 지상 발사 미사일이 저렴하고 효율적이라는 점을 고려한다면, 미국은 지상 발사 미사일을 새로 배치할 공산이 크다. 아울러 탐지 레이더나 미사일 방어 체계를 지상에 배치할 필요도 있을 것이다.

덧붙여 감안해야 할 중요한 사태 진전은 미국이 미·러 핵 군축 과정에서 모두 폐기하였던 소형 핵탄두를 다시 생산하기 시작하였다는 점이다. 러시아가 동종의 핵탄두를 폐기하지 않았기 때문이다. 만일 미국이 소형 핵탄두를 중거리 미사일에 탑재하면, 사안은 재래식 전력 차원의 문제에서 핵전력 차원의 문제로 확대된다.

이러한 미국의 움직임에 대해서 중국과 러시아가 대응하면, 동북아에서 미국·중국·러시아 간에 핵미사일 경쟁이 생긴다. 그렇지 않아도 미·중, 미·러 관계는 수십 년 이래 최저점인데, 대립은 더 심화되고 한반도 주변의 긴장은 높아질 것이다.

그런데 동북아에는 중국의 중거리 미사일 이외에도 북한의 중거리 미사일이 있다. 미국은 북한과 중국 미사일로부터 한국과 주한미군 기지, 그리고 한국을 지키는 미군 함정 및 항공기를 방어한다는 명분으로, 탐지 레이더와 미사일 방어 체계 또는 공격용 중거리 미사일을 한국에 배치하려고 할 수 있다. 특히 탐지 레이더의 경우, 지리적인 측면에서 한국에 배치하는 것이 북한이나 중국의 미사일에 대처하는 데 효율적일 수 있다.

그렇게 되면 북한은 자신의 핵미사일 능력이 미국의 중거리 전력에 의해 제약되므로 반발할 것이다. 중국과 러시아는 사드 때보다 더 강하게 반발할 것이다. 불똥이 한국으로 튀어 한국이 논란의 중심이 될 수 있다.

이런 상황은 북핵 협상을 더 복잡하게 할 것이 분명하다. 북한은 미국이 북한에 대해 핵 및 재래식 위협을 가중시킨다고 주장할 것이다. 그러면서 북한은 자신의 핵과 미사일 능력이 제약받는 새로운 상황에 대해 어떻게 대처할지를 고민할 것이다. 중국과 러시아는 미국에 대한 반감으로 북한에 동조할 수 있다. 이렇게 되면 북한 핵을 포기시키기 위한 국제 공조는 더욱 이완될 것이다.

이러한 정황은 북한이 새로운 도발을 통하여 협상 입지를 강화하도록 유혹할 수 있다. 물론 북한의 판단에 영향을 줄 보다 결정적인 요인은 하노이 이후 북핵 협상 추이일 것이다. 그런데 하노이 회담이 결렬되었으니 후속 협상이 잘 되기 어렵다. 여기에 설상가상으로 중거리 미사일 전력 문제가 덧붙여지면, 북한이 나쁜 선택을 할 개연성은 매우 커진다고 보아야 한다.

1987년 INF 협정은 냉전 종식의 전조였다. 지금 이 협정은 파기 일보 전이다. 우리가 냉전의 잔재인 북핵 문제 해결을 위해 전례 없는 노력을 기울이고 있는 차제에, 한반도 주변에 냉전 시기 핵미사일 경쟁이 재현될 위험성이 커지고 있다.

우리로서는 이 문제에 대해서 앞일을 내다보고 미리 대처해야 한다. 대책 없이 미적거리다가 문제를 키운 사드의 전철을 밟지 않아야 한다. 그렇지 않아도 어려워진 북핵 협상에 새로운 난제가 다가오고 있다.

하노이
미 · 북 정상회담 결과,
예정된 결렬

문제의 제기

트럼프 대통령과 김정은 위원장 간의 하노이 정상회담은 결국 결렬로 끝났다. 북한은 대미 협상 중단을 내비쳤다. 지난 1년여 숨 막히게 진행되던 정상 차원의 비핵 평화 협상이 큰 장애를 만나 일대 소용돌이 속으로 들어간 셈이다. 협상의 장래는 불투명하게 되었다.

정상 간의 회담이 결렬되어 일방이 중간에 걸어 나오는 일은 좀체 없는 일이다. 통상적으로 정상회담은 사전에 실무진 간의 충분한 협상을 통하여 준비된다. 정상들은 실무진이 사전 조정해놓은 내용을 기초로 성공적인 회동을 연출하는 것이 상례이다. 그러므로 하노이에서 생긴 일은 아주 이례적인 경우에 속한다. 더욱이 이런 일이 일인 지배 체제의 핵심인 김정은 위원장과 자기중심적인 사고로 무장한 트럼프 대통령 사이에 일어났다. 그 파장이 간

단치 않을 것이다. 더욱이 한반도 비핵화와 평화 정착을 주요 정책으로 추진해온 한국으로선 이러한 사태는 예사로운 일이 아니다.

당장의 화두는 이제 어떤 일이 일어날 것이고, 우리는 어찌 대처할 것인가이다. 그런데 앞으로 나아갈 길을 잘 찾으려면 먼저 어떤 경위로 이 사태가 생겨났는지, 그리고 그 파장은 무엇일지부터 변별해야 한다. 지금 전개된 상황의 배경과 앞으로 전개될 일에 대한 정확한 진단이 선행되어야 처방을 논할 수 있기 때문이다.

결렬의 배경

물론 하노이 회담이 결렬에 이른 직접적인 원인은 미국과 북한의 협상 입장에 너무나 큰 차이가 있었기 때문이다. 그러나 그것은 최종적 현상이 그렇다는 말이다. 그 배경에는 회담이 결렬에 이르게 된 보다 근본적이고 구조적인 요인이 자리 잡고 있다. 이것부터 식별해야 한다. 그런 연후에 직접적인 원인을 분석하는 것이 순서이다.

세 가지 요인을 들 수 있다. 첫째는 무리한 톱다운 방식에 과도하게 의존했다는 점이다. 주지하다시피, 북핵 문제는 수십 년간에 걸쳐 난마와 같이 얽혀 있는 복잡한 이슈이다. 이런 사안을 협상하는 계기임에도 불구하고, 충분한 사전 준비 과정 없이 정상을 마주 앉혀 담판을 추진한 데에 문제가 있었다. 이런 점에서 그간의 북·미 정상회담은 부실한 기둥 위에 상량식을 하는 식이었다고 할 수 있다. 애당초 무너질 수 있는 위태로운 것이고, 상당한 모험이었다고 보아야 한다.

그런데도 정상들을 곧바로 대좌시켜 담판하는 일이 '톱다운'이라는 이름으로 미화되었다. 마치 이 방식이 지난 30년간 단속적이고 지루하게 진행되었던 보텀업 방식 실무 협상을 대체할 묘책으로 인식되었다. 심지어 보텀업 방식 실무 협상은 구태로 취급되기까지 하였다. 객관적으로 보자면 톱다운과 보텀업이 모두 장단점이 있는 접근이고, 그 둘 사이의 관계는 상호 대체재가 아니라 보완재인데도 말이다.

이러한 분위기 속에서, 핵을 가지고 사생결단을 하려는 작고 가난한 나라의 젊은 세습 지도자와 자기중심적이고 예측 불가한 사업가 출신의 초강대국 지도자가 싱가포르와 하노이에서 두 번 대좌하였다. 마치 섞어 놓으면 폭발할지도 모르는 두 화학물질을 아무런 대비 조치나 장치 없이 섞어 놓고, 두 물질이 좋은 화학반응을 이루어 금을 만들어내기를 바라는 것과 유사하다고 할 수 있다. 결국, 무리한 톱다운 시도는 한 번은 미국의 양보로, 한 번은 결렬로 결말지어졌다.

둘째로는 북한의 승리주의 사고이다. 북한은 작년 초 이래 전개된 평창 올림픽 참가, 남·북 정상회담, 북·미 정상회담을 모두 김정은 위원장이 주도한 것으로 본다. 물론 한국이 평창을 활용하고 정상 외교를 통하여 한반도 비핵 평화 과정을 추동하는 구상을 처음 제기한 것이 사실이지만, 실제로 남·북 정상회담과 북·미 정상회담을 제안한 것은 김정은 위원장이었다. 톱다운 방식도 북한이 주도한 것이었다. 싱가포르 회담 전에 열린 사전 실무 협상에서 북한은 비타협적인 자세로 일관하여 이를 공전시키고, 트럼프 대통령과의 직접 담판에 올인하였다.

사전 준비가 미진한 상태에서 이루어진 싱가포르 회담 결과는 미국이 북한에 휘둘렸음을 보여주었다. 북한이 계산한 대로, 가시적 성과에 급급한 트럼프 대통령은 김정은 위원장의 주문을 상당 부분 들어주었다. 이렇게 하여 북한은 자신이 원하는 합의를 얻어냈다. 북한은 자신의 주장인 '한반도의 완전한 비핵화'를 비핵화의 개념으로 공동성명에 반영하였다. 또, '신뢰 구축이 비핵화를 촉진한다'는 데 양 정상이 합의하였음'을 공동성명에 명시하는 데에도 성공하였다. 북한은 이 표현을 근거로 삼아, '신뢰 구축을 통하여 비핵화를 진전시킨다'는 북한식 비핵화 구현 방식에 대해 트럼프 대통령이 동의하였다고 주장할 수 있게 되었다. 종합적으로 볼 때 싱가포르 합의는 북한 입장에서 외교 대첩이라고 할 만한 대단한 성과였다.

북한의 관점에서 보자면, 북한은 김정은 시대에 들어와 만난을 무릅쓰고 핵과 미사일 능력을 완성 단계에 끌어올렸고, 그것을 기반으로 정상 담판을 주도하여 사상 최초로 초강대국 미국의 정상과 대등하게 대좌하는 데 성공한 것이다. 그리고 더 나아가, 김정은 위원장이 트럼프 대통령을 상대로 담판을 잘하여 북한에 유리한 합의문을 손에 쥔 것이다.

북한은 싱가포르 공동성명이 북·미 관계와 핵 문제 그리고 한반도 평화체제 문제의 기본 틀을 규정한 합의라고 본다. 이 합의를 통하여 협상 구도를 북한식 프레임으로 짜는 데 성공하였으므로, 향후에 세부 이행을 위한 후속 협상을 할 때 북한이 결정적으로 유리한 입지에 서게 될 것이라고 기대한다. 북한의 인식이 이러니 김정은과 그 주위가 어느 정도의 승리감에 도취되었을지는 짐작하기 어렵지 않다.

물론 그러한 승리 인식은 그 자체로서 북핵 협상 진전을 저해하는 요인이다. 더 나아가 북한이 더 큰 난관에 직면하지 않을 수 없게 만드는 함정이 될 소지도 있다. 그러나 북한 스스로 이 점을 깨달으리라고 기대하는 것은 무망(無望)한 일이다. 그만큼 북한은 자기중심적이고 편집적이기 때문이다. 아니나 다를까 이 방식에 재미를 들인 북한은 싱가포르 이후에도 실무 협상을 거부하고 정상회담에만 집착하였다. 트럼프를 다시 만나면 싱가포르와 유사한 결과를 도출할 수 있다는 승리주의에 젖어 있었던 것이다.

미국이 하노이 2차 정상회담에 동의하자, 북한은 싱가포르 때와 유사하게 북·미 사전 실무 협상에 진지하게 임하지 않고, 주요 결정을 정상에게 밀어두는 접근을 한다. 트럼프가 북한의 협상안을 수용하리라고 계산한 것이다. 그러나 미국에 대해 이 방식이 계속 통할 수는 없다는 것이 객관적인 상황이었다. 결국, 하노이 회담 결과는 북한이 오판하였음을 보여주었다.

셋째로 미국 외교·안보 주류 세력의 반격을 들 수 있다. 싱가포르에서 트럼프가 북한의 주장을 관대히 용인한 후, 미국의 외교·안보 주류 세력은 실무 협상을 내실 있게 하여, 싱가포르 회담의 문제점을 보완 내지 수정하고 비핵화에 집중하려고 노력하였다. 그러나 싱가포르 회담에서 신뢰 구축을 통한 비핵화에 합의했다고 여기는 북한은 미국의 실무진이 싱가포르 합의를 재협상하려 한다고 생각하였다. 실무 협상에서 미국이 내놓은 주문을 강도적 요구라고 맹비난한 북한은 급기야 협상을 거부하였다. 미국의 좌절감과 회의감은 누적되었다.

이런 가운데 김정은은 금년 신년사에서 2차 북·미 정상회담을 제의했다. 북한이 실무 협상 경로는 막아버리고 정상회담을 요구하는 사정하에서, 다른 대안이 없게 된 미국은 정상회담을 통해서라도 문제를 풀 수밖에 없다고 생각하게 된다. 미국은 2차 미·북 정상회담에 응하였다. 2차 정상회담이 정해지자, 미국의 외교·안보 주류들은 하노이 정상회담을 통해서 분위기를 다잡고 비핵화를 추동할 생각을 하였다.

하노이 협상 현장 상황

이와 같은 근본적인 문제를 배경으로 두고 진행된 하노이 회담에서 미국과 북한이 크게 다른 협상안을 제기한 것은 전혀 이상한 일이 아니었다. 우선 북한은 싱가포르 이래 미국 내에서 진행된 논의의 흐름을 아랑곳하지 않고, 영변 시설 폐기 대신 주요 제재를 해제하는 협상안을 내놓았다. 싱가포르 합의의 연장선에서 추진하는 '신뢰 구축을 통한 비핵화' 패키지라고 볼 수 있다. 북한 입장에서는 제재 해제가 신뢰 구축의 중요한 요소이기 때문이다.

그러나 미국 입장에서는 그렇게 합의할 경우, 북한의 핵무기와 핵 물질 그리고 탄도미사일은 그대로 남아 있게 된다. 또 핵 물질 생산 시설과 미사일 생산 시설도 영변 이외 지역에서 가동되고 있는 채로, 영변 시설만 폐기되고 주요 제재가 해제되는 셈이 된다. 싱가포르 합의의 재판으로 비치기 쉬운 방안이었다. 사전 실무 협상에서 이 제안을 접한 미국은 거부 의사를 표명하였다. 그러나 트럼프 대통령과의 담판에 기대를 가진 김정은 위원장은 하노이에서 이 안을 계속 제기하였다. 트럼프 대통령은 거절하였다.

대신에 미국은 핵과 미사일, 생화학 무기를 일괄 포기하라는 주문을 내놓았다. 관련된 신고도 요구하였다. 상응 조치로는 북한의 경제 번영 청사진을 제시하였다. 싱가포르에서 신뢰 구축을 통하여 핵과 미사일 문제를 단계적으로 다루어 가기로 합의했다고 인식하는 북한은 이런 방안에 응하지 않았다.

미국과 북한 사이에 구체적 제안을 둘러싼 셈법이 이처럼 엇갈리는 가운데, 당시 트럼프 대통령이 처한 국내 정치적 곤경이 하노이 회담에 투영되었다. 하노이 회담이 진행되는 동안 트럼프의 고문 변호사였던 마이클 코언(Michael Cohen)이 의회에서 트럼프 대통령에게 불리한 결정적 증언을 쏟아

내고 있었던 것이다. 이미 싱가포르 회담 결과가 미국 조야로부터 큰 비판을 받은 바 있는 여건하에서, 국내 정치 공세에 직면한 트럼프 대통령이 또 다른 싱가포르식의 합의를 할 수는 없었다. 트럼프 대통령의 운신 공간에 추가적인 제약이 가해진 셈이었다.

결국, 이 지점에서 트럼프 대통령은 걸어 나오는 선택을 하였다. 이러한 결정에 대해서는 대통령의 견해와 미국의 외교 · 안보 주류의 견해가 일치하였다. 이렇게 하여 주류 세력의 반격은 성공하였다.

향후 전망

결렬의 경위가 이렇다면, 앞으로 어떤 상황이 도래할 것인지를 살펴보자. 일단 특이한 성격의 지도자들이 대좌하였다가 회담이 결렬로 끝났으니 후과가 없을 수 없다. 우리가 우선해서 상기해야 할 것은 김정은 위원장의 신년사이다. 김정은 위원장은 미국이 약속을 지키지 않고 제재 압박으로 나간다면 부득불 새로운 길을 모색하지 않을 수 없게 될 수도 있다고 언급하였다. 이 부분은 하노이 회담이 결렬된 후 북측 고위 인사들이 공개적으로 인용하며 상기시킨 바도 있다. 그 길로 갈 가능성이 열려 있음을 인정해야 한다. 하노이 회담 결렬이 북한이 신년사에서 묘사한 상황과 유사하게 '미국은 제재 압박으로 나간다'는 것처럼 비쳐지고 있기 때문이다. 벌써 북한은 새로운 길을 지향할 수 있다는 신호를 내놓고 있다.

향후 북 · 미 대화에 대해 전망하자면, 북한은 미국이 싱가포르 약속을 어기고 있으므로, 미국이 입장을 바꿔 싱가포르 합의로 돌아오지 않는 한 만날 이유가 없다고 나올 소지가 있다. 반면, 미국 내에서는 여야 할 것 없이 트럼프 대통령이 하노이에서 취한 대응에 대해 좋은 평가가 다수이다. 미국이 입장을 바꾸기 어려운 분위기이다. 그러니 당분간 미국과 북한이 다시 대좌하기는 쉽지 않다고 보아야 한다. 시간이 좀 지나야 할 것이다.

그런데 정작 문제는 시간이 지나가는 동안 다른 사정이 정지되어 있는 것이 아니라는 점이다. 사태가 악화할 수 있다. 북한은 이미 하노이 이전부터 미사일 발사대를 만지기 시작하였다. 이런 유의 행보는 핵 관련 시설과 미사일 시설에 걸쳐 지속될 것이다. 당연히 이것은 미국 내의 불신과 회의론을 부추길 것이다. 미국 쪽에서도 추가 제재와 압박에 관한 움직임이 행정부와 의회에 걸쳐 지속될 것이다. 그러다가 북한의 제재 위반 사례가 적발되거나, 또 다른 큰 악재가 터질 수 있다.

이런 일은 북한이 도발을 하도록 유혹할 것이다. 여기에 더하여 미국이 금년 중반쯤 미·러 중거리 미사일 협정을 파기하고, 중거리 미사일 체계를 한반도나 그 주변에 배치하려 하면 북한의 도발 가능성은 더 커질 것이다. 미국의 중거리 미사일이나 미사일 방어 체계 또는 감시 레이더가 배치되면, 북한의 미사일 능력은 크게 제약될 것이고, 북한으로서는 이러한 상황 전개를 방치할 수 없기 때문이다.

우리의 대처

그러면 어떤 대처가 필요한가? 우리로서는 협상이 파탄 나고 위기가 도래하는 상황을 좋다 할 수는 없을 것이다. 그러니 급선무는 상황 악화를 막고 대화 복원에 주력하는 것일 것이다. 그러려면 한국과 북한 그리고 미국 모두가 지금이 위기로 가는 심각한 전환점이라는 인식을 갖고 언행을 절제해야 한다. 또 모두가 자신이 취해 오던 기존 접근 중에서 조정할 부분이 없는지를 살펴서 필요한 조정을 해야 한다. 그렇지 않으면 사태가 파국으로 가는 것을 막을 수 없다. 물론 북한이 의도적으로 사태를 악화의 길로 몰고 가는 벼랑 끝 전술을 구사하려 한다면, 각방이 절제하기가 아주 어려워지는 것 또한 사실이기는 하다. 이러한 문제의식 아래 우리가 할 일을 살펴보자.

첫째, 미국과의 조율을 더 섬세히 해야 한다. 종래대로라면 한국은 지금 상황에서 남·북 카드로 치고 나가 상황을 타개하려고 할 수 있다. 종래의 경험에 비추어 그럴 개연성이 있다. 북한도 남측과의 대화를 통해 미국의 입장 변화를 견인하려 할 수 있다. 북한이 남·북 정상 간 합의에 따른 긴장 완화와 교류 협력 확대를 주문할 수 있고, 남측에 대해 제재 완화를 요구할 수도 있다.

그러나 하노이 전후 상황을 감안할 때, 그 경우에 미국이 반발하여 한·미 간의 마찰은 종래보다 크게 불거질 소지가 있다. 하노이에서의 입장을 견지하려 하는 미국이 특히 제재 문제에서 완강한 태도를 보일 것이기 때문이다. 미국 전체가 강성으로 선회하고 있으므로, 우리가 미국과 다른 방향으로 치고 나가는 경우 미국으로부터 강한 역풍이 불어오기 쉬운 환경이 조성되었다. 그것이 지금의 현실이다. 결과적으로 한국의 입지와 운신 공간이 좁아질 수 있다.

그러므로 우리가 우선해서 할 일은 하노이 이후 미국 내 논의의 흐름을 파악하여 우리의 운신 여지를 세심하게 찾는 일이다. 그러면서 미국과 조율하여 절제된 대응을 할 필요가 있다. 그래야 우리의 역할 공간이 나온다. 이런 점에서 좋은 모델은 하노이 직후 한·미 공조로 연합훈련을 조정한 일이다. 하노이 이후 상황이 악화할 개연성을 감안하여, 한·미가 함께 취한 협상 공간 보존 조치라고 할 수 있다. 이러한 공조 방식으로 접근하는 것이 좋다.

둘째, 북한의 격한 행동을 만류하고 비핵화에 추가적 유연성을 주문해야 한다. 종래의 사례로 보면 북한이 격한 행동으로 상황을 아슬아슬하게 끌고 가려고 할 가능성이 상당하다. 우리는 그러한 북한에 미국 사정을 정확히 안내해야 한다. 그 과정에서 미국 내에서 작동하는 북핵 문제와 관련된 다양한 세력들 간의 다이내믹스를 인식시켜야 한다. 그럼으로써 트럼프를 상대로 벌이는 북한의 게임이 마냥 북한에 유리한 결과를 가져올 수 없다는 사실을 알게 해야 한다. 아울러 그간 북한이 구축해온 승리주의 인식이 지나치면 역효과가 난다는 점과 파국이 도래할 경우에 미칠 파장이 북한을 포함한 모두에게 심각할 것이라는 점도 설득해야 한다. 그리하여 북한이 비핵화 부분에서 지금보다 더 전향적으로 나올 것을 주문해야 한다.

물론 북한이 지금 당장은 한국을 포함한 누구와도 대화를 하지 않으려고 할 수 있으나, 우리는 다양한 채널을 동원하여 이 작업을 시도해야 한다. 사실 이러한 일은 싱가포르 이후부터 해야 했었다. 그러나 이제라도 해야 한다. 북한이 공세적이고 승리주의적인 사고를 견지하는 한, 협상 진전은 어렵고 파국으로 갈 개연성이 높아지기 때문이다. 이러한 남·북 협의 과정에서 북한이 하노이 이후에는 싱가포르식이 계속 통할 수는 없다는 것을 인식하게 된다면 그나마 불행 중 다행일 것이다.

셋째, 미국에도 절제를 설득해야 한다. 트럼프 대통령은 하노이에서 걸어 나온 일로 인해 미국 조야의 칭송을 받았다. 이것보다 더 트럼프 대통령이 하노이 방식을 견지하도록 고무하는 요인은 없을 것이다. 그러나 그렇다고 하여 미국이 이런 식의 협상술을 계속 구사한다면 그것은 생산적일 수 없다. 회담은 잘 준비하여 성과를 내야 하는 계기이지, 걸어 나오는 식의 도박을 능사로 할 자리가 아니다. 그 후과가 위험하기 때문이다.

이와 관련하여, 만일 미국이 하노이에서 제기한 일괄 타결 방안을 고수하고, 진정으로 이를 한목의 합의로 달성하려고 한다면 협상은 험로일 수밖에 없다. 북한이 이에 호응할 가능성이 없기 때문이다. 통상적인 협상 방식으로는 한목에 합의하는 일괄 타결처럼 크고 무거운 협상안을 밀고 가기 어려운 것이 사실이다. 이러한 일괄 타결을 진전시키려면 훨씬 강도 높고 팽팽한 긴장 속에서 아슬아슬한 협상을 해야 한다. 외교적 수단 이외의 방법도 가동되어야 한다. 그래야 성과를 기대할 수 있다. 이러한 고강도, 고 긴장의 접근 방식은 협상 자체의 효율과 스피드 측면에서는 매력적이나, 위험도가 아주 높기 때문에 함부로 지지하기에는 우리로서 주저가 되는 방식이다.

그러나 만일 미국의 일괄 타결 방안이 일괄 타결 원칙 선언에 합의한 후 단계적인 이행 방안을 협상하는 방식을 의미한다면, 그 방안은 기존의 협상 틀에서 논의할 수 있을 것이다. 어느 것이 미국의 협상 방안인지를 한·미 협의 과정에서 판별해야 할 것이다.

한편, 미국은 하노이에서 제재 해제에 집착하는 북한의 모습을 보고, 제재라는 무기를 더 적극적으로 구사하면 북한이 물러설 것이라고 계산할 수 있다. 그런데 제재는 북한에 고통은 줄지언정, 북한이 결정적 양보를 하게 만들지는 못한다. 제재가 무서웠으면 북한은 핵과 미사일 개발의 길에 들어서지도 않았을 것이다. 북한에 있어 제재 해제는 비핵화로 가는 도정에서 달성해야 할 목표 중 하나이지, 그것이 북핵 협상의 본질적 소재는 아니다. 북핵 협상의 본질적 소재는 안보 문제이다. 그러므로 제재 카드가 과도하게 구사되면 위기가 앞당겨질 가능성이 높아진다. 제재가 유용한 협상 도구이기는 하나 그 운용은 전술적이어야 하는 이유가 여기에 있다.

만일 미국이 진정한 일괄 타결을 고수하고 제재 카드를 과도하게 운용하면 북한은 도발을 하고, 협상은 좌초될 수 있다. 지나치면 역기능이 있다는 점에 미국은 유의해야 한다. 한국은 미국이 절제와 전술적 기량을 보이도록 협의할 필요가 있다.

넷째, 미국 및 북한과 협의하여 협상을 복원해야 한다. 하노이의 쓴 경험 때문에 이제는 충분한 사전 준비 없는 정상 간 대면을 상상하기 어렵다. 그러니 한국과 북한 그리고 미국 모두 톱다운에 대한 과도한 기대를 조정해야 한다. 앞으로는 트럼프 대통령이 김정은 위원장을 만나 너그러운 양보를 할 가능성은 크게 줄었다고 보아야 한다. 그렇다고 김정은 위원장이 양보할 가능성도 적으니, 결국 미국과 북한의 정상이 다시 대좌하여 합의를 이룩할 개연성은 적다고 보아야 할 것이다. 물론 두 정상이 하노이에서 돌아서면서도 분위기가 나쁘지 않았다는 점, 북한이 아직도 트럼프 개인에 대한 기대를 버리지 않고 있다는 점이 다소의 희망을 갖게 하는 요인이기는 하다. 그러나 그렇다 해도 섣부르게 북·미 정상회담을 기대하지 말아야 한다.

대신 미국과 북한 간의 실무 협상을 복원시켜 여기서 하노이에서 개진된 양측 입장을 추려내 합의점을 찾는 협상을 할 필요가 있다. 이것은 작은 목표에 불과할 것이나, 파국을 막고 다음 정상회담을 겨냥하는 기초 작업이 될 것이다. 실무 협상을 통해 진전을 기한다는 겸허한 목표를 추구하면서 그 이상의 가능성을 탐색해야 한다.

그간 실무 협상에 부정적이었던 북한으로서는 이 방안에 대해 내키지 않을 수 있으나, 하노이 정상회담이 결렬됨으로써 역설적으로 미국과 북한에 실무 협상의 중요성을 일깨워주었다. 이 대목에서 우리는 모두 실무 협상도 정상의 지휘하에 진행되는 것임을 잊으면 안 된다.

다섯째, 실무 협상에 주력하면서도 트럼프가 북핵 문제에서 관심을 떼지 않도록 노력할 필요가 있다. 트럼프가 국내 정치적 곤경과 다가오는 대선 등을 이유로 이 문제에서 관심 줄을 놓으면 미국의 입장은 자연스럽게 강성 선회하게 되어 있다. 내재된 관성이 그렇다. 미국이 그 방향으로 가면 협상은 위태로워진다.

지금부터 미국 대선 분위기가 달아오르기까지 로버트 뮬러(Robert Muller) 특별검사의 수사 결과, 민주당 하원의 각종 조사 활동, 뉴욕 남부 지검의 트럼프 사업 비리 수사를 비롯한 다양한 악재들과, 민주당과 주류 언론의 전반적인 대 트럼프 공세가 예상된다. 이것들이 트럼프 대통령의 관심을 분산시킬 소지가 있다.

그러므로 앞으로 상당 기간 트럼프 대통령이 북한과의 정상 외교에 직접 나서지 못하더라도, 트럼프 대통령과 김정은 위원장 간의 개인 관계는 여전히 유지되고 활용되도록 고무해야 한다. 북한이 대미 비난을 하면서도 트럼프 대통령에 대해서는 예외로 하고 있으니, 친서 교환이나 특사 파견 등의 방법으로 두 정상이 계속 교감하도록 권유해야 한다.

아울러 우리는 미국 내의 트럼프 대통령 이외 행정부 내 강경·온건파는 물론, 의회의 공화당과 민주당까지를 망라한 다양한 세력과 중층적인 소통 채널을 유지함으로써, 향후 트럼프 대통령이 북핵 교섭에서 거리를 두게 될 경우에 대비해야 한다. 적절한 헤징(hedging)이 필요한 상황이다.

맺는말

이제 우리 앞의 선택지는 그리 많지 않다. 협상이 좌초되고 북한이 도발로 감으로써 파국에 직면할 경우와, 어떻게든 미국과 북한 간의 실무 협상을 열어 작은 합의를 도출함으로써 우선은 협상을 살리고 추후 정상회담을 추구할 여지를 남기는 경우 정도의 선택지가 있다고 할 수 있다.

지금 단계에서 바로 3차 북·미 정상회담을 염두에 두는 것은 지나치게 야심적이고 비현실적이다. 남·북 정상회담은 북한의 태도에 달려 있으므로 가능성의 영역이지만, 하노이 이후에는 부수되는 고려 사항이 대폭 늘었으므로 남·북 정상회담을 추진할 경우 정교하고 섬세하게 접근해야 한다.

하노이의 회담 결렬은 지난 1년여 진행된 정상 외교가 심각한 위기에 처했음을 말해준다. 자칫 더 큰 위기가 닥칠 수 있다. 지금의 상황은 한국과 북한 그리고 미국 모두에게 기존의 접근을 조정할 것을 요구하고 있다. 그렇지 않고 각방이 종래의 관성대로 대처하면, 상황은 파국으로 치닫게 될 가능성이 매우 높다. 각방 모두가 현실적인 사고를 하고, 절제 있는 유연한 대응을 할 때에만 파국을 막을 수 있다. 그래야만 모처럼 열렸다가 좌초 위기에 처한 역사적 협상 계기를 살릴 수 있다. 한국, 북한, 미국 모두가 이 방향으로 노력해야 한다. 이를 위해 한국이 긍정적인 역할을 하기 바란다.

북한의 제재 해제 요구,
진의와 올바른 대처

제재 해제는 하노이 북 · 미 정상회담의 주 쟁점이었다. 북한은 영변의 핵 시설을 폐기할 터이니, 안보리의 주요 제재를 해제하라는 요구를 내놓았다. 미국은 이 제안을 거부하고 핵과 미사일 및 생화학 무기를 일괄 포기하라고 주문하였다. 그러나 북한이 집요하게 제재 해제를 요구하여 결국 회담은 결렬되었다.

　제재 해제에 집착하는 북한의 태도는 마치 국제 제재가 북한에 심대한 타격을 주고 있고, 이것을 해제하는 것은 북한에 화급한 이슈라는 인상을 주었다. 그렇지 않아도 이미 우리 주위에는 제재로 인한 북한의 고통이 심각하여 북한의 핵 협상 전략에 영향을 줄 정도에 이르렀다는 통념이 존재한다. 하노이에서 북한이 보여준 모습은 그러한 통념을 더욱 부추기고 있다. 과연 그것이 객관적이고 맞는 관찰일까?

물론 2016~2017년간 북한이 핵과 미사일 능력의 완성을 위해 박차를 가하던 시기에 부과된 안보리 제재가 그 이전의 어떤 제재보다 훨씬 강력하다는 것은 사실이다. 북한 경제에 상당한 타격을 주고 있다는 점도 맞다. 북한이 이 굴레를 벗어나기 위해 노력하고 있다는 것도 분명하다.

그러나 그렇다고 하여 제재가 북한의 핵 협상 전략을 좌우할 정도로 심각한 이슈라고 보는 것은 판단의 비약이다. 제재로 인한 고통은 있겠으나, 그것이 북한의 핵 협상 전략에 큰 영향을 주지 못한다는 말이다. 왜 그런지는 북한이 핵 문제를 두고 국제사회와 대결해온 역사를 살펴보면 알 수 있다.

핵은 북한이 생존을 위해 수많은 어려움을 무릅쓰고 개발한 것이다. 핵을 개발하면 제재가 부과된다는 것은 북한도 익히 아는 사실이다. 제재가 두려웠으면 북한은 핵 개발이라는 길에 들어서지 않았을 것이다. 그만큼 북한으로서는 제재는 각오하고 있는 바이고, 그것을 견디는 저항력도 갖고 있다. 고난의 행군 시기에 수많은 사람이 아사하였어도 체제가 유지되었다. 그러니 북한에 있어 제재는 핵 협상 과정에서 대처해야 할 사안이기는 하지만, 큰 양보를 고려할 정도의 사안은 아니라고 보아야 한다. 큰 양보를 고려할 정도의 사안은 당연히 체제 생존과 안보이다.

같은 맥락에서, 북한이 2018년 이래 협상에 나온 것이 제재를 견디기 어려웠기 때문이라고 보는 견해에도 동의하기 어렵다. 당시 북한이 협상으로 선회한 이유는 완성 단계에 이른 핵과 미사일 능력을 지렛대로 삼아 국면을 협상으로 전환시킬 때라는 판단을 내렸기 때문일 것이다. 북한은 고양된 협상 입지를 가지고 대미 담판을 벌임으로써, 한반도 안보 구도를 자신에게 유리하게 바꾸어 보되, 만일 여의치 않더라도 한국·미국·일본·중국·러시아 간의 틈새를 벌려 국제 제재를 이완시키는 결과는 얻을 수 있다고 계산하였을 것이다. 어찌 되든 협상 이전보다는 나은 상황이 된다고 보았을 것이다. 제재가 두려워 대화에 나온 것이 아니라, 오히려 자신감을 기반으로 상황을 적극 타개하기 위해 대화에 나왔다고 보아야 한다.

그 후 실제로 벌어진 일을 보면, 북한 스스로는 자신의 계산이 맞아떨어지고 있다고 볼 소지가 없지 않았다. 적어도 하노이 이전까지는 그렇다. 즉, 북한 입장에서는 김정은 위원장이 2018년 초부터 평창 올림픽 참가, 남·북 정상회담, 북·미 정상회담을 주도한 결과, 최초로 미국의 정상과 대등하게 대좌하는 데 성공했다고 볼 것이다. 더 나아가 김정은 위원장이 트럼프 대통령을 상대로 담판을 잘하여 북한에 유리한 싱가포르 합의문까지 이끌어 냈다고 생각할 것이다.

제재에 관해서도 2018년 남측, 북측, 미국 간에 정상 차원의 협상 국면이 열린 이래 중국과 러시아의 제재 이행이 느슨해진 것이 사실이다. 적발된 위반 사례만 해도 수백 건이다. 적발되지 않은 사례까지 감안하면 제재의 뒷문이 어느 정도 열려 있다고 보아야 한다.

그러면 북한이 하노이에서 제재 해제에 집착한 이유는 어떻게 설명해야 할까? 북한은 비핵화의 진전을 위해서는 무엇보다 미국과 북한 간 신뢰 구축이 긴요하다고 생각한다. 그래서 이것을 싱가포르 합의문에 "신뢰 구축이 비핵화를 촉진한다는 데 양 정상이 합의하였다."라는 표현으로 반영해 두었다. 북한의 시각에서 보면, 제재하에서는 신뢰가 생길 수 없으니, 당연히 제재부터 해제해야 한다. 이렇듯 북한이 제재 해제를 내세운 것은 그것이 신뢰 구축의 첫 스텝이기 때문이다.

그런데 일단 북한의 최고 지도자가 협상에서 제재 해제를 주요 요구 사항으로 내놓았으니, 북한은 그것이 핵심적 이해가 아니라도 이에 집착하게 되어 있다. 유사한 전례가 북핵 교섭 역사에 많이 있다. 예컨대 한때는 그것이 테러 지정국 해제였다. 북한은 테러 모자를 쓰고 미국과 마주 앉을 수는 없다고 하면서 테러 지정국 해제를 집요하게 요구하였다. 마치 그 이슈가 전부인 양 집착하였다. 다른 한때, 그것은 BDA 동결 자금 해제였다. 북한은 동결 자금 2,600만 달러 전액이 손에 들어오지 않으면 절대 대화하지 않겠다고 버텼다. 그러다가 급기야 1차 핵실험을 하였다. 그때도 북한은 테러가 진정 고통스럽거나 2,600만 달러가 거액이라서 그토록 집착한 것이 아니었다. 당시 북한의 협상 방침이 그랬기 때문에 편집적으로 몰입한 것이다. 결국, 북한은 테러 지정국 해제와 BDA 자금 반환에서 모두 뜻을 이루었다.

하노이 이후 북한이 제재 해제 문제에 어느 정도 집착할지는 두고 보아야 한다. 우선 우리가 대비하여야 할 것은 제재 해제 문제에 대한 대처 방안을 준비해 두는 것이다. 이와 관련해서는 이미 두 개의 상반된 관점이 존재한다. 둘 다 제재가 북한의 핵 협상 전략에 영향을 준다는 통념으로부터 연역된 것이다.

첫째, 제재가 북한으로선 최대 이슈이므로 이것을 들어주면 비핵화에 큰 진전이 있을 것이라는 관점이다. 제재 해제 카드를 과대평가하는 것이다. 그러나 제재는 북한에 고통은 줄지언정 북한이 핵 문제에서 결정적 양보를 하도록 만들지는 못한다. 북한에 있어 제재 해제는 비핵화로 가는 도정에서 달성해야 할 목표 중 하나이지, 그것이 북핵 협상의 본질적 소재는 아니기 때문이다. 핵 협상의 본질적 소재는 안보 문제이다. 그러므로 제재 해제와 일부 비핵화 조치가 교환되더라도, 그것은 비핵화 협상을 계속 추동하는 효과를 낼 뿐 비핵화의 큰 진전을 견인하지는 못한다.

둘째, 북한이 이토록 제재에 매달리고 있으니, 제재를 강화하면 북한으로부터 비핵화의 큰 양보를 얻어 낼 수 있으리라는 관점이다. 제재 카드를 과대평가하는 것이다. 미국의 강경파들이 이런 생각을 할 개연성이 높다. 그러나 제재가 북한의 전략적 판단을 좌우하는 이슈가 아니므로 제재 카드가 과도하게 구사되면, 북한은 양보가 아니라 바로 강수로 반발할 가능성이 크다. 제재는 유용한 협상 도구이지만, 잘못 운용하면 협상이 좌초되는 역기능이 있을 수 있다는 말이다.

사리가 이렇다면, 우리의 대처 방향은 상기 두 관점이 아닌 제3의 길에서 찾아야 한다. 제재 카드를 과도하지 않게 구사하고, 북한의 비핵화 조치에 따라 제재 해제 카드도 적절히 운용하여 협상의 동력을 유지하면서, 비핵화의 큰 진전은 안보 카드를 통해 견인하는 접근이 현실적이라고 할 것이다.

요컨대 제재는 북한의 비핵화 협상 전략에 결정적인 영향을 주는 요인은 아니다. 북한이 제재 해제에 집착하는 것은 그것이 자신의 접근 원칙상 비핵화 경로의 초기 단계에서 우선 제거해야 할 장애물이기 때문일 뿐이다. 그러나 이를 도외시하면 협상의 진전은 어렵다.

그러므로 제재 문제에 관한 우리의 대처는 마땅히 북한의 계산을 간파한 바탕 위에서 절도 있게 추진되어야 한다. 제재의 효능을 과신하지 않아야 하고, 제재 해제의 효능도 과신하지 않아야 한다. 제재에 대한 북한의 속셈을 오독한다면 우리의 대처 또한 오도될 수 있다.

일괄 타결과
단계적 접근에 대한
오해와 혼선

하노이 북 · 미 정상회담에서 미국이 제안한 핵과 미사일 및 대량 살상 무기 일괄 해결 방안이 큰 이슈가 되고 있다. 북한은 하노이에서 미국 제안을 거부하였다. 그러면서 미국의 자세 변화를 조건으로 연말까지 협상 시한을 설정하고, 미국의 용단을 촉구하고 나왔다. 북한은 제재 해제에는 집착하지 않겠다고 하였다.

미국의 제안은 일괄 타결, 포괄적(comprehensive) 해결 또는 빅딜로 불렸다. 북한이 주장해온 단계적 접근과 대치되는 개념이다. 지금 국내에서는 미국과 북한의 접근을 둘러싸고 다양한 논의가 진행 중이다. 그런데 논의가 제각각의 개념 정의를 기초로 진행되니, 혼란이 심화되고 있다.

우선 개념과 그 의미를 명확히 할 필요가 있다. 그렇지 않으면 하나의 용어를 두고 서로 다르게 이해하는 일이 계속된다. 그래서는 제대로 된 대책이 나오기 어렵다. 비핵 평화 협상이 중대한 시점에 도달한 현시점에서 이런 상황은 방치할 수 없다.

일괄 타결이나 포괄적 해결은 말 그대로 협상에 관련되는 모든 요소를 하나의 합의 속에 총망라하여 한꺼번에 타결하는 것을 말한다. 몇 년이 걸리더라도 하나의 합의 문서에 서명함으로써 협상을 끝내는 것이다. 단계적 접근은 분절된 부분적 합의를 계속 만들어 내면서, 협상을 이어가 최종 해결에 도달하는 방식을 말한다.

일괄 타결이 되면 사안은 종료된다. 한국전쟁에서 정전 협정이 비근한 예이다. 그것으로 전투가 끝나고 협상도 끝났다. 월남전 종전도 유사하게 이루어졌고, 보스니아 분쟁을 마무리 지은 데이턴(Dayton) 합의도 마찬가지다. 이란 핵 합의인 포괄적 공동행동계획(JCPoA) 또한 그렇다. 그것으로 이란 핵 협상이 끝났다. 그래서 이란 핵 합의의 약자인 JCPoA의 C가 Comprehensive 다. 1차 북핵 위기를 해소한 제네바 합의도 같은 예다. 일각에서는 제네바 합의가 단계적 접근 사례라고 이해하는 경우가 있는데 그렇지 않다. 제네바 합의로써 협상이 끝났고 북핵 문제가 해결되었다. 적어도 당시에는 그렇게 받아들여졌다. 그 합의는 경수로 완공과 핵 관련 시설 폐기까지 긴 시간이 걸린다는 데 문제가 있었을지언정 완결된 합의였다. 합의가 붕괴된 것은 추후에 북한이 이를 몰래 어기고 있다는 논란이 불거졌기 때문이다.

이처럼 주요 국제 분쟁이 해결된 과정을 보면 거의 다 일괄 타결이다. 첨예한 분쟁 이슈를 단계적으로 분절하여 협상하고 이행한 후, 다시 협상하는 방식은 거의 틀림없이 어디선가 좌초되기 십상이어서 좀처럼 채용되지 않는다. 그런데 북핵 문제에서만, 그것도 제네바 합의가 붕괴되고 6자회담이 열린 이후에, 단계적 접근 방식이 채택되었다. 북한이 단계적 방식을 고집하였고, 다른 나라들도 작은 성과라도 우선 이룩하여 협상의 동력을 유지하려는 생각에서 북한에 동조하였기 때문이다. 이처럼 중대한 결정이 그때 너무 쉽게 이루어졌다.

그래서 6자회담에서는, 원칙적인 해결 방향을 선언해 두고 이에 기초하여 단계적인 이행 패키지를 협상하는 방식이 채택되었다. 이 원칙 선언이 9 · 19 공동성명이었다. 이행 패키지는 2 · 13 합의, 10 · 3 합의식으로 잘게 쪼개져서 이어지다가 결국 좌초한 바 있다.

그러면 작년 이래 진행된 북 · 미 정상급 비핵 평화 협상 과정은 어느 방식을 추구한 것일까? 북한은 북 · 미 간에 신뢰가 없는 상태에서 핵을 내려놓을 수 없으니, 단계적으로 신뢰를 구축해 가며 조금씩 비핵화를 하겠다는 기존 입장을 견지하였다. 더 나아가 북한은 싱가포르에서 '신뢰 구축이 비핵화를 촉진한다'는 내용을 북 · 미 정상이 합의하였다는 표현을 공동성명에 포함시키는 데 성공하였다. 그러므로 많은 사람이 싱가포르 정상회담 이후 과정이 9 · 19와 그 후속 협상처럼 진행될 것으로 예상하였다.

아마도 북한에 있어 싱가포르 합의는 9 · 19 공동성명에 해당하는 원칙 선언이었을 것이다. 물론 냉정히 말하자면 싱가포르 합의를 비핵화 원칙 선언이라고 보기는 어렵다. 오히려 북 · 미 관계에 대한 일반적 선언에 가깝다. 그 속에 비핵화가 약간 포함된 정도라고 보아야 한다. 어쨌든 그 후 북한은 단계적 접근에 따라 싱가포르 합의의 1단계 이행 패키지 격인 '영변 폐기 대신 제재 해제' 안을 하노이에 들고나왔다. 제재하에서는 신뢰가 생길 수 없다는 북한 논리에서 나온 안이다. 초기 단계의 신뢰 구축을 하면서 약간의 비핵화를 하자는 식의 제안이다.

그렇다면 하노이에서 미국이 내놓은 안의 의미는 무엇인가? 하나의 해석은 미국은 북한과 핵 및 미사일을 모두 포기하고 검증받는다는 원칙적 선언적 합의를 이룩한 후, 후속 실무 협상을 통해 이행 패키지 합의를 단계별로 이룩하여 최종 해결에 접근하려고 했다는 것이다. 만일 그렇다면 미국의 제안은 북한이 말하는 단계적 접근과 크게 다르지 않다. 단지 그간 북한이 떠받들어 온 싱가포르 합의를 대체하는, 보다 비핵화 원칙에 충실한 선언을 먼저 하자는 정도의 의미라고 할 수 있다. 굳이 설명하자면, 싱가포르 합의를 마땅치 않게 생각하는 미국이 이것을 보정하는 취지로 그런 제안을 내놓았다고도 할 수 있겠다.

이 해석에 따라 세간에서는 미국의 접근은 '포괄적 합의 후 단계적 이행 협상'이라고 불렀다. 그런데, 언필칭 미국이 목표로 하고 있다는 원칙 선언을 포괄적 합의라고 부르면 일괄 타결 내지 포괄적 해결의 개념과 용어에 혼란이 생길 수 있다. 원칙 선언은 포괄적 합의가 아니다. 차라리 원칙적 합의 또는 개괄적 합의라고 부르는 것이 정확하다. '원칙적/개괄적 합의 후 단계적 이행 협상'이라고 부르는 것이 더 정확한 표현이다.

아울러 차제에 미국이 말하는 'comprehensive' 합의를 '포괄적' 합의로 번역해온 데 대해서도 문제를 제기하고 싶다. 우리말의 '포괄적'은 너무 다양한 의미를 갖고 있고 모호하다는 의미까지 내포하고 있으므로 comprehensive에 적합한 번역이라고 보기 어렵다. 차라리 '일괄' 또는 '완결적'이라고 번역하는 것이 낫다고 생각된다.

여하튼 북한으로서는 싱가포르의 성공에 도취해 있으므로 싱가포르 합의를 대체하는 원칙 선언을 싫어할 것이다. 그러나 미국이 강하게 밀고 간다면 타협의 여지가 있을지도 모른다. 왜냐하면 그 후 이행 협상은 북한이 원하는 대로 단계별로 진행될 것이기 때문이다.

그러나 만일 미국의 제안이 원칙 선언을 한 후, 실무 협상을 통해 주고받을 것이 단계적으로 열거된 하나의 합의를 만들자는 취지라면 이야기는 완전히 달라진다. 왜냐하면 그것은 여전히 일괄 타결 내지 완결적 해결 방안으로서 북한의 생각과 전혀 다르기 때문이다. 미국의 접근은 개괄적/원칙적 선언 후, 일괄 타결이라고 부를 수 있다.

혹자는 하나의 합의문이라도 그 속에 단계별로 이행 과정이 열거되어 있으면, 그것은 단계적 접근이라고 우길 수 있다. 그러나 그렇게 볼 수 없다. 일괄 타결 문서에 전체 진행 과정이 단계적 경로로 적시되는 것은 통상적인 일이다. 정전 협정도 그런 내용을 담고 있고, 이란 핵 합의도 그런 식으로 구성되어 있다. 그것을 단계적 접근이라고 부르는 것은 궤변이다. 그렇다면 모든 일괄 타결 합의가 단계적 접근이 되기 때문이다. 일괄 타결이냐 단계적 해결이냐의 판별 기준은 협상이 하나의 합의로 끝나는지 여부일 뿐이다.

그런데 하노이 이후 미국의 행보를 보면, 당초 하노이에서 미국이 한 제안의 취지는 일괄 타결에 가까운 것이었을 가능성이 커 보인다. 그렇다면 하노이에서 미국이 취한 입장은 중차대한 의미를 가진다. 미국이 2002년 2차 핵 위기 이후 해오던 단계적 접근과 거리를 두고 있음을 의미하기 때문이다.

미국이 그 방향으로 선회하였다면, 왜 그랬는지를 일면 이해할 수는 있다. 과거 주요 분쟁 해결 협상 역사를 돌이켜 볼 때, 일괄 타결, 포괄적 해결 또는 빅딜이 최종 목표를 달성하기에 효율적이기 때문이다. 단계적 방식은 결국 좌초될 가능성이 큰 약점을 지닌 것이 사실이다.

그러나 미국이 지난 15년간 해오던 협상 방식과 다른 일괄 타결을 추구한다면, 북한의 반발은 클 것이다. 싱가포르 합의의 난폭한 위반이라고 볼 것이기 때문이다. 아니나 다를까 북한은 하노이 직후 협상 중단을 내비치다가,

일단 미국의 자세 전환을 조건으로 연말까지는 3차 북·미 정상회담의 길을 열어 둔다고 하였다. 이제 미국이 자세를 전환하지 않고 일괄 타결을 밀고 가면 협상은 어렵고, 내년 들어 북한이 도발할 가능성은 커진다.

문제는 이러한 상황에서 한국의 대처는 무엇인가일 것이다. 우선은 미국이 진정 어떤 접근을 의도하는지를 잘 파악해야 할 것이다. 미국이 원칙적 합의 후 단계적 해결을 추구한다면, 기존의 접근 방식 틀 내에서 주고받을 것을 조정하는 식으로 대처할 수 있을 것이다. 그러나 미국의 생각이 일괄 타결에 기울어져 있다면 우리의 대처도 근본적으로 다시 생각해야 한다. 왜냐하면, 단계적 접근에 집착하는 북한을 일괄 타결로 끌어오는 일은 통상적인 외교 수단으로는 가능하지 않을 것이기 때문이다.

일괄 타결을 밀어붙이려면 외교 이외의 수단이 동원되어야 한다. 강도 높은 압박과 팽팽한 긴장 속에서 아슬아슬한 협상을 해야 한다. 마치 6·25 때 155마일 전선에서 치열한 전투를 진행하면서 판문점에서 정전협정 협상을 한 것처럼 말이다. 그렇지 않고는 북한을 우리 의도대로 견인해 내기 어렵다.

이러한 고강도, 고 긴장의 접근 방식은 협상 자체의 효율과 속도 측면에서는 매력적이나, 위험도가 아주 높다. 그렇기에 우리로서는 쉽게 지지하기에는 주저가 없을 수 없다. 이 점에 있어선 진보 정부만이 아니라 보수 정부도 마찬가지일 것이다. 한국의 어느 정부도 안보 위기를 무릅쓴 방식의 협상에 선뜻 동의하리라고 보기 어렵기 때문이다. 그런 적도 없다. 그런 점에서 이것은 외교 전략의 문제만은 아니다. 안보 문제이자 국민적 의사 결집이 필요한 정치 문제이기도 하다. 그렇다고 단계적 접근이 내포한 문제점을 도외시하고 미국의 접근을 배척하며 북한과 동조하기도 어려울 것이다.

그렇다면 우리에게는 미국과 북한에 일괄 타결과 단계적 접근을 배합하도록 설득하는 길이 있을 수 있다. 그것은 '원칙적 합의 후 단계적 이행'보다는 조금 더 일괄 타결에 근접한 것일 수밖에 없다. 물론 그렇게 되려면 우리에게 미국과 북한 모두의 유연성을 설득할 외교적 자산이 축적되어 있어야 한다.

만일 북·미 간 접점이 찾아지지 않으면, 협상은 공전하고 북한은 도발을 할 수 있다. 그러니 우리로서는 협상의 파국을 막는 노력을 하면서 도발과 그 이후 상황에 대처할 방도 또한 염두에 두어야 할 것이다. 가용한 시간이 그리 많지 않기 때문이다.

일괄 타결과 단계적 접근에는 모두 일장일단이 있다. 일괄 타결은 당장은 협상하기 어려우나, 최종 성공 가능성은 큰 방식이다. 문제는 그 과정에서 감당해야 할 위험 또한 크다는 점이다. 단계적 접근은 시작하기 쉽고 위험도도 낮지만, 그 방식으로는 최종 목표에 도달하기 어렵다는 약점이 있다.

이제 미국이 일괄 타결을 추진하고 북한은 단계적 접근을 고집하면, 우리로선 양자택일 식으로 대처하기에 부담이 크다. 양쪽의 장단점을 잘 인지하고 변화하는 상황에 맞추어 정책 옵션을 배합하는 대응을 할 수밖에 없을 것이다. 그러려면 미국의 의중과 북한의 셈법을 잘 변별하는 일이 중요할 것이다.

김정은 위원장의 최고인민회의 연설로 일단 협상은 2019년 말까지 연장된 셈이다. 그러나 입장 차이는 커 보이고, 우리의 선택 여지도 넓지 않다. 남은 시간 동안 북한이 곱게 기다리기만 할 리도 없다. 정확하고 시의성 있는 대처가 요구된다고 하겠다.

03

비핵 평화
협상 과정을
살리려면

싱가포르 회담
1주기에 보는
북핵 협상의 앞길

싱가포르 북·미 정상회담 1주기가 지났다. 기대 속에 출발한 정상 외교는 난조에 빠졌다. 이대로 가면 협상은 물 건너가고, 격한 도발과 대결의 악순환이 닥친다. 정상 외교가 잘못되면 파장이 심대하기 때문이다.

어쩌다 이렇게 되었는가? 싱가포르 합의가 북한에 준 과잉 기대가 주된 이유이다. 북한은 초유의 북·미 정상 담판에서 미국에 북한식 비핵화 접근을 설득시켰다고 인식한다. 비핵화는 북한만이 아닌 한반도의 완전한 비핵화이며, 이를 위해서는 미국과 북한 간 신뢰가 필요하니, 신뢰 구축에 따라 단계적으로 비핵화를 한다는 데 합의했다고 본다. 북한의 '최고 존엄'이 미국의 정상인 트럼프 대통령을 상대로 얻어 낸 성과다. 그래서 북한은 줄기차게 싱가포르 합의대로 하자고 주장한다.

미국이 이런 합의를 해준 배경에 트럼프 대통령이 있다. 그는 합의문보다 김정은 위원장과의 신뢰 관계가 중요하다고 보았다. 그래서 문구를 양보하여 마음을 사려고 했다. 북한의 사고와 행태에 대한 몰이해의 소치라 할 것이다. 아직도 트럼프는 싱가포르 합의문이 북한에 어떤 의미인지 모르는 듯하다.

트럼프의 참모들은 싱가포르 합의의 문제점을 모르지 않았다. 그래서 이들은 북한이 언급한 '완전한 비핵화'라는 말을 걸고 들면서, 이를 이행하라고 했다. 북한은 강도적 요구라며 반발했다.

교착상태가 오자, 북한은 트럼프와 만나 풀어 보려 하였다. 그래서 하노이 회담이 열린다. 그러나 북한의 기대와 달리, 트럼프는 참모의 조언에 따라 핵·미사일 일괄 포기를 제안하고, 북한의 '영변 폐기 대신 제재 해제' 안을 거부한다. 북한의 제안이 싱가포르 합의에 따른 단계적 방식인 반면, 미국의 제안은 싱가포르 합의와 결이 다른 일괄 타결 식이었다. 회담은 결렬되었다.

이후 북한은 미국의 자세 전환을 전제로 연말 시한부로 3차 정상회담을 하자고 나왔다. 그러면서 볼턴과 폼페이오를 맹비난하고, 트럼프에만 기대를 표하였다. 트럼프는 김정은에 호의를 표명하고 있으나, 자세를 전환할 기미는 보이지 않고 있다. 북한은 러시아, 중국과 정상회담을 통해 자신의 입지 강화를 시도하고 있다.

그러면 앞일이 어떻게 되겠는가? 일단 미국과 북한이 입장을 바꾸지 않는 가운데, 연말 시한은 다가오고 상호 비난은 심화할 것이다. 그러나 양측이 대화를 포기한 것은 아니므로 시한 전에 실무 접촉이 생길 여지는 있다. 실무 접촉이 잘 되면 정상회담으로 이어질 수도 있다. 그러나 진전 없이 시한을 넘기면, 북한은 도발을 고려하면서 내년 중 마지막으로 미국 입장을 타진하려 할 소지가 있다. 거기서도 여의치 않으면 도발할 것이다. 그러면 협상은 파탄 나고 후폭풍이 올 것이다.

이상의 시나리오를 기본 얼개로 두고 무엇을 해야 할지를 보자.

첫째, 정상 간 협상의 좌초를 막는 데 주력해야 한다. 일각에서는 협상에 매달릴 것 없이 제재를 강화하여 굴복시켜야 한다고 주장할 수 있으나, 비현실적인 생각이다. 중국이 북한의 뒤에 있는 한, 제재만으로는 길이 열리지 않는다.

또 협상은 제재와 배치되는 수단이 아니다. 모두 외교 목표를 달성하기 위한 동종의 수단이다. 문제는 어떻게 이 둘을 배합하느냐일 뿐이다.

둘째, 협상을 살리려면 미국과 북한 모두 자세를 조정해야 한다. 북한은 싱가포르 합의에 대한 집착을 완화해야 하고, 미국은 하노이 제안에 유연성을 부여해야 한다. 한국은 미국과 북한 사이에서 접점을 찾는 창의적 아이디어를 제공해야 한다. 이렇게 하여 실무 협상이 재개되면, 이를 흘려보내지 않아야 한다. 어렵사리 복원된 협상 기회를 놓치면 돌이키기 어렵다.

셋째, 그렇다고 협상 재개에 집착한 나머지 북한의 기대를 부풀게 해서도 안 될 것이다. 지금은 북한의 과잉 기대를 만류할 때다. 예컨대 지금 미국과 북한 사이에는 친서가 교환되고 있는데, 이 과정에서 고의든 아니든 미스커뮤니케이션이 생길 소지가 있다. 싱가포르 합의의 문제점을 잘 모르는 트럼프가 싱가포르 합의를 이행할 것처럼 말하면, 북한은 이를 미국의 입장 변경으로 해석하고 실무 협상에 응할 수 있다. 물론 진상은 실무 협상에서 드러날 수 있다. 그러나 트럼프가 정치적인 이유로 3차 미·북 정상회담을 갈

망하여 미스커뮤니케이션을 지속하면, 진상은 정상회담에서 드러날 것이다. 과잉 기대에 기초한 회담이 어찌 되었는지는 지난 일 년 동안 싱가포르와 하노이가 보여준 바 있다.

넷째, 그러니 졸속으로 정상회담을 추진하는 우를 반복해서는 안 된다. 가식 없고 정교한 사전 준비를 통해 성과가 담보될 때 해야 한다. 또다시 결렬되면 대안이 없기 때문이다.

역사적인 정상 차원의 협상 기회가 무산되는 일은 누구에게도 득이 아닐 것이다. 그러므로 모두가 유연성을 발휘하여 협상을 복원해야 한다. 복원된 협상에서는 반드시 성과를 내야 한다. 헛된 기대를 부풀려 가식적인 협상을 하거나 정치적 편의주의로 졸속 회담을 해서도 안 된다.

모두 어려운 주문이고 통과하기 좁은 문이다. 그러나 정상들이 공감하고 결단하면 가능하다. 그것이 정상 외교의 강점이다.

벼랑 끝에 선
비핵 평화 협상

북한이 설정한 연말 시한 앞에서 비핵 평화 협상이 파열음을 내고 있다. 2018년 이래 추진되던 외교는 이렇게 끝나는 것일까? 정상이 직접 나섰던 외교가 좌초한다면 뒤끝이 없을 리 없다. 이대로 가면 2020년은 긴장과 대결로 점철된 한 해가 될 것이다.

어쩌다 이 지경에 이르렀는지에서부터 살펴보자. 지난 2년을 돌아보면 정상 외교 과정이 순탄치 않다는 점은 일찌감치 드러났었다.

겉으로 드러난 현상만 보더라도 북·미 정상회담과 남·북 정상회담의 추이는 초기에만 상승세였다가 하강세로 돌아섰다. 북·미 회담은 2018년 6월 싱가포르 회동을 정점으로 대체로 하강세였다. 남·북 회담은 2018년 9월 평양 정상 회동을 정점으로 이후 내리 하강세였다. 북·미 협상의 하강 국면이 남·북 협상보다 먼저 왔으므로, 한때 남·북 협상이 북·미 협상을 부양하는 역할을 한 것은 사실이다. 그러다가 남·북 관계는 완전한 단절에 이르렀다. 단절은 북·미보다 남·북 쪽에 먼저 왔다. 이제 북한의 대남 비난은 극에 달해 있고, 한국의 역할 공간은 대폭 축소되었다.

내용 면에서 남·북 협상과 북·미 협상을 추적해보면, 왜 일이 이렇게 되었는지를 보다 잘 이해할 수 있다. 애당초 북한은 2018년 이래 정상 외교를 자신이 주도했다고 생각한다. 김정은 위원장이 핵미사일 능력을 고도화한 후, 이를 기반으로 정상 외교를 제안하여 초유의 싱가포르 북·미 정상회담을 성사시켰다고 해석한다. 또 북한은 싱가포르에서 자신이 원하는 최선의 합의문을 얻어냈다고 자평한다. 합의대로 이행하면, 북한식 한반도 비핵화가 달성된다고 생각한다. 북한으로서 '최고 존엄'이 직접 나서서 쟁취한 이러한 승리에 도취하지 않을 리 없다. 당연히 싱가포르 이래 북한은 승리주의 사고로 협상에 임하였다.

반면, 트럼프 대통령은 김정은이 화염과 분노라는 최대 압박 정책을 못 이겨 협상에 나왔다고 보고, 회담을 쉽게 생각하였다. 트럼프는 싱가포르에서 합의문보다 김정은과의 개인적인 관계 수립을 더 중시하였다. 그래서 '선 신뢰 구축과 단계적 해법'이라는 북한의 요구가 담긴 문건에 선선히 동의해주었다. 싱가포르 이후 북한이 미국의 비핵화 요구는 강도적이라고 비난하며 실무 협상을 거부하자, 미국은 사태의 심각성을 인식하기 시작하였다. 급기야 미국은 하노이에서 '비핵화 위주의 일괄 해법'이라는 나름의 강수를 시도하였으나, 승리주의로 무장한 북한이 이를 용인할 리 없었다.

하노이 결렬 이후 북한은 대화를 거부하였다. 북한은 한국에 대해서도 미국의 눈치를 보며 남·북 간 합의를 이행하지 않는다는 이유로 시비를 걸다가, 하노이 이후에는 아예 관계를 끊었다. 북한의 태도가 급속히 경색되자,

미국은 협상을 살리기 위해 하노이 제안에서 조금 물러섰다. 일괄 해법에 단계 개념이 포함되어 있다는 점을 부각시키고, 군사훈련에서도 타협적 태도를 보였다. 그러나 북한은 이마저 약한 모습으로 해석하여 더욱 승리주의를 강화하였다.

2019년 들어 북한은 미국에 새로운 셈법을 요구하면서 연말 시한을 설정하였다. 우여곡절 끝에 성사된 2019년 10월 스톡홀름 실무 협상에서 북한은 미국이 새로운 입장을 가져오지 않았다고 하면서 걸어 나가고 말았다. 시한이 다가오고 북한이 군사훈련을 문제 삼자, 미국은 협상 재개를 위해 공군 훈련을 연기하였다. 그러나 북한은 완전 중단을 요구하면서 요지부동의 자세를 보였다. 이후 북한은 적대시 정책 철폐가 먼저이며 핵은 논의 대상이 아니라고 주장하였다. 이윽고 단거리 미사일 관련 실험을 하면서 중·장거리 미사일 발사를 강력히 시사하는 언동을 하였다.

이런 상황에서 방한한 비건 대표는 북측에 판문점에서의 즉석 만남을 제안하였다. 물론 북한은 응하지 않았다. 내심 북한은 미국이 자신의 강수 앞에 당황하여 쩔쩔매고 저자세를 보인다고 여겼을지 모른다.

이처럼 결과만 놓고 보면, 미국이 북한의 승리주의를 부추긴 점이 없지 않았다. 한국은 북·미 협상 자체를 촉진하는 데 주력하느라, 협상의 내용과 방향은 제어하지 않았다.

그러면 앞일은 어떻게 되겠는가? 향후 북한의 행보는 노동당 중앙위 전원회의에서 기존의 ICBM과 핵실험 유예 약속을 번복한 후, 본격적인 미사일 도발로 가는 수순일 것이다. 동시에 북한은 대남 행동도 잊지 않을 것이다. 그중에는 금강산 관광 시설 파괴도 들어 있을 것이다. 또 김정은이 신년사에서 대미 협상 중단을 선언할 가능성도 있다. 그리고 도발이 이어질 것이다. 그러나 북한 행보의 궁극적인 겨냥 점은 트럼프와 정상회담을 통한 최후 담판일 터이니, 협상의 문이 완전히 닫힌 것은 아닐 것이다.

트럼프에게 ICBM과 핵실험 유예 약속이 파기되는 상황은 당혹스러울 것이다. 2020년 11월 대선을 앞두고 그간 성과라며 과시해온 업적이 무색해질 것이기 때문이다. 2020년 4월 총선을 앞둔 한국 정부로서도 곤혹스럽기는 마찬가지일 것이다.

단기적으로 이 흐름을 반전시킬 방안은 없어 보인다. 북한은 도발을 작정한 것으로 보이고, 미국은 북한이 요구하는 정책 전환을 할 태세가 안 되어 있기 때문이다. 한국으로서는 대북, 대미 협상 입지가 좁아져 역할을 하기도 어렵다.

이러한 사정하에서 트럼프가 결국 어떻게 나올지는 미지수다. 탄핵 국면에서 재선을 추구하는 예측 불가의 트럼프로서는 협상도, 강경 대응도 모두 가능하다. 강경 대응을 하면 비핵 평화 협상은 좌초하게 된다. 후폭풍이 밀어닥칠 것이다.

그러면 어떻게 해야 하나? 일각에서 군사적 충돌 위기가 오더라도 이를 불사하고, 이참에 판을 바꾸어야 한다는 주장이 나올 수 있다. 그러나 현 정부가 그 길을 택할 리는 없다. 사실, 과거 어느 정부도 그런 길을 택하려고 하지는 않았다. 이것이 우리의 지정학적 현실이다. 그러니 협상은 살려야 한다. 동시에 협상 방식을 개선하여, 협상이 비핵 평화를 진정으로 진전시키는 장이 되도록 만들어야 한다. 둘 다를 추구해야 한다. 그렇지 않으면 협상이 재개되더라도 지난 2년의 재판(再版)이 되고 만다.

이를 위해서는 첫째, 북한의 승리주의를 억제해야 한다. 승리주의는 협상의 독이기 때문이다. 이제 모두가 기존의 접근을 조정하여 협상을 개선할 필요가 있다. 미국은 비핵 평화 협상에 관한 확실한 구상을 갖고 일관된 대응을 해야 한다. 종래 미국의 대응은 일관되지 않았다. 한국은 대북, 대미 협상 입지를 재구축해야 한다. 또 협상을 촉진하면서도 협상이 바른 방향으로 가도록 체크를 해야 한다. 한국의 사활이 걸린 협상을 미국이 대신하고 있기 때문이다. 중국과 러시아는 대미 대결 심리와 지정학적 이해 때문에 북한을 역성들다가, 본의 아니게 북한의 승리주의를 부추기는 우를 범하지 말아야 한다.

둘째, 선거를 앞둔 트럼프가 초강경 대응을 할 가능성에도 대처해야 한다. 그렇게 되면 한반도는 군사적 충돌 위기에 들어간다. 벌써 미국 내에서 이 가능성에 대한 우려가 고개를 들기 시작하였다. 우리로서도 이런 상황은 막아야 한다.

셋째, 앞의 두 주문을 전제로 3차 북·미 정상회담을 고려할 수밖에 없다. 현실적으로 달리 협상을 살릴 적절한 처방이 없을 것이기 때문이다. 그런데 지금 수준의 한·미 공조와 트럼프의 불가측성, 그리고 북한의 대남 태도를 상기할 때, 우리 운명을 북·미 정상 담판에 맡기는 데 솔직히 주저가 없을 수 없다. 그러므로 아래 보완책이 병행되어야 한다.

무엇보다도 급선무는 한·미 공조를 획기적으로 강화하여, 미국이 우리의 입장을 존중하도록 하는 것이다. 3차 정상회담이 열리면, 김정은은 선 적대시 정책 철폐 입장에 기초한 이행 방안을 관철하려고 전력투구할 것이다. 트럼프가 호응하면 낭패가 될 수 있다. 잘 대처해야 한다.

이와 관련하여 주목할 것은 과거와 달리 2018년 이래는 주요 안보 현안이 협상의 소재가 되었다는 점이다. 이제 주한미군, 군사훈련, 전략 자산, 평화 협정이 모두 거래 대상이다. 이 협상을 트럼프가 한다. 만일 트럼프가 미진한 비핵화에 동조하면, 북핵이 기정사실화될 수 있다. 트럼프가 군사·안보 사안에서 큰 양보를 하면, 한반도의 안보 구도가 우리에게 불리하게 바뀐다.

다른 한편, 3차 정상회담의 결렬도 경계해야 한다. 준비 없이 만난 과거 북·미 정상회담이 반면교사다. 북·미가 사전 준비를 철저히 하도록 하고, 한국은 이 과정에 깊이 관여해야 한다.

요컨대 지금 상황은 위태롭다. 이를 막을 방안이 많지 않다. 북·미 정상 회담을 잘 준비하여 협상을 바른 궤도에 올려놓는 방안이 그나마 생각할 수 있는 출로이다. 그런데 그 방안은 위험도와 난이도가 높은 일종의 고육지책이다. 이것이 격랑 속에 있는 한국 외교의 전망이다. 2020년은 한국 외교의 냉엄한 시험대가 될 것이 분명하다.

김정은의
핵미사일 실험 재개 언급이 보여주는
2020년의 험로

2020년 벽두에 보도된 김정은 위원장의 당 중앙위 전원회의 보고는 현 정세에 대한 북한의 관점과 앞으로의 대응을 헤아려볼 중요한 근거가 되고 있다. 눈에 띄는 메시지는 핵실험과 ICBM 발사 중단 약속에 더는 매여 있을 근거가 없다는 말이다. 관련 표현은 길지 않아도 맥락을 따져보면, 그동안 지켜오던 모라토리엄을 파기하겠다는 말과 다르지 않다.

　이렇게 해석하는 이유는 두 가지다. 첫째로는 이 언급이 나오는 앞뒤 문맥과 논리의 전개 때문이다. 김정은은 그동안 북한이 핵과 ICBM 시험을 유예한 데 대해 미국은 군사훈련, 첨단 무기 도입, 제재 추가로 응답하였다며 현상황의 책임을 미국에 돌렸다. 그러고는 미국이 적대시 정책을 지속하는 판에 현재의 경제와 복락을 위해 미래의 안전을 포기할 수 없고, 제재 해제 따위에 목매어 주저할 필요도 없으니, 적대시 정책이 철회될 때까지 전략무기 개발을 계속할 것이라고 하였다. 김정은은 이 맥락에서 조만간 새 전략무기를 보여주겠다고 확언하였다. 김정은은 이것을 충격적 실제 행동이라고 부르면서, 이를 공개적으로 예고하였다. 이처럼 김정은이 정교하게 앞뒤가 연결된 논리를 내세우며 도발한다는 결론을 도출하여 공표하고 있으므로 달리 해석할 여지가 별로 없다.

둘째로는 보고를 관통하는 정면돌파 메시지 때문이다. 김정은은 정치 · 경제 · 안보 전 전선에 걸쳐 외부의 적대적 환경을 정면 돌파해야 한다고 강조하고 있다. 그런 김정은이 모라토리엄에 대해 모호한 태도를 계속 유지할 것이라고 보기는 어렵다.

그렇다면 김정은은 도발로 가는 새로운 길을 밝힌 것이고, 실제 행동은 머지않아 나온다고 해석하는 것이 합리적일 것이다.

물론 김정은은 억지력 강화의 폭과 심도는 미국의 입장에 따라 조정된다고 함으로써, 미국과의 대화를 부정하지는 않았다. 또 미국을 맹비난하면서도 트럼프 대통령을 비난하지는 않았다. 미국 대통령이 직접 중지하겠다고 공약한 군사훈련이 실시되었다고 불평을 함으로써, 트럼프 대통령과 군사훈련을 실시한 주체를 분리 대응하는 인상도 주고 있다. 단, 미국이 시간을 벌기 위해 대화를 악용하는 것은 불허한다고 하여, 앞으로 종래와 같은 대화에는 불응할 것임을 분명히 하였다. 뒤집어 보면 트럼프가 새롭게 나오면 정상회담을 통해 담판을 할 생각은 있는 것으로 보인다.

아무튼 이러한 북한의 언동에 대해, 미국의 조야는 김정은이 도발을 예고하였다고 볼 것이다. 앞으로 미국 정부와 의회를 중심으로 부정적 여론이 더 커질 것이고, 도발에 대한 대응 논의도 활발해질 것이다. 한편, 모라토리엄은 그간 트럼프 대통령이 스스로 북한으로부터 받아온 업적이라고 자랑해온 것이므로, 이를 파기하는 것은 트럼프에게 악재가 된다. 트럼프 행정부는 북한의 행동을 막는 노력을 강화하면서, 막후에서 접촉을 시도하려 할 수 있다. 물론, 북한은 적대시 정책 철폐를 요구하면서 쉽게 응하지 않을 것이다. 북한의 실제 행동이 이루어질 가능성이 있다.

그러면 미국은 안보리 등을 통하여 제재를 추가할 것이다. 이는 다시금 북한이 또 다른 도발을 고려하게 할 것이다. 상황은 단기적으로 악화될 것이다.

그러나 중기적으로 보면, 두 가지 시나리오를 상정할 수 있다. 첫째는 상황이 악순환으로 치달아 군사적 충돌을 포함한 큰 위기가 도래하는 시나리오이다. 둘째는 북·미가 협상을 재개하는 시나리오인데, 북한으로서 협상은 정상회담을 한다는 전제에서만 고려 가능할 것이다. 대선을 앞둔 트럼프도 정상회담을 고려할 수 있을 것이다. 이 시나리오는 다시 북·미 정상이 만나서 일정한 타결을 이루는 시나리오와 정상회담이 결렬되는 시나리오로 나뉜다.

협상이 진행되더라도 북한은 도발을 통하여 협상을 자신에게 유리한 방향으로 견인하려 할 것이다. 2020년 상황은 지난 2년과 달리 협상과 대결이 중첩되는 롤러코스터가 될 소지가 크다. 이 과정은 시점상 미국 대선과 맞물릴 터여서, 자칫하면 협상은 언제라도 좌초될 수 있다.

우리에게는 군사적 위기도, 미·북 정상회담 결렬 시나리오도 모두 다 바람직하지 않다. 또 정상회담에서 무원칙한 타결이 이루어져 우리의 핵심 이익이 손상되는 시나리오 또한 바람직하지 않다. 그런데 사태가 바람직하지 않은 방향으로 갈 개연성이 상대적으로 커 보인다.

가장 바람직한 시나리오는 실무 협상이 복원되고, 거기서 준비 작업이 신전되어 북·미 정상회담이 이루어지는 것이고, 또 정상회담에서 좋은 내용의 타결이 이루어지는 것일 터이다. 그러나 그것은 성사되기도 어렵고, 그러한 성과를 기대하기도 또한 쉽지 않은 좁은 문이다.

이 길을 찾아 들어가려면 우선 북한이 도발하려고 한다는 새로운 사태를 감안하여 우리의 기존 자세를 조정해야 한다. 그것을 기초로 미국과의 정책 조율을 전면 강화해야 한다. 그런 연후에 북·미 정상회담을 고려할 수 있다. 미국과의 정책 조율이 미진하면, 설사 미국과 북한이 대좌하게 되더라도 우리는 안심할 수 없는 가운데 우리의 운명을 북·미 협상에 내맡기는 결과가 될 수 있다.

김정은의 당 중앙위 전원회의 보고는 올 한 해가 험난할 것임을 보여준다. 성경 구절처럼 활로는 좁고 어려워 사람들이 별로 가지 않으려고 하는 길이다. 반대로 파국으로 가는 문은 도처에 열려 있어, 사람들이 그리로 가기 쉽다. 2020년의 정세는 우리에게 어렵고 좁더라도 활로를 찾아 들어가야 한다는 점을 보여주고 있다.

미국과 탈레반 간
평화 합의에서 찾아보는
북 · 미 협상의 교훈

우리 모두 코로나19 사태에 매몰되어 있는 동안에도, 북한은 도발 카드를 만지작거리고 있다. 교착상태에 있는 북 · 미 협상도 아직은 끝난 게 아닐 것이다. 북한에 있어 도발은 미국과의 고강도 협상을 견인하는 전술의 일환이다. 북한은 그 게임을 더 하려는 심산으로 보인다.

북한은 그간 일관되게 핵 문제는 미국과의 문제라고 우겨왔다. 미국의 적대시 정책으로부터 자신을 지키기 위해 핵을 만들었으므로 미국과 협상하겠다는 것이다. 그런 북한으로부터 비핵화를 끌어낼 카드도 대부분 미국이 갖고 있다. 한국으로서는 이런 현실을 도외시하기 어려워, 그동안 미국과 북한 사이의 양자 핵 협상을 용인해 왔다.

문제는 동맹을 그리 중시하지 않는 트럼프가 북 · 미 협상을 이끈다는 데 있다. 그렇다고 한국이 트럼프에게 영향을 미칠 만큼 탄탄한 대미 공조를 운용하고 있는 것도 아니다. 여기에 더하여, 2018년 이래 북·미 협상은 과거와 달리 주한미군, 연합훈련, 전략 자산 등 동맹과 안보의 핵심 요소까지 거래하는 장이 되었다. 비유하자면, 협상장에 나갈 대표가 우리의 이해를 끝까지 배려할지가 불확실하고 그를 통제할 수단도 미진한데, 협상의 판돈은 더 커졌다는 말이다.

물론, 당장은 북한의 도발과 그 후 위기를 우려해야 하는 상항이기는 하다. 그러나 북한의 도발이 협상을 겨냥하는 것이라면, 재개될 협상에서 우리의 국익을 수호할 채비도 미리미리 잘해 두어야 할 사정이다.

이러한 맥락에서 트럼프 행정부가 여타 분쟁 타결 과정에서 동맹의 이해관계를 어떻게 다루는지를 관찰하고 분석하는 일은 중요하다. 마침 유용한 사례 하나가 나왔다. 지난 달 말에 나온 미국과 아프간 탈레반 간의 평화 합의다.

주지하다시피 미국과 아프간 탈레반은 2001년 미국이 아프간을 침공한 이래 전쟁 상태에 있었다. 당시 9·11 테러를 당한 미국은 주범인 오사마 빈 라덴이 아프간에 은신 중인 것을 파악하고 아프간을 통치하고 있던 탈레반 정권에 그의 인도를 요구하였는데, 탈레반 정권이 이를 거부한 것이 전쟁의 발단이었다. 미국은 나토와 연합군을 구성하여 전쟁을 수행하였다. 탈레반은 수도를 빼앗기고 산간 지역으로 몰렸다. 수도 카불에는 미국이 지원하는 아프간 정부가 수립되었다.

그러나 탈레반은 쉽게 붕괴하지 않았다. 오히려 서서히 세력을 회복하였다. 탈레반과의 전투는 장기화되었다. 그동안 탈레반은 아프간의 70퍼센트에 해당하는 지역에서 득세하였다. 사실상 아프간이라는 나라는 카불 정부와 탈레반이 분할 통치하는 형편이 되었다. 전황이 장기화되고 군사적 해결이 무망해지자 2011년부터 미국과 탈레반 간에 막후 대화가 시작되었다. 트럼프 대통령 집권 후 이 대화는 활성화되었는데, 이번에 타결이 이루어졌다.

트럼프 행정부는 동맹이라고 할 수 있는 카불의 아프간 정부를 제쳐두고, 반군인 탈레반과 양자 협상을 타결한 것이다. 여기에 북·미 협상에 참고할 시사점이 담겨 있다.

첫째, 선 미국과 탈레반 간 협상, 후 아프간 내 정치 협상 방식이다. 처음부터 탈레반은 주요 문제를 탈레반과 미국 간에 먼저 협상하고, 아프간 내 정치·군사 문제는 추후에 정부군 등 아프간 내부 세력끼리 협상할 것을 주장하였다. 미국은 처음에는 아프간 내 정치 협상이 선행되어야 한다고 주장했으나, 탈레반의 강한 입장에 밀려 결국 탈레반의 요구에 따랐다.

그 결과, 아프간의 장래에 관한 큰 구도가 미국과 탈레반 간에 정해졌다. 카불의 아프간 정부는 여기에 참여하지 못했다. 탈레반은 미국과 대좌하여 협상을 타결함으로써 위상을 높였다.

둘째, 선 외국군 철수 및 제재 해제, 후 휴전 협상 합의다. 통상적으로 군대 철수는 휴전 이후에 한다. 그러나 아프간에서는 휴전도 되기 전에 철군과 제재 해제 일정이 합의되었다.

미국은 14개월 내 전면 철수를 약속하였다. 그 대신 탈레반으로부터 알카에다 및 ISIS 등 테러 세력이 아프간에서 준동하지 못하도록 한다는 약속을 받아냈다. 적대 행위 감소 약속도 받아냈다. 미국은 135일 내에 5천 명의 미군이 우선 철수한다는 초기 일정에도 동의하였다. 한편, 미국은 아프간 내 정치 협상이 시작되면 탈레반에 대한 제재 해제도 추진하기로 하였다. 금년 5월 말 등 구체적인 제재 해제 시간표도 명시되었다.

휴전과 정치 일정은 앞으로 카불의 아프간 정부와 탈레반 사이에 논의될 예정이다. 미군의 철수가 합의되었으니, 탈레반이 아프간 국내 정치 협상에서 우위에 섰다고 할 수 있다.

셋째, 카불의 아프간 정부에 불리한 정치 협상 참가 범위이다. 이 협상에 카불의 아프간 정부와 탈레반은 물론 야당과 시민사회 대표도 참가하게 되어 있다. 북한의 통일전선 방식 협상과 유사하다. 정통성 측면에서 도전을 받고 있는 카불의 아프간 정부로서는 험난한 협상 구도라고 할 것이다.

넷째로는, 카불의 아프간 정부에 대한 불확실한 안보 공약이다. 카불 정부는 그동안 미국과 탈레반 간 협상에 대해 불만을 갖고 있었다. 이에 대해 미국은 철군과 제재 해제는 탈레반의 약속 이행에 발맞추어 진행될 것이라고 강조하고 있다. 또 미국 국방장관과 나토 사무총장은 공동성명을 내놓고, 아프간 내 정치 협상이 진행되는 동안 아프간의 안보를 지킬 것이라고 확인하였다.

그렇지 않아도, 아프간 전장에서는 미군이 군사적으로 탈레반을 제압하기는 어렵다는 현실이 드러난 지 오래다. 이제 미군마저 철수하고 나면 아프간 내 형세는 탈레반에게 유리하게 기울 것이다.

만일 탈레반이 미군 철수가 완료되는 14개월 이후 공세적으로 나올 경우, 미국이 안보 공약을 지킬 수 있을지는 확실하지 않다. 애당초 미국의 침공은 탈레반이 오사마 빈 라덴을 비호한 데에서 비롯되었으니, 탈레반이 테러 세력을 다시 지원한다면 모를까, 미군이 아프간 내전을 이유로 다시 돌아올 가능성은 아주 적다고 보아야 한다.

이미 트럼프 대통령은 며칠 전 사상 최초로 탈레반 지도자와 통화를 하여, 철군은 모두에게 이익이라고 하였다. 트럼프는 탈레반이 조국을 위해 싸우고 있다는 점을 이해한다고도 하였다. 미국의 안보 공약에 의문이 가는 대목이 아닐 수 없다. 결국 카불의 아프간 정부는 미군의 훈련 지원, 재정 지원에 의존하면서 자력으로 탈레반과 대결하고 협상도 하는 험난한 길을 가야만 할 것이다.

트럼프의 미국이 서둘러 철군을 하려는 배경에는 기본적으로 미국 우선 정책이 있고, 구체적으로는 대선을 앞둔 정치적 고려가 있다. 미국 역사상 최장의 전쟁을 이참에 끝내고, 병사들을 가족에게 돌려보내는 것이 정치적 호재라는 계산이다.

트럼프 대통령은 이미 시리아에서도 쿠르드 세력과 동맹을 이루어 공동 작전을 해오다가 2018년 말 일방적으로 철군한 바 있다. 시리아 정부군 및 터키군과 대적하고 있던 쿠르드 세력은 배신감과 충격에 휩싸였다. 모두 트럼프가 유사한 정치적 고려를 한 결과였다.

물론 아프간과 시리아에서 드러난 트럼프 행정부의 행태가 한반도에 그대로 적용된다고 할 수는 없을 것이다. 한국의 위상이 아프간 정부와는 비교할 수 없기 때문이다. 그러나 한 가지 분명한 것은 북한이 미국과 탈레반 사이에 이룩된 합의를 아주 바람직한 모델로 볼 것이라는 점이다. 그래서 이 사안을 우리와 관련이 적은 먼 나라 일로 치부할 수 없다는 것이다.

북한의 시각에서 볼 때, 미국과 양자 협상을 통해 선 철군과 제재 해제에 합의한 후, 제 정파를 망라한 통일전선 방식의 정치 협상을 진행하는 사례는 부럽기 이를 데 없는 시나리오일 것이다. 북한이 이런 선례를 그냥 지나칠 리 없다. 북한은 미국과 탈레반 간 합의를 검토하였을 것이고 아전인수격 해석을 하였을 것이다. 그리고 나서는, 역시 트럼프를 상대로 협상을 해야 하며, 그러면 한반도에서도 유리한 협상 결과를 도출할 수 있다는 기대를 키웠을 법하다. 자기중심적이고 편집적인 북한은 자신의 핵미사일 능력이 탈레반의 테러 세력 지원 카드처럼 미국을 견인할 결정적 지렛대가 된다고 생각한다.

그렇다면 우리는 무엇을 해야 하나? 기본적으로 트럼프 행정부의 동맹 관련 협상 행태를 면밀히 관찰하고 교훈을 찾아내어, 북한의 헛된 기대를 무산시키는 선제적 대처를 할 필요가 있다. 아울러 우리의 대미, 대북 협상 입지를 강화하여 사활적 이해가 걸린 사안에서 우리가 소외될 소지를 극력 배제해야 한다. 더 나아가 미국이 우리의 국익을 소홀히 하지 못하도록 대미 공조 체제를 다져야 할 것이다.

미국과 탈레반 간 합의에서 드러난 트럼프식 평화 협상 행태를 보면서, 다가올 미·북 협상에 대한 대비에 더 유념해야 한다는 생각을 떨칠 수 없다.

코로나와 바이든이
북한을 협상으로
이끌 수 있을까

4·15 총선이 여당의 압승으로 끝났다. 정부로서는 기존의 정책을 가속화시킬 정치적 동력을 얻었다고 여길 만하다. 그러면 정부가 지난 3년간 추진해오던 비핵 평화 프로세스는 앞으로 어떻게 될 것인가? 주지하다시피 비핵 평화 노력은 2018년부터 추동력을 얻었으나, 하노이 북·미 정상회담이 결렬된 이래 좌초될지도 모르는 위태로운 상황에 처해 있다. 북·미 협상은 교착되고, 남·북 관계는 중단되었다.

앞일을 전망하기 전에 현황 점검을 먼저 해보자. 우선 남·북 관계부터 보면, 금년 들어서도 북한의 냉랭한 대남 태도는 여전하다. 지난 1월 우리가 트럼프의 김정은 생일 축하 메시지를 북한에 전달한 일을 두고 김계관 외무성 고문이 맹비난을 가한 것이나, 3월 김여정 중앙위 제1부부장이 청와대의 전투 훈련 중단 요구에 대해 원색적으로 비방한 것이 주목할 만한 징표이다.

당시 김계관은 한국이 북·미 간 친서 교환에 중뿔나게 끼어드는 것은 주제넘은 일이라고 하였고, 김여정은 청와대의 저능한 사고에 경악한다느니 완벽하게 바보스럽다고 하는 등 막말을 하였다. 당분간 북한이 대남 대응을 바꿀 것으로 보이지 않는다.

반면, 북·미 교착 상황에는 미묘한 움직임이 관찰된다. 애당초 북한은 하노이 이후 미국의 입장 변경을 전제로 정상회담을 할 용의가 있다면서 작년 말을 시한으로 설정하였다. 미국이 응하지 않자, 북한은 이제 자신의 길을 가겠고 조만간 새 전략무기를 보여주겠다고 하였다. 도발을 통하여 대선을 앞둔 트럼프를 정상 담판의 장으로 견인한다는 전략으로 전환한 것이다. 그런데 북한이 도발 카드를 아직 안 꺼내고 있다. 시간을 끄는 정황이 있다.

북한의 게임 플랜이 당초대로 작동하려면 11월 미국 대선 전에 충분한 시간적 여유를 갖고 도발이 시작되어야 한다. 그래야 도발의 후폭풍을 수습한 후, 정상회담을 하고 대선을 맞이하는 일련의 시간표가 만들어질 수 있다. 이 가설에 따르면 북한은 이미 도발을 했어야 한다. 5월이 되도록 시간을 끌고 있는 데에는 무언가 이유가 있을 것이다. 다음 두 가지 요소가 북한의 셈법과 관련되었을 소지가 있다.

첫째로는 코로나가 영향을 미쳤을 수 있다. 연초부터 중국을 덮친 코로나 사태는 북한이 도발 시점을 택하는 데 신중을 기하도록 한 것으로 추정된다. 시진핑이 심각한 사태에 직면한 상황에서 도발을 할 경우, 유일한 후견국인 중국을 과도하게 자극하리라는 점을 의식했을 수 있다. 중국이 사태를 수습할 즈음, 이번에는 미국이 코로나에 휘말리기 시작하였다. 트럼프가 엄청난 곤경에 처해 있는 상황에서 도발을 할 경우, 정상회담을 견인하기는커녕 트럼프의 불가측한 대응을 초래할 수 있다는 점이 고려되었을 수 있다. 게다가 북한 내에서도 코로나가 번졌을 소지가 상당하다. 북한 스스로도 난제에 직면했을 가능성이 있다.

둘째로는 미국 대선에서 급부상한 바이든 후보가 영향을 주었을 수 있다. 미국 대선 과정에서 바이든이 예상보다 일찍 민주당 후보로 확정된 것이다. 더욱이 코로나 사태로 미국 경제가 침체되고 실업자가 급증하니 바이든 당선 가능성이 커지고 있다. 북한으로선 바이든 당선이 바람직하지 않다. 바이든이 김정은을 상대해줄 가능성은 아주 적기 때문이다. 북한은 트럼프는 감싸면서, 바이든에 대해서는 맹비난을 퍼부은 바 있다. 바이든보다 트럼프를 선호할 북한으로서는 재선 가도에 적신호가 켜진 트럼프에 대해 도발의 수위를 조절할 필요도 느꼈을 것이다.

한편, 도발의 타깃인 트럼프는 코로나19 대처에 여념이 없다. 그의 주 관심사는 하루빨리 코로나19 사태를 수습하고 경제를 활성화시켜 어두워져 가는 재선 전망을 반전시키는 것이다. 트럼프의 처지를 중심으로 보면, 북한이 트럼프를 담판으로 견인할 시간적 여유와 정치적 공간은 닫혀가고 있다.

이래저래 북한의 계산은 복잡할 것이다. 종래에는 대선 전 게임을 중심으로 생각하였다면, 이제는 대선 후 게임까지도 염두에 두어야 할 판이다. 결국, 당초 구상보다 시간이 흘러 지금에 이른 것으로 보인다. 북한은 주 도발을 미루는 동안 단거리 미사일 발사로 그 갭을 메웠다.

이러한 북한의 속내로 미루어 볼 때, 트럼프 1기 중에 북한의 도발을 계속 지연시키면서 북·미 대화를 모색할 틈새를 찾을 수 있다는 생각이 든다. 관련하여 김여정이 3월 담화에서 평형과 공정성이 보장되면 대화에 대해 생각해볼 수 있다고 한 점은 흥미롭다. 또 북한이 담화를 통하여 폼페이오 국무 장관을 비롯한 미국 정부 당국자를 비난하는 경우는 잦으나, 트럼프 대통령에 대한 비판은 삼가고, 김정은과 트럼프 사이의 특별한 관계와 신의를 강조하고 있는 점도 눈에 띈다. 미국이 모종의 유연성을 발휘하여, 도발을 막고 대화를 여는 수순이 전혀 불가능해 보이지 않는다.

물론 코로나에 매몰된 미국이 그런 대응을 적극적으로 생각해 낼지는 회의적이다. 그렇다고 외부로부터 아무런 명분이 없는데, 북한이 스스로 도발을 대선 후로 미룰 리도 없다. 그렇다면 남은 시나리오는 누군가 나서서 북한의 복잡한 심산을 활용할 방안을 내놓고, 미국을 설득하는 것이다.

전망이 이렇다면 한국이 할 일은 자연스럽게 드러난다. 궁극적인 목표는 북·미 교착과 남·북 중단을 타개하여 비핵 평화 프로세스를 살리는 것이지만, 급선무는 북한의 도발을 막고 북·미 협상을 복원하는 일이다. 도발이 있게 되면 북·미 대화든 남·북 관계든 올 스톱되기 때문이다. 마침 북한이 코로나19 때문에 도발 시점을 조정하고, 바이든과 경합할 트럼프에 대해 도발 수위를 조절할 심산이라면, 한·미가 이를 활용하는 작업을 시도할 시의성도 있다고 할 것이다. 미국 스스로 움직이기 어려울 터이니, 한국이 나서서 대미 협의를 해봄 직하다.

한국이 움직인다면 신속히 행동해야 한다. 아마도 이미 막후에서 북한이 미국에 나름의 신호를 보냈고, 미국이 반응하지 않자 실망한 북한이 도발 쪽으로 기울어지고 있을지 모른다. 기회의 창은 오래 열리지 않는다. 과거에도 미·북 간에 이런 일이 비일비재하였다. 그래서 협상 기회를 수없이 놓쳤다.

그런데 지금 국내에서는 총선 승리 분위기에서 남·북 관계 타개를 시도하자는 주문이 나오고 있다. 앞서 살핀 대로 변화의 여지가 엿보이는 북·미 대화를 제쳐두고, 여지가 없어 보이는 남·북 관계를 먼저 손대는 셈이다. 그 주문에 따라 움직이면, 미국은 비핵화와 발맞추지 않은 행보라며 제동을 걸 것이다. 미국의 만류를 뿌리치고 북한에 제안을 해도 북한이 거부할 가능성이 크다. 그러면 한·미 간, 남·북 간 분위기만 악화된다.

총선으로 한국 정부의 국내 입지가 강화되고, 코로나19에 잘 대처하여 한국의 국제 입지가 좋아진 것은 맞다. 그러나 그 때문에 남·북 관계 재개를 성사시킬 입지가 강화되었다고 보기는 어렵다. 북한이 그렇게 보지 않기 때문이다. 한반도 분쟁의 내막을 들여다보면, 여전히 북·미 관계를 위시한 주요국 간의 실타래가 풀려야 남·북 관계가 풀리는 구도이다. 북한이 철두철미 그런 인식으로 게임을 한다. 민족 공조를 앞세우는 북한이 이렇게 행동하는 것은 모순이지만 이것이 북한의 진면목이다.

요컨대 코로나와 바이든은 비핵 평화 프로세스를 재가동할 여지를 제공하고 있다. 문제는 한국, 미국, 북한이 이를 계기로 국면 전환을 해낼 수 있느냐이고, 그중에서도 한국의 역할이 중요하다.

한국이 이 계기를 살려 한반도의 큰 구도를 긴장 완화와 협상으로 전환시키면서 남·북 관계 진전도 모색하기를 기대한다. 역으로 접근하면 북한이 남측 제안을 거부한 기록만 쌓이게 되고 한·미 간에도 분란이 커진다. 비핵 평화 과정을 복원하는 일이 더 어려워진다. 정확한 수순과 신속한 대응이 요망된다.

남 · 북 관계를 무너뜨리기 시작한 북한의 대남 공세에 대하여

북한이 남 · 북 통신선 차단을 발표한 이래, 대남 공세가 이틀이 멀다 하고 가속화되고 있다. 급기야 6월 13일에는 남 · 북 공동연락사무소를 무너뜨릴 것이며, 다음번 행동권을 군대에 맡겼다는 김여정 노동당 제1부부장의 담화 가 나왔다. 한반도 평화를 향한 그간의 성과가 무너지고 군사적 충돌이 생기 는 것이 아닌가 하는 우려가 점증하고 있다.

그러나 냉정히 돌아보면 북측의 이런 행동은 예고된 것이다. 하노이 미 · 북 정상회담이 결렬된 이래 북측은 대남 관계를 완전히 단절해 왔고, 정부 당국은 물론 국가원수에 대해서도 무도한 비난을 해왔다. 또 작년 말 북한이 도발을 예고하였을 때, 거기에 대남 도발도 포함된다는 것은 상식에 속한다. 사실상 남 · 북 관계는 파국을 향해 가고 있었다고 말할 수 있다. 이제 북측 이 대남 관계를 대적 관계로 다룬다고 선언하고 행동하기 시작함으로써 모든 것이 가시화되었을 뿐이다.

북한이 왜 이런 행보를 하는지에 대해 다양한 해석이 있다. 그중에 배격해야 할 해석부터 살펴보자. 우선 북한이 코로나19와 경제난에 따라 민심과 권력 기반에 문제가 생겼으므로, 이를 다잡기 위해 대외적으로 강수를 쓰고 대내적으로 군중 행사를 통해 적개심을 고취시킨다는 해석이 있다. 이렇게 해석을 하면 북한의 대남 겨냥 점은 흐려진다. 그러면 북한의 경제나 코로나19 대처를 도와주면 문제가 풀린다는 식의 해법이 나오게 된다. 유체이탈식 해석에 아전인수격 해법이다.

북한이 대남 공세를 하는 이유는 간단하게도 남측에 분개하기 때문이다. 그것이 사실이다. 하노이 언저리에서부터 지금까지 한국의 행보에 대한 분노 표출이다. 북측은 남측이 남·북 간에 이루어진 약속을 이행하지 않았고, 북·미 사이에서 잘못된 중간 역할을 하였다고 본다. 그 결과 북측이 하노이에서 낭패를 보았다고 인식한다. 그러다가 이번 총선에서 태영호나 지성호 씨가 국회의원이 되고, 전단 살포가 방치되자, 남측 정부의 탈북자 대처에 자극을 받아 거칠고 공개적인 공세로 나오게 되었을 것이다.

이처럼 북한의 행보는 대남 타격이 주목적이다. 그 외에 국내적 요인이 따로 있다고 보기 어렵다. 경제난은 어제오늘의 일이 아니고, 김정은의 권력 기반에 문제가 있다는 근거도 없다. 군중대회는 강한 대남 적대감을 결기 있게 과시하는 행사일 것이다. 대규모 군중대회는 코로나가 심각하지 않다는 반증일 수도 있다.

북한의 의도는 이렇게 남측을 응징함으로써 남측으로부터 탈북자 행동 규제, 남·북 합의 이행 등 유연한 반응이 나오도록 견인하고, 남남 갈등을 조장하자는 것일 것이다. 한·미 이견을 심화시킬 목적도 있을 수 있다. 아울러 북한은 이렇게 함으로써 미국에 대해 북한의 단호한 메시지를 보낼 수도 있다.

북한이 대남 공세를 하는 동안에도 북한이 예고한 대미 도발 카드는 여전히 살아있다. 그러므로 북한의 대남 공세는 대미 도발의 전초전이기도 하다. 이 둘은 북한에 있어 한 묶음의 전술 전략이다. 그러므로 앞으로 북한은 공동연락사무소, 금강산 시설, 개성 시설, 남·북 군사합의 조항 등을 넘나들면서 하나씩 무너뜨리는 대남 공세를 이어갈 것이다. 9·19 군사합의서가 완전히 형해화할 가능성도 배제 못 한다. 그것을 북한은 한국에게 괴로운 시간이 될 것이라고 예고하였다. 그리고 미국 대선 전 어느 시점에서 주 도발인 대미 도발도 할 것이다.

북한이 대미 도발을 하면 안보리가 움직이고 미국의 개별 제재가 이어질 것이니, 사태는 긴장으로 치달을 것이다. 미국 대선까지 한국이 움직일 수 있는 공간도 크게 제약된다.

그러면 우리는 어떻게 해야 하나. 첫째로 북한의 계속되는 공세에 일희일비하지 않아야 한다. 남·북 관계의 역사를 보면 어떠한 화려한 성과도 머지 않아 빛바래고, 북한의 행동이 대남 맹비난으로 귀결되어 온 것이 한두 번이 아니다. 그러한 북측의 행태는 남측을 보고 대하는 독특한 관점에서 비롯되는 것이다. 이에 비추어 볼 때 지금은 북한이 남·북 관계에서 기왕에 구축된 것을 와해시키려는 국면이다. 그간의 성과가 무너지는 것은 어느 정도 불가피하다. 우리가 급급하고 괴로워할수록 북한은 공세가 효과적이라고 보고 더 강수를 구사할 것이다. 그러니 정부도, 우리 사회 전반도 어차피 이어질 공세라고 여기고 의연해야 한다.

　둘째, 북한의 대남 공세에 대한 대처 방안을 남·북 관계에서 찾으려고 하지 말아야 한다. 북한이 남쪽을 응징하기로 작정한 이상, 북한의 요구를 하나 들어준다 해서 상황이 나아지지는 않는다. 오히려 상황 타개를 위해서는 북·미 간에 국면 전환이 있어야 한다. 그러면 북한의 대남 공세도 어느 정도 제어할 수 있다.

　저간의 사정을 돌이켜 보면, 그간 남·북 간 접촉에는 여지가 거의 없었으나, 북·미 대화에는 다소의 틈이 보였었다. 무슨 말인가 하면, 작년 말 북한이 대미 도발을 예고했으면서도 6개월이 지나도록 이의 실행을 미뤄온 데에서 이상 기류가 감지되었다는 것이다. 지난 2~3월, 중국과 미국의 코로나19 사태가 시진핑과 트럼프의 정치적 곤경을 초래하고, 이어서 바이든이 미국 민주당 대선 후보로 부상하는 상황이 전개되자, 북한은 도발 시점과 강도를 고심하지 않을 수 없게 된 것으로 보인다. 북한으로선 도발을 통해 트럼프를 담판으로 이끌 생각은 있으나, 자칫 도발 국면이 과도하게 증폭되어 트럼프가 선거에서 타격을 입고 결과적으로 바이든에게만 좋은 일이 될 것을 의식하였을 법하다. 바이든과는 싱가포르 합의와 같은 결과물을 도출할 수 없을 뿐만 아니라, 애당초 정상회담 자체가 불가능할 것이기 때문이다. 그래서 북한은 예상보다 도발을 늦추고 있는 것으로 보인다.

　만일 그때 우리가 이러한 사정을 파악하고 나서, 김여정이 담화에서 요구하였던 '평형과 공정성을 보장'해주는 방식으로 미국을 움직였다면, 고심하는 김정은과 대선을 앞둔 트럼프 사이에서 북·미를 대좌시킬 여지는 있었다고 생각된다. 그랬더라면 계속 협상을 위한 시간을 벌 수 있었을지 모른다. 그러나 그 시기에 우리는 가망이 없는 남·북 교류 협력 카드를 만지작거리느라, 정작 가능성이 엿보이는 미·북 대좌 쪽에 눈을 돌리지 않았다.

셋째, 이제라도 북·미 대좌를 통해 북한의 대미 도발을 지연시키는 노력을 시도할 필요가 있다. 북한이 대남 공세에 이어 대미 도발을 해버리면 미국 대선까지 상황은 악화 일로가 된다. 남·북 관계도 더 수렁에 빠질 것이다. 물론 이제 6월 중순이니, 시기적으로나 분위기로나 북·미 대화를 다시 붙일 여건은 좋지 않다. 그러나 북한이 대미 도발을 할 때까지는 아직도 기회의 창이 완전히 닫힌 것은 아니다. 그 전에 미국을 움직여 북한을 대화의 장으로 이끌 수 있다면 추가적 상황 악화는 막을 수 있다. 우리가 혼자서 미국을 설득할 수도 있고, 일본이나 중국을 동원하여 힘을 빌리는 노력을 병행할 수도 있다.

북한의 대남 공세는 분명 우리에게 악재다. 그러나 이를 막기 위해 남·북 차원의 대증적 대처에 치중하는 것은 바람직한 해법이 아니다. 북한이 북·미와 남·북을 아우르는 전술을 구사하므로, 우리의 대처도 북·미와 남·북을 한 시야에 두는 가운데 나와야 한다.

좌초 위기의
비핵 평화 협상 과정
살리기

2018년 이래 남·북한과 미국 사이에서 전개되어 온 정상 차원의 비핵 평화 외교 과정이 중대한 갈림길에 이르렀다. 자칫하면 외교는 좌초하고 위기가 도래할 수 있다.

그간의 경과를 개괄적으로 보면, 남·북 정상 외교와 북·미 정상 외교는 각기 시차를 두고 상이한 궤적으로 부침하였다. 그러나 결국 둘 다 중단되었다. 세부적으로 보면, 남·북 관계는 북·미 관계보다 더 강고하게 단절되었다가 급기야 파탄 과정으로 진입하였다. 물론 남·북 통신연락선 차단으로부터 군사합의서 일부 파기와 남·북 공동연락사무소 폭파에 이르기까지 격하게 진행되던 파탄 과정은 김정은 국무위원장의 개입으로 일단 정지되었다. 그러나 다시 시작될 소지가 없지 않다. 북·미 관계는 완전 단절까지는 아니지만, 대화가 부재한 상태다. 북한은 미국의 새로운 접근을 요구하면서, 새 전략무기 발사를 위협하고 있다.

더욱이 이러한 현상이 코로나19라는 예기치 못했던 환경 속에서 전개되고 있어 불확실성을 더하고 있다. 한편, 그동안 남·북·미 정상 외교의 주행위자였던 트럼프 미국 대통령은 재선에 골몰하고 있다. 그의 재선 전망은 어둡다.

이런 상황이 계속되면 북한이 대남 관계 파탄 작업을 재개하고 대미 도발을 할 소지가 커진다. 그러면 긴장과 대립이 미국 대선까지 이어질 것이다. 위기가 도래할 수 있다. 선거에서 열세에 몰린 트럼프 대통령이 마음먹기에 따라 예기치 않은 격변이 생길 가능성도 배제할 수 없다.

그러므로 현 국면에서 한국과 미국이 어떻게 대처하느냐는 앞으로 사태의 향배에 중차대한 의미를 가진다. 위기 국면이 큰 파국으로 이어질 경우, 직접적인 피해가 한국에 밀어닥칠 수 있다. 또 한국 정부로서는 남은 임기 동안 그간 공들여 오던 한반도 비핵 평화 프로세스가 물거품이 되는 상황을 보아야 할지도 모른다.

이상론을 말하자면, 남·북·미 모두가 현 국면 타개를 위해서 2018년 이래 진행되어 온 협상 경과를 성찰하고, 기존 접근에서 조정할 부분을 찾아내어 새로운 접근을 해야 마땅하다. 그러나 싱가포르 북·미 정상회담 이래 승리주의에 도취된 북한이 그럴 리 없다. 오히려 북한은 하노이 회담이 결렬된 이후 입장을 더 경화시켜 왔다. 하노이에서 제시한 '영변 vs 제재 해제' 안을 철회하고, '적대시 철폐 vs 협상 재개'로 요구 수위를 높였다.

교조적인 북한은 그렇다 치자. 흥미로운 것은 한국과 미국도 기존 입장에 머물러 있다는 점이다. 한국의 최근 외교·안보 라인 인사 개편을 보면 여전히 남·북 대화를 살려 2018년의 영화를 재현하려는 데 정책의 방점이 있음을 알 수 있다. 지난 3년의 연장선에 서 있는 것이다. 이런 접근의 배경에는 '하노이 결렬 이래 북·미만 쳐다보고 있었는데, 이제 더 기다릴 수 없고, 이 제는 남·북이 치고 나가야 한다'는 소박한 생각이 자리 잡고 있다. 이 생각이 먹히려면 2018년처럼 북측이 남측의 제안에 호응한다는 전제가 서 있어야 한다. 그러나 지금 북측은 남측의 어떤 제안도 거부하고 있다. 만패불청(萬覇不聽)이다.

미국 정부의 자세 또한 새롭지 않다. 최근 비건 미국 국무부 대북정책 특별 대표의 한국·일본 순방이 이를 여실히 보여주었다. 비건은 현 국면을 타개할 구상을 제기하지 않았다. 그는 비핵화와 대화 재개에 관한 기존 입장을 재천명하였을 뿐이다. 북한 외무성 최선희 제1부부장을 공개 비판한 것이 유일하게 새로운 점이었다. 같은 시기에 미국으로부터 북한에 대한 압박성 조치들이 발표되었다. 이처럼 미국은 현 국면을 타개하는 데 치열한 문제의식을 갖고 있지 않다. 그도 그럴 것이 선거 와중에 있는 미국 입장에서는 다급할 게 없을 것이다.

이후 북한은 김여정 노동당 제1부부장의 담화로 반응했다. 담화는 여전히 종래 입장을 견지하는 내용이다. 역시 트럼프와의 회담에 대한 기대에 방점이 있으나, 쉽사리 실무 대좌를 하지 않을 태세도 여전하다. 북한식 조건이 충족되어야 한다는 점을 계속 강조하고 있다. 미국 대선 전에 도발할 가능성도 열어 놓고 있다. 건들지만 않으면 모든 것이 편하게 흘러갈 것이라고 하여 도발이 없을 듯한 말을 하면서도, 위험한 행동을 하면 좌시하지 않겠다고 하였다. 또 미국의 위협을 억제하고 자주권을 수호할 능력을 발전시켜야 한다고도 하였다.

아마도 북한에 있어 자주권 수호 능력을 발전시키는 일은 도발이 아닐 수 있다. 그러므로 향후 약간의 빌미만 주어져도 북한은 행동에 나설 수 있다. 그런데 도발의 빌미는 도처에 널려 있다. 예컨대 북한식 셈법에 따르면 한·미 연합훈련은 북한의 핵미사일 실험 유예와 맞물려 있는 것이니, 연합훈련의 재개는 북한에게 도발의 빌미가 될 수 있다. 중국과 러시아도 한·미 연합훈련은 자신들이 제안한 쌍 중단의 일부라고 생각한다.

이처럼 남·북·미가 기존 관성에 매여 있다면, 사태는 악화되기 쉽다. 사태가 위기로 가는 것은 우리에게 바람직하지 않다. 우리가 직접적인 부담을 지게 될 것이기 때문이다. 그러니 우리가 나설 수밖에 없다. 면밀한 대처가 긴요하다.

현 상황을 타개하려면 우선 대화를 복원시켜야 한다. 그런데 만일 우리가 종래와 같이 남·북 대화와 협력을 우선시하는 접근을 하면, 북한의 호응을 얻지 못하고 미국의 견제 심리만 키울 소지가 있다. 한국의 대미 설득력도 약화된다. 그래서 지금은 그 길을 권할 수 없다. 차라리 국면 타개의 동력을 북·미 실무 대화에서 찾아야 한다. 정상회담은 그다음이다. 먼저 북·미 간 실무 만남을 성사시키고, 그 선순환의 에너지를 활용하여 남·북을 복원시키는 것이 낫다.

북·미를 대좌시키려면 북·미 모두에게 일정한 유연성을 설득해야 한다. 쉬운 일이 아니다. 그러나 그 길 외에 대안이 없으니 시도해야 한다. 미국에 대해서는 한국이 약간의 유연성을 설득할 수 있을 것이다. 트럼프가 북한과의 대화에 관심을 가질 소지가 없지 않기 때문이다. 선거에서 불리한 처지에 있는 트럼프로서는 북한이 도발을 하여 자신의 정상 외교 성과가 무너지면, 정치적으로 더 타격을 입게 된다. 북·미 대화를 통해 그런 상황을 막을 수 있다면 트럼프는 마다하지 않을 것이다. 최근 트럼프가 북·미 정상회담에 대해 호의를 표명한 점이 이런 정황을 말해준다.

그러나 미국이 약간의 유연성을 발휘하더라도 북한의 기대에는 못 미칠 것이다. 이 대목에서 북한의 유연성이 요구된다. 그렇다고 우리가 북한의 유연성을 설득할 방도는 없다. 그러니 이 부분은 중국을 동원하여 북한이 요구 수위를 조절하도록 하는 것도 하나의 방안이다. 중국으로서도 한반도가 위기로 가는 것은 바람직하지 않을 것이다. 또 중국은 국면 전환에 역할을 함으로써 자신의 위상을 높일 수 있다. 북한의 입장에서도 북·미 대화를 자기식으로 견인하려고 과잉 대처하다가, 미국의 반격에 직면하는 일은 좋은 게 아니다. 도발 카드를 잘못 운영하여 트럼프가 낙선하게 되는 일도 북한이 바라는 바는 아닐 것이다. 중국의 설득이 먹힐 소지가 엿보이는 대목이다. 김정은이 김여정의 담화를 통해 "트럼프 대통령의 사업에서 반드시 좋은 성과가 있기를 기원한다."라는 인사말을 전함으로써 사실상 트럼프의 재선을 기원한 것을 보면 북한의 속내가 드러난다.

요컨대 현 국면은 위기로 가는 초입이다. 대화 복원이 위기를 막는 첫걸음이고, 그 대상은 북·미 대화이다. 이를 성사시키려면 한국이 미국의 유연성을 설득하면서, 중국으로 하여금 북한의 유연성을 설득하도록 할 필요가 있다. 위기가 모두에게 해롭고 대화 재개에 공통의 이익이 있음을 인식시키는 것이다.

이 길을 가려면 우선 한국 스스로 현 상황에 대한 엄중한 인식을 가져야 한다. 종래와 다른 접근을 시도할 의지도 있어야 한다. 과거의 영화에 집착하고 기존의 관성에 매여 있으면, 새로운 상황에 대처하기 어렵다. 사실, 활로를 찾는 새로운 접근은 연초부터 해야 했었다. 귀한 시간이 6개월가량 흘러갔다. 이제 서둘러야 한다.

2020_09

북한의 핵·미사일 관련
도발 개연성에 대비하자

과연 북한은 미국 대선을 전후하여 핵이나 미사일과 관련된 도발을 할 것인가? 이것은 현재의 비핵 평화 협상 국면을 관찰하는 데 있어서 중요한 질문이 아닐 수 없다. 지금의 국면은 북한의 핵·미사일 활동 중지 약속에 기반하므로, 이것이 무너지면 지금과 크게 다른 긴장과 위기 국면이 올 것이기 때문이다.

일견 북한이 도발할 근거와 그렇지 않을 근거가 혼재되어 있어서 판단이 쉽지 않다. 그렇지만 면밀히 따져보면, 개연성의 정도를 가늠할 수 있다.

먼저 도발할 근거를 보자면, 첫째, 과거 북한의 행적을 들 수 있다. 북한은 1993년 빌 클린턴 대통령 취임 직후 NPT를 탈퇴한 이래 미국 대선을 전후해 도발을 해왔다. 북·미 대화가 순항하던 시기는 예외였다. 지금 북·미, 남·북 대화는 중단된 상태다. 둘째, 무엇보다도 김정은 위원장은 작년 말당 중앙위 전원회의 보고에서 조만간 새로운 전략무기를 보여주겠다며 도발을 예고한 바 있다.

다음으로, 도발하지 않을 근거를 보자면, 첫째, 김정은과 트럼프 간의 친분 관계를 들 수 있다. 북한 김여정은 지난 7월 담화에서 북한이 아직 도발을 하지 않은 배경에 아마도 김정은과 트럼프 간의 특별한 친분 관계가 작용한다는 생각이 든다고 하였다. 둘째, 김정은은 바이든보다는 트럼프의 당선을 선호할 것이므로, 그렇지 않아도 고전 중인 트럼프에게 타격을 줄 행보를 할 가능성은 적다고 추정할 수 있다. 김여정은 앞서 말한 담화에서 "트럼프의 사업에서 반드시 좋은 성과가 있기를 기원한다."라는 김정은의 인사말을 전했다. 지금 트럼프가 선거 사업을 하고 있으니, 이 인사는 재선 기원이 된다.

이처럼 양쪽 논거 모두에 나름의 일리가 있으나, 아무래도 북한의 오랜 행태나 김정은이 세계 앞에 한 공언을 감안했을 때, 도발할 것이라는 근거가 좀 더 무게감 있게 다가온다.

여태껏 김정은의 도발이 예고대로 실현되지 않는 배경에는, 코로나 사태가 있었고 바이든의 당선 가능성이 급부상한 상황도 있었다고 여겨진다. 북한이 이 두 요소를 감안하느라 도발 시점을 재고한 정황이 관찰되었다. 그러나 올해를 이대로 넘긴다면, 올해 김정은의 신년 메시지는 허언이 된다. 김정은은 내년 신년사에서 다시 미국의 행정부를 향해 위협적 메시지를 구사해야 한다. 그런데 금년도 메시지를 공염불로 만들어 두고, 내년 신년사를 기획한다는 것은 북한식 행태에 잘 어울리지 않는다.

김정은과 트럼프 간의 친분과 트럼프 재선에 대한 북한의 배려는 여전히 염두에 두어야 할 요소이지만, 하노이 회담 결렬 이래 커진 미·북 간 입장

차와 이에 대한 북한의 누적된 불만도 잊으면 안 된다. 북한은 이제 스몰딜을 거부한다. 미·북 실무회담도 거부한다. 정상회담도 미국의 태도 변화가 없다면 할 필요 없다고 한다. 근자에 북한은 트럼프 행정부의 군사 활동, 대북 압박 행동에 대해 지속적으로 반감을 키우고 있다. 그래서 김여정은 미·북 수뇌 간의 친분을 언급하면서, 바로 이어서 북한이 미국의 위험한 압박성 언동을 언제까지나 좌시하지는 않을 것이라고 부언한 바 있다. 북한 입장에서 가만히 있기 어려운 상황이 지속되고 있다고 할 수 있다.

사정이 이러하니, 북한의 도발 가능성은 있다고 보아야 한다. 더 나아가, 미국 대선 전에라도 트럼프에게 정치적 타격이 그리 크지 않은 방식으로 도발을 할 가능성도 배제하지 말아야 한다. 이와 관련하여, 김정은과 김여정이 지속적으로 자주권 수호 능력을 발전시켜 나간다는 주장을 하고 있는 점이 주목된다. 북한이 대선 전에 자주권 수호라는 명분하에 중·장거리 미사일 실험을 하거나, 신형 중·장거리 미사일 또는 잠수함 발사 탄도 미사일(SLBM) 발사용 신형 잠수함 등을 보여줄 가능성은 여전히 있다. 북한은 이 정도는 도발이 아니라, 자주권 수호 노력이라고 우길 수도 있다.

그러면 대선 후에는 어떻게 될까? 트럼프가 재선된다면, 일단 북한은 트럼프 2기에 미국의 입장 전환을 견인하려는 노력을 계속할 것으로 추정된다. 추가 도발 소지가 있다. 바이든이 당선된다면, 북한은 강도를 높여 도발함으로써 미국의 새 정부와 새로운 게임을 시작하려 할 것이다. 한편, 트럼프가 대선 결과에 불복하여 혼란 상황이 도래한다면, 북한은 이를 도발의 호기로 볼 것이다.

이처럼 북한의 대선 전후 도발 가능성은 상당하다. 그런데 정작 이 문제에 대한 국내의 관심은 그리 높지 않다. 도발이 있으면 위기가 고조될 터인데도 말이다. 특히 정부 쪽에서는 도발에 대해 듣거나 말하기를 꺼리는 분위기다. 아마도 정부가 공들이고 있는 한반도 평화 프로세스에 해가 될 불길한 소리를 금기시하는 심리 때문일 것이다.

그러나 귀 막고 입 닫는다 하여 올 것이 안 오는 것은 아닐 것이다. 더욱이 최근 북한이 표류 중인 우리 국민을 해상에서 사살한 사건은 남·북 관계를 가일층 경색시키고 있다. 이는 연락사무소 폭파 이후 일시 중단된 북한의 대남 도발 과정을 재개시킬 수도 있다. 한편, 미국은 해상 사살과 관련하여 북한 규탄에 가세하였다. 미국이 이 일로 제재 대상을 추가하기라도 하면, 북한은 더 자극될 것이다. 이는 북한의 도발 개연성을 높일 것이다.

만일 북한이 도발을 하면, 미국을 비롯한 국제사회는 제재 압박을 강화하는 쪽으로 움직이게 된다. 당연히 북한은 반발하고 긴장은 고조된다. 그러면 우리 정부의 한반도 평화 프로세스는 임기 말에 결정타를 맞게 된다. 그러니 다가올 도발의 개연성을 계량하여, 그에 맞는 대비를 하는 것이 합리적일 것이다.

과거 2006년 여름, 북한이 장거리 미사일 발사와 첫 핵실험을 하려고 할 때 정부는 북한의 도발 가능성을 부인하는 자세로 일관하였다. 도발 정황이 너무도 뚜렷하여, 대부분의 나라들이 우려하고 있던 참이었다. 심지어 당시 한 고위급 인사는 출국길에 공항에서 기자로부터 북한의 미사일 발사 가능성에 대한 질문을 받고, 무슨 근거로 그런 질문을 하느냐며 면박을 주었는데, 그가 비행 중에 미사일은 발사되었다. 몇 달 후 핵실험도 있었다. 당시 우리 쪽이 도발 가능성을 부정하는 상황 인식을 갖고 있었으므로, 우리의 사전 사후 대처는 현실과 거리가 있을 수밖에 없었다.

이번에는 이런 일이 반복되지 않기를 바란다. 개연성의 정도에 따라 사전 도발 억지든, 아니면 사후 대처든 준비를 미리 해야 한다. 사전에는 도발 개연성을 부인하며 현실과 유리된 행보를 하고, 사후에는 국제적인 분위기에 아랑곳하지 않고 우리식 교류 협력 아젠다를 밀고 나가는 일은 없어야 한다.

북핵 문제 해결을 위한
주요 관련 국가의 역할

서론

북한 핵 문제는 한반도의 문제이자 국제적인 이슈이다. 핵 문제는 한국에 있어 사활적 안보 이슈이다. 동시에 이 문제는 핵 비확산 문제이므로 국제적인 문제이다. 더 나아가 한반도의 지정학적 위치상 주변 주요국들의 이해가 걸려 있는 문제이기도 하다. 북한은 핵 문제를 주로 미국과 관련된 문제라고 간주하지만, 사실상 북한과 미국 이외의 주요국들도 관련되는 문제라고 보아야 한다.

그러므로 현실적으로 한반도에서의 비핵화는 북한과 미국 이외의 나라들의 움직임에 크게 영향을 받지 않을 수 없다. 달리 표현하자면, 주변 주요국들의 협력이 있어야 문제 해결에 접근이 용이하고, 그렇지 않으면 해결이 어려운 것이 사실이다.

그런데 지난 30년 가까이 진행되어 온 핵 협상의 경과를 돌이켜 보면 대화, 교착, 긴장, 결렬, 대화의 사이클이 반복되어 왔음을 알 수 있다. 이러한 현상은 근래 진행되고 있는 정상 차원의 북·미 간 비핵 평화 협상의 장에서도 크게 달라지지 않았다. 문제 해결을 향한 국제 협력이 충분치 않았음을 시사하는 대목이다.

그러니 그간 과연 주요국 간의 협력은 어떠하였고, 무슨 문제가 있었는지, 보다 바람직한 나아갈 방향은 무엇인지를 짚어보지 않을 수 없다.

주요국의 이해관계

먼저 주요국들이 한반도에 대해 어떤 이해관계를 갖고 있는지에서부터 출발해보자. 주요국들은 한반도에 대해 공통의 이해와 개별적 이해를 갖고 있다. 주요국들이 가지고 있는 공통의 이해에 비핵화가 있다. 주지하다시피 주변 주요국 중 미국, 중국, 러시아는 NPT 상 핵무기 국가이다. 이들은 모두 국제적 핵 비확산과 NPT 체제 수호에 강한 이해관계를 갖고 있다. NPT 상 핵무기 국가가 아닌 일본도 이 점에 있어서는 완전히 동일한 입장을 가지고 있다. 이처럼 비핵화 자체에는 주변 주요국 사이에 이견이 없다.

그러나 동시에 주요국들은 상이한 개별적 이해관계를 갖고 있다. 그것은 나라마다 갖고 있는 지정학적 이해이다. 예컨대 중국과 러시아는 자국과 국경을 접한 한반도의 안정을 고도로 중시한다. 한반도에서 불안정이 생기는 상황을 극도로 우려한다. 그래서 중국과 러시아는 한반도의 비핵화와 안정이라는 두 개의 목표를 동시에 추구한다.

그런데 현실에서는 이 두 목표가 상치될 수 있다. 즉 미국이 비핵화를 위해 필요하다고 여겨서 취하고자 하는 조치에 대해 중국과 러시아는 한반도의 안정을 저해한다고 간주할 수 있다는 말이다. 중국과 러시아는 자국 접경에서 불안정을 피해야 한다는 생각을 강하게 갖고 있기 때문에 그렇겠으나, 비핵화보다 안정을 위주로 정책 선택을 하는 경우가 빈번히 관찰된다.

여기에 덧붙여 주요국들 간의 양자 관계가 핵 문제에 영향을 줄 소지도 커지고 있다. 이들 사이의 양자 관계가 대립으로 갈 경우, 핵 문제 해결을 위한 협력 분위기가 손상될 수 있다는 뜻이다. 상호 간에 상대방의 정치·외교·군사적 움직임에 대한 견제 심리가 작동하는 상황 말이다. 예를 들면, 미·중 대립과 미·러 대립은 불가피하게도 한반도 비핵화를 위한 주요국 간 협력에 부정적인 영향을 미칠 가능성을 키운다.

그간의 경과, 협력 성과와 한계

이처럼 복합적인 주요국의 이해가 핵 문제에 투영되고 있다. 그 결과로 주요국들은 그간의 비핵화 협상 과정에서 일정한 협력 성과를 거양(擧揚)하면서도, 동시에 많은 한계를 보여주었다.

주요국들은 비핵화라는 궁극적 목표를 공유하면서, 대화를 고무하고 도발을 억지하며 상황의 악화를 막는 데에는 협력해 왔다. 그러나 구체적인 비핵화 방법론으로 들어가면, 각자의 개별적 이해에 따라 서로 다른 접근을 선호하였다. 이것이 그간의 경과에 대한 전반적인 관찰이다.

이러한 관찰은 현재 진행 중인 북·미 핵 협상에 대입해보더라도 크게 틀리지 않는다. 즉, 지금 우리는 2018년 이래 시작된 정상 차원의 비핵 평화 협상 과정을 목도하고 있다. 정상이 직접 나서서 협상하는 일은 북핵 협상 역사상 초유의 일이다. 이에 대해 주변 주요국 모두는 비핵화를 위한 고위급 협상에 큰 지지를 보내고 성원하였다. 이 과정이 시작되기까지 한국 정부가 많은 역할을 한 것은 주지의 사실인데, 주요국들은 한국 정부의 노력에 대해서도 긍정적으로 평가하였다.

그런데 정상 차원의 협상 진행 과정은 그리 순탄치 못했다. 몇 차례 난국이 있었고, 특히 하노이 미·북 정상회담이 성과를 내지 못한 이후에는 위태로운 국면이 도래하였다. 그때마다 주요국들은 상황의 악화를 막아야 한다는 데 목소리를 내었다. 주요국들의 역할 덕분에, 또 트럼프 미국 대통령과 김정은 위원장 간의 개인적 관계 덕분에 큰 위기는 면하고 대화 과정은 중단되었다가 이어졌다 하고 있다.

이처럼 비핵화라는 근본적 목표와 이를 위한 대화, 그리고 대화를 이어가기 위한 환경 조성이라는 측면에서 주요국들은 협조하고 있다. 그러나 협상의 세부 사항에 대한 주요국들의 견해는 크게 다르다. 예컨대 협상에서 추구할 비핵화의 개념에 대해 미국은 CVID 내지 FFVD를 제기하고 있다. CVID는 안보리 결의에도 반영되어 있고, 중국과 러시아는 그 안보리 결의문에 동의한 바 있다. 그러나 현재 시점에서 중국과 러시아가 CVID에 대해 어느 정도로 지지할 뜻을 갖고 있는지는 의문이다. 북한은 CVID 개념을 배격하고 있다.

한편, 비핵화에 접근하는 방법과 관련하여, 북한과 중국과 러시아는 단계적 접근을 선호한다. 미국은 과거의 단계적 접근이 완전한 비핵화에 신속히 도달하는 데 장애가 되었다는 인식을 갖고 있다. 이와 관련하여, 비핵화 과정을 쉬운 부분에서부터 점진적으로 접근할지, 아니면 신속히 핵미사일 프로그램의 주요 부분부터 우선적으로 폐기하는 프런트 로딩 방식을 택할지도 쟁점이다.

한국, 미국, 일본은 이번에는 정상이 직접 협상에 나섰으니 정상 간의 합의를 기초로 단기간에 중요한 비핵화부터 진전을 모색할 기회라고 생각한다. 북한은 작은 부분부터 점진적으로 단계적으로 접근하고자 한다. 중국과 러시아는 북한 입장에 동조적이다.

또 비핵화를 추동할 인센티브(incentive)와 디스인센티브(disincentive)에 대해서도 주요국 간의 견해차가 상당하다. 인센티브와 관련한 쟁점 중 하나는 비핵화와 신뢰 구축 및 관계 개선 간의 순서이다. 먼저 비핵화의 진전을 추구하면서 신뢰 구축과 관계 개선을 추진해 나갈 것인지, 아니면 신뢰 구축과 관계 개선을 추진하면서 비핵화를 지향할 것인지에 대한 이견이 있다. 전자는 미국의 입장이고, 후자는 북한의 입장이다. 북한은 이제는 미국이 신뢰 구축 조치를 취할 차례라고 생각한다. 미국은 북한이 비핵화의 의미 있는 행동에 나서야 신뢰 구축 조치가 따라갈 수 있다고 생각한다. 중국과 러시아는 북한의 입장에 가깝다.

디스인센티브 중 특히 제재에 대해서, 중국과 러시아는 과도한 제재가 불안정을 초래할 가능성을 우려하고 있다. 그래서 중국과 러시아는 상황에 따라 제재를 완화 내지 해제하여 비핵화를 진전시킬 분위기를 조성할 것을 주문하고 있다. 미국과 일본은 성급한 제재 완화가 비핵화 진전에 도움이 되지 않는다고 생각한다.

이처럼 주요국 간에 비핵화 방법론에 다양한 이견이 있으므로 국제적인 협력은 항상 여의치 않았다. 이러한 이견은 틈새를 제공하였다. 북한은 이 틈새를 이용하였다. 이것이 비핵화를 지연시키는 결과로 이어진 것이 사실이다.

바람직한 방향, 담대한 접근(Bold Approaches)

그렇다면 이러한 현실을 타개하고 주요국들이 지금보다 더 적극적으로 비핵화를 위해 협력하는 선순환의 시나리오를 생각할 수는 없는 것일까? 없지는 않을 것이다. 주요국들이 기존의 접근을 조금씩 조정하면 이러한 시나리오가 불가능한 것은 아니다.

한국은 문재인 정부 들어서 이미 기존의 접근 방식을 다소 조정하였다. 북한에 대해 유연하고 포용적 정책을 구사하고 있다. 한국은 여타 국들도 기존입장에서 보다 유연하기를 기대한다.

이와 관련하여, 첫째로 주요국 모두가 지정학적 이해보다는 비핵화와 비확산의 국제 명분을 우선시하는 정책을 지향할 것을 제기하고 싶다. 정책의 방점을 비핵화에 두고, 모든 정책 옵션을 선택할 때 비핵화를 중심으로 사고할 것을 주문하고자 한다.

즉, 정책의 지향점을 이 방향으로 둔다면, 주요국 모두는 완전한 비핵화라는 개념에 보다 충실하게 될 것이다. 신속하게 비핵화의 핵심 부분을 다룰 필요성에도 공감할 것이다. 비핵화 단계를 지나치게 세분화하고 시간을 오래 끄는 경우에 어디선가 분란이 생겨 협상이 좌초되기 쉽다는 인식을 공유하게 될 것이다. 이런 공감대를 기초로 모두가 명료한 목표를 향하여 가급적 단계를 단순화하여 과감하고 신속하게 비핵화로 나아가야 한다.

만일 주요국들이 현재의 지정학적 고려에 경도되어 비핵화 명분을 소홀히 하다 보면, 결국 비핵화 노력은 실패로 귀결될 수 있다. 그러면 동북아에는 더 엄중한 지정학적 구도가 생성될 수 있다. 현재의 지정학에 매몰된 결과로 미래의 악화된 지정학을 초래하는 것은 책임 있는 대응이라고 볼 수 없다.

물론 이러한 주문이 설득력을 가지려면 북한의 요구에 대해서도 과감하게 접근할 준비가 되어 있어야 할 것이다. 그러므로 둘째로는 북한이 요구하는 신뢰 구축, 관계 개선, 안전 보장 영역에서도 과감하고 신속하며 전향적인 방향으로 대처할 것을 주문하고 싶다. 이의 성사를 위해서 주요국들이 서로 협력해야 한다.

　북한 입장에서는 단기간에 신뢰가 구축되고 관계가 개선될 수 있는지에 의문을 가질 수 있을 것이다. 그렇다면 초기 단계에서부터 의미 있는 비핵화와 의미 있는 신뢰 구축 및 관계 개선 방안을 미국과 북한이 동시 행동형 로드맵으로 만들어 합의하고, 주요국들이 이것의 철저한 이행을 다자적으로 보장하는 방법도 있을 것이다.

　한편, 로드맵의 최종 단계에서는 완전한 비핵화와 이에 연동된 평화 체제와 안전 보장 조치는 물론 경제 협력 패키지도 고려될 것이다. 평화 체제와 안전 보장, 경제 협력은 주요국들이 협력함으로써 더욱더 완성도가 높아질 수 있다. 미국이 제공하는 평화 안전 보장보다 미국과 주요국들이 연대하여 담보하는 평화 안전 보장이 더욱 공고할 것이다. 한두 나라가 추진하는 경제 협력보다 다자가 함께 추진하는 협력이 더 효과적일 것이다.

　셋째, 주요국들은 악화된 양자 관계의 부정적 영향이 핵 문제에 미치지 않도록 적극 노력해야 한다. 상대에 대한 대결 의식의 발로로 핵 문제 해결을 위한 상대의 모든 움직임을 부정적으로 보는 우를 범하지 않아야 한다. 가급적 핵 문제는 협력해야 할 별개 사안으로 취급해야 한다. 국제 비확산 문제는 보다 높은 차원의 명분을 가진 사안임을 잊지 않아야 한다.

　만일 미국, 중국, 러시아가 미ㆍ중, 미ㆍ러 대립 구도에도 불구하고 핵 문제에 대해 적극 협력하면, 이것은 양자 관계와 핵 문제를 분리하여 비확산이라는 국제적 명분 아래 적극 협력하는 모범 사례가 된다. 이런 사례는 악화 일로에 있는 미 · 중, 미 · 러 관계에 변화의 가능성을 보여주는 작으나마 긍정적인 촉매가 될 수도 있을 것이다.

이처럼 주요 국가들은 비핵화와 신뢰 구축과 관계 개선, 평화 체제, 안전 보장, 경제 협력 분야에서 협력하고 기여할 수 있다. 주요국들이 협상의 초기 단계에서부터 협상의 최종 상태에 이르기까지 확고하고 일치되며 균형 잡힌 퍼스펙티브(perspective)를 지속적으로 보여줄 수 있다면, 그 반대의 경우보다 비핵 평화 협상이 선순환하는 데 큰 도움이 될 것이다.

이제 북핵 협상은 불투명해졌다. 만일 정상 차원에서 시작되었던 협상 과정이 결렬되면 앞일이 더 어려워질 것이다. 그러니 협상이 성과적으로 진행되도록 모두가 힘을 합쳐 여건을 조성할 필요가 크다. 선순환의 시나리오가 각별히 요망되는 때라고 하겠다.

맺는말

현재 진행 중인 정상 차원의 비핵 평화 협상의 종착점은 아직 불분명하다. 지금으로서 낙관은 이르다. 분명한 것은 정상 간 협상이 실패할 경우 그 후과가 클 것이라는 점이다. 그러니 이 협상이 좌초되지 않도록 모두가 협력해야 한다.

한국으로서도 북한의 핵과 미사일은 최대의 안보 이슈이므로 비핵화는 반드시 달성되어야 할 목표이다. 비핵화에 완전히 실패하여 북한의 핵 보유는 막을 수 없는 것으로 결론이 나는 일은 한국으로서 상상하고 싶지 않은 상황 전개이다.

주변 주요국으로서도 이러한 상황은 반드시 저지해야 할 일일 것이다. 북한의 핵 보유가 돌이킬 수 없는 일이 되면 동북아의 안보 구도는 지금과는 전적으로 달라지게 된다. 그렇게 되면 변화된 안보 구도 속에서 한국과 일본만이 비핵 국가로 남게 된다. 그때 한국과 일본은 자국 안보를 위해 지금으로선 상상할 수 없는 옵션까지 고려하지 않을 수 없는 상황으로 내몰릴 수 있다. 그런 상황은 주변 주요국에도 엄청난 부담이 될 것이다. 주요국들이 비핵화를 위해 지금부터 책임 있게 행동하고 서로 적극적으로 협력해야 할 이유이다.

제3장

4강 외교

트럼프 시대의
한 · 미 관계

트럼프의 등장과
박근혜 정부 말기
한국의 대처

트럼프가 미국의 대통령이 된 일은 그렇지 않아도 박근혜 정부 말기 혼돈 속에 있던 우리에게 또 하나의 어려운 과제로 다가왔다. 유례없는 논란 끝에 당선된 그의 특이한 스타일과 비전통적인 정책은 과거 조지 부시 대통령 때 보다 훨씬 큰 변화를 불러올 것으로 보인다. 우리의 비상한 대처가 요구된다.

그런데 지금 정부 쪽에서 나오는 대처는 자주 보던 여론용 대응이다. 고위 대표단을 꾸려 미국에 출장을 보내고 있다. 트럼프 인수위원회 인사들과 접촉을 하겠다는 것이다. 그러한 접촉이 불필요하다고까지 말하고 싶지는 않다. 그러나 미국 쪽이 정권 인수 단계에 있는 시점에서 이런 식의 접근이 소기의 성과를 거둘 것으로 보기는 어렵다.

미국에서 대통령직 인수위원회는 우리의 대통령직 인수위원회와 달리 조용히 집권 준비에 집중한다. 당면 현안에 대해 나서서 대응하는 일을 극도로 자제하며, 외국 대표단을 만나는 일에도 아주 신중하다. 당선자가 나온 이후에도 어디까지나 현직 대통령이 있기 때문에, 그의 권능을 침해하는 듯한 행동을 삼가는 것이 확립된 관행이다. 우리의 경우, 일단 당선자가 나오면 권력의 중심이 사실상 당선자 쪽으로 이동해버리고, 당선자가 모든 현안에 대해 입장을 개진하고 정국을 좌우한다. 현직 대통령은 이런 현실을 받아들인다. 그러나 미국에서는 그렇지 않다. 당선자가 그렇게 처신하면 여론의 강한 비판을 받게 된다.

더구나 트럼프 진영처럼 주요 인물들이 그간 잘 알려지지 않았던 면면들이고, 향후 주요 직책을 맡을 인물도 대부분 미정인 상태에서는 다짜고짜 인수위 인사를 접촉하는 것보다는 조금 다르게 접근하는 것이 나을 것으로 보인다. 조용한 실무적 접촉을 통하여 입장과 인물을 파악하고, 이것을 기초로 개략적인 전망을 그려본 후, 대응 방안을 정립하는 방식이다. 이 과정을 사이클처럼 반복적으로 돌리면서 보완해 나가면 그런대로 쓸모 있는 전체적 그림을 확보할 수 있을 것이다.

이와 관련하여 우선해야 할 일은 트럼프의 처지를 잘 헤아리는 것이다. 그는 아웃사이더로서 상궤를 벗어나는 언행과 공약으로 미국 사회에 극심한 분열을 야기하고 자당 지도부로부터도 배척을 받았으나, 결국 대선에서 승리하였다. 그러나 득표수에서는 뒤졌다.

경위가 이러하니 그의 앞길에 장애 요소가 엄존한다. 하나는 그의 치우친 정책을 계속 반대하는 민주당 지지 세력이다. 이들은 당장 반트럼프 시위에 나서고 있다. 둘째는 공화당 내 주류의 부정적 인식이다. 공화당 지도부 일각으로부터 견제가 예상된다. 마지막으로 미국을 움직이는 경제, 사회, 언론계 엘리트들의 반감이다.

이러한 정치 지형 속에서 트럼프는 편향된 공약을 추진해야 한다. 공약은 대부분 국내 문제로서 휘발성이 큰 의료보험, 이민, 감세, 환경, 인종 문제를 망라한다. 당연히 분란이 불가피할 것이다. 공약에서 후퇴하면 지지 기반에서 문제가 될 것이다. 그러므로 초기에는 국내 문제가 여타 문제를 압도할 것이다.

이런 사정은 또한 대외 문제에도 영향을 줄 것이다. 국내 분란 때문에 대외 정책 중 논란의 여지가 큰 사안을 강하게 밀고 갈 여력이 없을 가능성이 있다. 또 그간 내놓은 거친 대외 정책들은 공화당 주류의 견제를 받을 것이고, 여기에 관료의 조언이 가미될 것이므로 어느 정도 정제될 것이다.

이제 대외 정책 이슈에 대해 좀 더 구체적으로 전망해보자. 우선 그간 우려의 대상이었던 동맹 공약에 대한 소극적인 태도에 대해서는 의구심을 불식시키는 노력이 있을 것으로 예상된다. 이 부분에서는 공화당 주류의 조언이 반영될 것이다. 그러나 미국 국익을 우선하며 이를 위해 군사력을 강화하면서도, 개입은 축소한다는 트럼프의 철학은 대외 정책 전반에 투영될 것이다. 같은 맥락에서 민주·인권 등 미국적 가치를 적극 제기하지 않을 것이므로, 일부 권위주의 국가들과의 마찰은 줄어들 수 있다. 경제 분야에서는 보호주의를 지향하면서 논란이 커질 것이다.

큰 틀이 이렇게 돌아가면 미·중, 미·러 관계의 기본 환경은 전반적으로 그리 나쁘지 않을 수 있으나, 미·중 간에는 무역·환율·지적재산권·사이버 등 경제 이슈를 두고 마찰이 심화될 것이다. 최악인 미·러 관계에는 여전히 악재가 너무 많아서 두고 보아야 한다.

한반도에 미칠 영향을 보면, 미국과 중·러 간 관계가 개선된다면 북핵 문제에 대한 공조 여건은 나아질 수 있다. 그러나 북한 비핵화에 대한 중국의 책임은 계속 강조될 것이고, 북한에 대한 강한 압박과 함께 대화도 고려될 것이다.

다만 미국이 자국 우선주의에 따라 동북아 지역에서 역할과 개입을 줄이면, 그 공백을 중국이 메꿀 것이므로 역내 균형을 잡는 일이 우리의 어려운 과제가 될 것이다.

한·미 관계에서는 미국이 한국에 더 많은 방위비 분담을 하라고 압박을 가할 소지가 있다. 주한미군이나 사드에 대한 추가 논의도 배제할 수는 없다. 한·미 FTA는 재론될 것이다.

이러한 전망을 염두에 두고 우리의 대처 방향과 유의점을 제기하고 싶다.

첫째, 미국 내 정책 동향을 계속 파악해야 한다. 전례 없는 변화의 시기에는 면밀한 상황 인식과 냉철한 분석이 필수다. 이 과정에서 최적의 대응을 찾아야 한다. 경계해야 할 것은 아전인수식 보고와 분석이다. 언론용 대응이 정책을 대체하는 일도 경계해야 한다. 안이하고 상투적인 관료적 대응을 용인하기에는 상황이 엄중하기 때문이다.

둘째, 트럼프의 정책과 이에 대한 중국·러시아·북한의 반응을 보고 현실적이고 유연하게 우리의 대응책을 마련해야 한다. 그런데 그간의 우리 측 동향을 보면 기존 노선을 고수하려는 기류가 느껴진다. 대북 제재와 압박을 크게 강조하는 것이 한 예다. 이것은 야당의 대북 온건론과 대척점에 있는 박근혜 정부의 반론이라는 점에서 이해는 된다. 그러나 미국 내에 예측 불가한 트럼프 정부가 들어선 상황에서 우리가 지나치게 대북 강경책을 주장하는 것은 위험할 수 있다. 가변적 상황에는 유연한 대응이 필요하다.

셋째, 트럼프 행정부가 무역 정책을 보호주의 방향으로 몰고 가면, 미·중 무역 마찰이 격화될 것이므로 무역 의존도가 높은 한국에 큰 파장이 온다. 그러므로 우리로서는 통상과 외교를 통합하여 다룰 체제를 갖춰야 한다. 외교 따로, 통상 따로 갖고는 어렵다. 박근혜 정부는 출범 초기에 통상 업무를 외교부에서 떼어 냈다. 그 후 통상 이슈와 외교 이슈가 청와대 차원에서 조율되지도 않았다. 트럼프가 등장한 현시점에서 새로운 대비가 필요하다.

넷째, 트럼프가 처한 미국 내 장애 요소를 염두에 두고, 공화당·민주당·재계 등 다양한 세력을 대상으로 전 방위적인 대미 외교를 강화할 필요가 있다. 이 접근은 FTA나 무역, 안보 현안을 다룰 때 유용할 것이다.

트럼프의 등장은 동북아의 안보·경제 구도에 영향을 줄 큰 도전임에 틀림없다. 그런데 박근혜 정부 말기에, 국정은 표류하고 있다. 이 와중에서도 시류에 휩쓸리지 않고 중심을 잡아 국익을 지키려는 노력이 정부 내에 있기를 기대한다.

갖춰지는 트럼프 진용,
점증하는 우려

지난주 미국의 트럼프 대통령 당선인이 내놓은 새 정부 진용의 면면은 내외의 큰 쟁점거리가 되었다. 논란의 중심에 백악관 수석 전략가로 임명된 스티브 배넌(Stephen Bannon)이 있다. 그는 선거 과정에서 극우 성향의 '대안-우파'를 대변하고, 민족주의 시각과 종교 · 인종 · 성차별적 발언으로 비판받은 바 있는 인물이다. 물론 그는 자신이 세계화에 반대하는 경제 민족주의자로서 국익을 중시할 뿐이라고 해명하였다.

이어 검찰총장에 제프 세션스(Jeff Sesslons), 국가안보보좌관에 마이클 플린(Michael T. Flynn), CIA 국장에 폼페이오가 지명되자 논란은 증폭되었다. 세션스는 극우 성향의 인물로서 대테러전을 위해서는 감청, 물고문을 해도 무방하고 해외 감옥도 운영해야 한다는 입장을 취해 왔다.

이슬람과 불법 이민에 반대하는 강한 소신으로도 유명하다. 플린도 이슬람과 관련된 문제 발언을 한 적이 있고, 대테러전을 위해 러시아를 비롯한 누구와도 협력해야 한다는 생각을 피력해 왔다. 폼페이오 역시 대테러전을 중시하며 이슬람 테러리스트와 이란에 대한 강한 대응을 주장해온 인물이다. 모두 강성 우익으로서 충성도 높은 선거 유공자다. 대부분 공화당 주류는 아니다.

한편, 대통령 낭선인이 인선을 발표하는 방식도 관심을 끌었다. 그는 우익과 온건 인사를 섞어서 발표하거나, 우익 인선으로 초래된 반발을 온건 인사를 면접함으로써 중화시키려 하였다. 배넌 백악관 수석 전략가를 주류 온건파인 라인스 프리버스(Reince Priebus) 백악관 비서실장과 함께 발표하거나, 세션스 검찰총장, 플린 국가안보보좌관, 폼페이오 CIA 국장을 지명한 후, 온건파를 만나 국무장관과 국방장관직 임용을 타진하는 식이다. 이러한 균형 행보를 보면서 정작 그의 선호가 어느 쪽인지가 궁금해지는데, 아무래도 강성 우익 편에 있어 보인다.

인물 선택이 우익 쪽으로 기울어진다면, 그다음 관찰점은 백악관과 국무부 등 외교 관련 조직 중 어느 조직이 운영 과정에서 더 주도권을 갖느냐이다. 그런데 트럼프 대통령이 CEO 출신이고 선호하는 참모가 주변에 있으니, 백악관 주도가 될 공산이 크다. 조지 부시 대통령 때, 백악관에 포진한 네오콘에 포위되어 있던 파월 국무부와 유사할 수 있다.

트럼프 행정부 내의 동력이 이렇다면, 여기에 영향을 줄 정부 밖의 동력은 어떤지를 살펴볼 필요가 있다. 트럼프가 유례없는 분열과 반목 끝에 당선되었으므로 정부 밖의 역풍이 만만치 않을 것이기 때문이다. 야당과 공화당 온건파, 언론, 재계 등 주류 엘리트들이 견제할 것으로 보인다.

결국, 이러한 내외의 동력이 어우러져 대외 정책이 나올 터인데, 사안별 역학 관계가 크게 가변적이므로 전망은 이르다. 다만 분석 편의상 몇 가지 방향을 그려볼 수는 있겠다.

　우선 그동안 국제사회에서 앞장서 기여하면서 리드하던 미국이 자국 이익을 위주로 행보를 바꿀 경우, 부정적 측면이 우려된다. 미국이 자국 이익을 중시하여 대외 개입을 줄일 경우, 중국과 러시아가 그 틈을 비집고 들어와 영향력을 키우려고 할 것이므로, 인근 국가는 미국이라는 공공재가 적어진 상황에서 세력 변화에 적응해야 할 것이다.

　시리아 반군을 비롯한 중동의 친미 세력과 우크라이나 · 조지아 · 발트 3국 등 구소련권, 중 · 동부 유럽 등 러시아의 압력을 의식하던 나라들의 처지가 어려워질 수 있다. 특히 미국의 대테러전 양상이 달라지면서 중동의 세력 판도가 요동칠 수 있는데, 그 여파는 유럽과 러시아에 미칠 것이다. 미국과 유럽 간에 국제적 책임과 방위 분담을 둘러싸고 논란이 커질 수 있다. 전통적인 미국과 유럽 간의 대서양 동맹이 이완될 수 있다. 아시아에서는 미국과 중국 간 역학 구도가 바뀔 경우, 이에 적응하여 새 균형을 잡으려는 역내 국가들의 치열한 움직임이 예상된다. 미국은 무역, 이민 등에서 여타 국과 마찰하게 될 것이다.

　한반도 주변을 보면, 신행정부가 대테러전의 관점에서 중동 · 러시아 · 중국에 주의를 기울일 것이므로, 한반도는 그다음일 것이다. 일본과 한국은 미국의 아시아로의 피봇(pivot)이 동력을 잃은 후, 중국의 움직임을 주시하며 균형점을 고민하게 될 것이다. 아시아에서 트럼프 대통령의 우선적 관심은 통상 문제일 수 있다. 중국과의 무역, 환율, 지적재산권, 사이버를 둘러싼 논란에 주목해야 한다.

북핵 문제와 관련하여, 미국과 중국·러시아 사이의 공조는 개선될 수 있다. 미국은 대북 압박을 강화하고 중국의 더 큰 역할을 주문하면서 탐색적 대화를 할 가능성이 있다. 그러나 도발이 일정한 선을 넘었다고 볼 경우, 국익 차원에서 강한 대응을 할 소지도 있다. 대테러전에 강한 대처를 주창하는 인물들이 요직에 자리하고 있기 때문이다.

한국과 미국 양자 간에는 미국이 방위 책임을 한국에 더 지운다는 기본 접근하에 방위비 증액 문제를 제기할 수 있다. 한·미 FTA도 재론되겠으나 미·중 무역 마찰이 한국에 미칠 영향이 더 큰 문제일 것이다.

트럼프 행정부가 목전의 국익 위주로 한국을 대하게 되면 한국 내에서 반미 감정이 재연될 수도 있다. 이 부분은 한국의 대선 그리고 차기 정부와 맞물려 가변성이 있다.

이처럼 인물의 면면과 정책의 작동 환경을 기초로 밑그림을 그려보면 한·미 관계가 쉽지 않아 보인다. 그러나 그래도 우리가 상황을 헤쳐 나갈 수 있는 몇 가지 여지는 남아 있다.

우선 지금껏 나온 인선에는 아시아 배경을 가진 인물이 없다. 아시아 전문가는 앞으로 차(次) 하위급에 임명될 것이다. 한국과 관련된 아시아 지역 문제에 관하여는 차 하위급 인사들의 역할이 중요하다. 이들을 주목하고 활용하여 정책 입안 단계에서부터 적극 대처하면 도움이 된다. 아울러 정책에 영향을 줄 의회나 재계, 언론 등을 대상으로 전 방위 외교를 강화하여 대처하는 것도 좋은 방법이다. 트럼프 시기에는 이들의 목소리가 어느 때보다 상대적으로 클 것이기 때문이다.

트럼프의 등장은 많은 변화를 예고한다. 다가오는 상황은 우리에게 정확한 상황 판단과 실효적이고 적극적인 대처를 요구하고 있다.

문재인 – 트럼프
첫 정상회담의 성과와
새로운 과제

문재인 대통령과 트럼프 대통령 간의 첫 정상회담이 끝났다. 문 대통령이 취임 직후 미국을 방문하여 성사된 회담이다. 이번 정상회담 전에 한·미 간에는 사드 문제와 북핵 문제를 두고 시각차가 크게 노정되어 있으므로, 일각에서는 회담 성과를 우려하는 시각도 있었다. 그러나 회담은 그런대로 잘 마무리되었다.

우선 양 대통령 간의 개인적 교분이 수립된 데 큰 의의가 있다. 동맹 전반에 대해 공통의 인식이 재확인된 것이나, 북핵 문제에 대해 한국의 의사가 반영된 큰 틀의 접근 방향이 적시된 것도 주목할 만하다.

그러면 앞으로 동맹이나 북핵 이슈를 우리의 생각대로 추진해 나가도 되는 것일까? 그렇지는 않을 것이다. 정상회담에서 정해진 것은 큰 방향이므로 각론은 앞으로 논의해야 할 것이다. 악마는 역시 디테일에 있으므로, 향후 협의를 잘해 나가야 할 것이다. 그런데 정작 큰 문제는 당장 외교 환경을 전반적으로 어렵게 할 중국발 악재가 나올 소지가 엿보인다는 점이다.

사실 한·미 정상회담 언저리에서 나온 최대 뉴스는 미국의 대만 무기 판매와 중국 은행에 대한 제재 발표였다. 한국에서는 이 발표가 가볍게 인식되었다. 그러나 이것은 트럼프 행정부가 북핵 문제와 관련하여 중국의 호의를 더는 앉아서 바라고만 있지는 않을 것이며, 이제 직접 나서서 중국에 대한 압박을 시작할 것임을 알리는 분명한 신호였다. 트럼프 대통령이 마라라고 리조트(Mar-a-Lago Resorts)에서 열린 미·중 정상회담 이래 지녀왔던 중국에 대한 소망적 사고를 접었음을 말해준다.

이것이 한·미 정상 회동 직전에 나왔다. 더욱이 미국이 중국에게 가장 민감한 대만 카드를 북핵 관련 제재에 묶어서 일격을 가한 점이 눈에 띈다. 중국으로서는 이 신호를 중심으로 한·미 정상회담 결과를 포함한 여타 한반도 관련 사안을 해석하지 않을 수 없을 것이다.

싫든 좋든 이것이 우리 외교에 영향을 주는 매크로 환경이다. 우리가 아무리 현안들을 한·미 양자 차원으로 떼어 해석하려 해도 이미 한반도 문제와 관련된 국제적 큰 흐름은 상호 얽혀 있고, 우리는 엄연히 그 영향하에 있다.

그런데 정작 한·미 정상회담에서 중국이 자극적으로 받아들일 만한 몇 가지 추가 신호가 나왔다. 첫째가 사드 배치이다. 중국은 이제 사드 배치가 불가역적이 되었다고 여길 것이다. 둘째, '한·미·일 3국 안보 협력'이 공동성명에 강도 있게 부각되었다. 셋째, 공동성명에 '아·태 지역 내 규범에 기초한 질서유지를 위한 공조가 확인'되었다. 모두 다 중국이 평소 경계해 오던 사안이다. 특히 한국이 미국의 대중 정책의 주요 목표인 규범에 기초한 질서유지에 공조하겠다고 명시적으로 밝힌 것은 이번이 처음일 것이다. 결국, 중국은 이참에 미국과 한국으로부터 여러 개의 펀치를 맞은 것으로 인식할 것이다.

이 상황에서 조만간 G20을 계기로 한·중 정상회담과 한·미·일 3국 정상회담이 열린다. 미국은 한·미·일 정상회담을 통하여 한·미·일 3자 안보 협력, 대중 정책과 북핵 정책을 조율하려 할 것이다.

앞으로 미국과 중국 사이의 마찰이 커질 것이고, 중국의 미국과 한국에 대한 맞대응도 심상치 않을 것이다. 미·중 관계와 한·중 관계가 경색되면, 우리가 북핵이나 남·북 문제에서 운신할 여지가 줄어든다. 당연히 앞으로 한국과 미국의 실무진이 정상회담 후속 협의를 할 환경도 어려워진다.

여기에 더하여 고려해야 할 점은 북한이 미·중, 한·중 간의 마찰을 추가 도발의 기회로 이용할 개연성이 있다는 것이다. 어차피 북한은 핵미사일 실험이 일정표에 들어 있을 터라 최적의 타이밍만 노리고 있을 것이다. 이렇게 되면 한국이 새로운 대북 정책을 시도할 여건이 나빠질 것이라는 점은 더 말할 나위가 없다.

그러므로 한국의 사려 깊은 대처가 요구된다. 그런데 한국이 대처를 성안(成案)하는 과정에서 고려해야 할 또 다른 요소가 있다. 그것은 한국의 대외 정책에 영향을 미치는 국내적 동력이다. 한국 외교에 있어 결정적 요인인데도 곧잘 간과된다.

주지하다시피 지금의 정부는 탄핵 정국이라는 비상한 민의를 바탕으로 탄생하였기 때문에, 정부 내에 대내외 정책을 새롭게 추진하려는 강한 소명의식이 있다. 그래서 진보적인 대미, 대북 정책을 하자는 주문이 나오는 것이다. 한·미 정상회담 준비 과정에서 나타난 사드 배치 재검토와 같은 진보적 주문이 대표적 사례이다. 이에 대해 미국으로부터 부정적 반응이 나와

한·미 정상회담에 암운을 드리울 우려가 생기자, 정부는 이런 주장과 거리를 두면서 급히 논란의 소지를 줄이려는 노력을 한 바 있었다.

지금도 그런 국내적 동력은 상존한다. 더욱이 이번 한·미 정상회담이 잘 마무리되었으니, 이에 고무되어 더욱 독자적인 행보를 하자는 주장이 이어질 소지도 있다. 그러나 앞의 분석처럼 국제적 환경은 국내 정치적 동력에 따른 주문을 배수하기가 점점 어렵게 돌아가고 있다.

그러니 우리 앞의 과제는 새롭게 생성되는 국제적 환경 변화를 정교하게 모니터하면서, 국내 정치적 동력을 국제적 현실에 적용 가능하도록 여과하고 조정하여, 최적의 대응책을 마련하는 일일 것이다. 여과와 조정이 없으면 국내 포퓰리즘에 휘말려 불필요한 대외적 대가를 지불하게 된다.

한·미 정상회담은 우리에게 성과와 동시에 과제를 부여하였다. 돌이켜보면 이 회담은 난이도 높은 항로의 첫 여정이라고 할 수 있었다. 자축하기보다는 앞으로의 항로에 대한 대비에 더 유념하여야 한다.

북한의 도발이 초래한 유례없는 위기, 대미 외교를 생각한다

지금 우리 외교는 탈냉전 시기 최대의 위기에 놓여 있다. 북한의 핵미사일 위협은 사상 최고 수준이고 이제 미국 본토를 향하고 있다. 따라서 북·미 대결도 최고조이다. 군사적 충돌이 공공연히 거론된다. 남·북 관계는 최악이었던 지난 정부 수준에서 아직 나아진 것이 없다. 한·중 관계는 수교 이래 최저점이다. 한·러 관계도 지난 정부 이래 진전이 없다.

미·중, 미·러 관계가 최악이라는 점도 악재다. 미국과 중국, 러시아 사이에는 북핵 공조보다 상호 견제 심리가 앞선다.

이러한 현상의 이면에는 미국 본토 타격 능력을 과시함으로써 미국과의 담판에서 유리한 입지를 확보하려는 김정은 북한 국무위원장의 집요한 노력이 있고, 이에 대응하는 트럼프 미국 대통령의 예측 불가 행태가 있다. 결국, 북한과 미국의 상호 대응에 따라 엄중한 사태가 일어날 수 있다.

미국 본토가 북한의 타격권에 들게 되자, 미국은 크게 격앙된 가운데 이에 어떻게 대응할지를 두고 논란을 벌이고 있다. 트럼프 대통령이 보여준 그간의 대응은 다소 위태롭고 혼란스럽다. 그는 지금 국내 정치적으로 곤경에 처해 있어 불가측한 행동을 할 개연성이 크다.

우리로서는 북한의 핵미사일 능력을 억지하고 제재하는 일방, 상황을 선순환으로 바꾸려는 노력도 해야 할 것이다. 그러나 사태의 동력이 미국과 북한에 있으므로, 현재의 남·북 관계나 한·중 관계를 볼 때, 우리가 북한이나 중국과의 협의로 활로를 열기 어려운 사정이다. 그러니 일단 한·미 협의를 중심으로 일을 풀어갈 수밖에 없다. 현실이 이렇다. 더욱이 근래 미국 내에서 진행되는 관련 논의의 흐름을 보면, 우리가 대처를 잘해야 할 때라고 생각된다.

당장 경계할 일은 군사적 충돌이다. 미국과 북한 간에 오가는 언사는 이미 위험수위에 도달해 있다. 주목해야 할 점은 미국 내에서 북한에 대한 군사적 대응 논의가 지금처럼 활발한 때도, 이 정도의 공감을 얻은 적도 없었다는 것이다. 모두 미국 자신이 북한의 핵미사일 위협에 직면하고 있다는 인식 때문이다.

반면, 상황이 협상 국면으로 가더라도 유의할 점이 있다. 위기를 거쳐 북·미가 대좌한 후, 편의적인 타협을 할 수도 있기 때문이다. 선례가 있다. 30년여 북핵 역사에서 중대 국면은 1993년 북한의 NPT 탈퇴와 2006년 첫 핵실험이었는데, 그때마다 미국은 급격히 입장을 바꾸어 북한과 타협을 하였다. 1993년 6월 강석주 북한 외무성 부부장과 로버트 갈루치 미국 국무부 차관보가 작성한 합의문에서 미국은 북한의 NPT 탈퇴 임시 중단을 확보하는 대신 북한이 원하는 것을 거의 다 들어주었다. 그래서 북한은 그 합의문을 북·미 관계 40년 역사상 최고의 문서라고 불렀다. 2006년 북한이 첫 핵실험을 한 후에도, 미국은 북한의 BDA 자금 해제 요구를 들어주고 핵 활동 중단을 확보한 바 있다. 이제 우리는 북핵 위협하에 든 미국이 어떻게 할지 주의를 기울여야 한다.

미국이 지금의 위기를 거치며 동맹의 운용을 재고할 소지도 있다. 미국이 한국 방어를 위해 자국에 대한 위험을 무릅쓸지 여부를 재고할 수 있다. 북한의 전략이 이 부분을 겨냥하고 있으므로, 확장 억지·전략 자산 및 주한미군 운영과 유사시 전력 증원 등 주요 안보 사안이 영향을 받을 가능성에 유념해야 한다.

아울러 미국이 북핵 문제의 출로를 찾기 위해 중국과 한반도의 안보 구도를 변경하는 문제를 협의할 소지도 없지 않다. 이와 관련 미국 내에서 전에 없던 논의가 나오고 있다. 헨리 키신저(Henry A. Kissinger)가 제기한 미국과 중국 간 새로운 안보 구도 논의, 한반도의 영구 분단을 전제한 두 국가 해법 또는 한국 주도 통일 후 미군 철수 구상 등이 비근한 예이다. 우리의 운명에 관련되는 주요 문제가 아닐 수 없다.

결국, 이 모든 시나리오에 잘 대처하려면 미국과 신뢰에 기초한 공조를 잘해야 한다. 이를 통해 미국을 말리기도 하고, 미국의 힘을 빌리기도 해야 한다. 이런 현실주의 외에 더 나은 대안이 현재로선 없다.

그런 면에서 유의할 점이 있다. 첫째, 지금 미국은 북한으로부터의 직접적인 위협 앞에서 격앙되어 있기 때문에, 우리가 미국이 받는 위협에 무신경하거나, 북·미 사이에 양비론을 취하면 동맹으로서 신뢰의 문제가 생각보다 심각해질 수 있다. 이제 만일 북한이 미국을 공격한다면, 한·미 상호방위조약에 따라 우리의 대미 지원 의무가 발동될 수도 있으므로, 지금 우리가 취하는 자세는 미국 조야에 의해 평가되고 기억될 것이다. 자칫하면 미국 내에서 한국에 대한 방위 지원 의무를 재고하는 분위기를 조장거나, 한반도에서의 새로운 안보 구도 논의를 부추길 수 있다. 역사적으로 미국은 스스로에게 위기가 닥쳤다고 인식하면 과도하게 반응하였다. 미국 우선을 내세우는 트럼프 행정부에서 그 가능성은 더욱 커졌다.

그러니 미국이 처한 위협에 대해 공감하고, 동맹답게 처신할 용의를 견지하는 것이 좋다. 이것은 결정적 순간에 미국을 설득할 자산이 된다. 그런 후 조용한 외교로 미국의 절제된 대응을 주문하는 것이 현실적이다. 북한의 미사일이 ICBM인지, 아닌지에서부터 북한이 괌의 미군 기지를 겨냥한 미사일 실험을 한 데에 대한 평가와 대응 그리고 사드 배치 문제에 이르기까지, 이 점을 염두에 둘 필요가 있다.

둘째, 국내에 상존하는 진보적인 대북, 대미 정책 주문과 동력에 대해 잘 대처해야 한다. 정부로서 지지층의 주문과 대외 상황의 요구를 조화시키지 않을 수 없는데, 만일 양쪽 주문을 조율된 정책으로 녹여내지 않고 그때그때 편의적으로 수용하면 대미 정책에 부조화가 생기고 일체성이 손상될 수 있다. 조율된 정책을 마련해야 하고, 그 준거 또한 현실과 국익이어야 한다.

요컨대 우리 외교는 유례없이 어려운 여건 속에서 난제를 마주하고 있다. 성패의 상당 부분은 대미 외교에 달려 있다. 최선의 대처는 냉철한 현실주의에서 찾을 수 있다.

한 · 미 정상회담이 보여준
트럼프 요인의 명암

2019년 4월 11일 워싱턴에서 열린 한 · 미 정상회담은 우리로 하여금 트럼프 대통령의 불가측한 행보가 어떤 영향을 초래하는지에 대해 다시 한번 생각하지 않을 수 없게 하였다. 주지하다시피 이번 정상회담에서 한국 측이 의도한 바는 하노이 북 · 미 정상회담 이후 중단 위기에 놓인 비핵 평화 협상 과정을 복원시키고, 장래 협상에서 실질적 진전을 기할 단초를 찾으려는 것이었다.

그런데 언론의 단독 회담 모두 취재가 기자들과 트럼프 대통령 간의 질의 응답으로 이어지면서 정작 회담에서 다뤄져야 할 내용들이 공개 토론되어 버렸다. 이들 대부분은 한국 측이 미국 측에게 유연성을 주문하리라고 예상되던 주제였다. 예컨대, 기자들은 제재 해제에 대해 어떻게 생각하느냐고 물었고, 트럼프 대통령은 제재는 견지해야 한다고 하였다. 빅딜과 스몰딜에 대해 묻자, 빅딜을 추구하고 있다고 하였다. 3차 미·북 정상회담에 대해서는 서두르기보다 시간을 두고 준비해야 한다고 하였다.

이처럼 트럼프 대통령이 한국 측의 기대와 거리가 있는 입장을 스스럼없이 천명해버리자, 언론은 그 후 실제 회담에서 어떤 논의가 이루어졌을지와 무관하게, 회담에서 성과가 없었다고 단정하게 되었다.

물론, 회담을 하기도 전에 결과를 예단한 것은 성급한 언론의 문제일 뿐 실제 회담 내용은 달랐다고 말할 수 있다. 그러나 회담 직전에 공개리에 그런 언급을 한 트럼프 대통령이 과연 회담에서 다른 언급을 했겠느냐는 의구심이 들지 않을 수 없다. 자신이 조금 전에 해놓은 언급을 의식할 것이기 때문이다.

혹자는 트럼프 대통령이 한국 측 주문을 사전에 견제하려고 일부러 언론에 미리 부정적인 언급을 하였다고 해석하기도 한다. 그러나 그보다는 트럼프 대통령의 스타일이나 취향에 관련된 문제일 가능성이 더 높아 보인다. 왜냐하면 트럼프 대통령이 언론의 회담 모두 취재에서 질의응답을 벌인 일은 이번이 처음이 아니기 때문이다. 문재인 대통령이 취임 후 최초로 워싱턴을 방문하여 트럼프 대통령과 대좌하였을 때에도, 트럼프 대통령은 앉자마자 언론과 응대를 시작하여 30여 분 동안 계속 질의응답을 진행한 바 있다. 이 모두가 트럼프 대통령의 즉흥적인 스타일에서 나온 것일 것이다.

이런 식의 행동은 통상적인 외교 관행에 배치되는 일이다. 관행대로라면 회담에서 논의되는 주요 사안에 대한 언론 대응은 회담이 끝난 후에 한다. 그래야 회담 결과가 반영된 언급이 언론에 제공될 수 있다. 그것이 책임 있는 언론 대응이다. 만일 사전에 질의응답이 있더라도 답변은 '오늘 유익한 현안 논의로 양국 관계가 더욱 발전할 것으로 기대한다'라는 투의 간단하고 추상적인 내용을 중심으로 이루어지는 것이 상례다.

사리가 이렇고, 우리로서는 실제적으로 곤혹스러운 상황을 겪었으니, 앞으로는 이런 일이 반복되지 않도록 방도를 강구할 필요가 있다. 이것은 외교적으로 상식에 속하므로 진보·보수 정부에 따라 다르게 볼 문제도 아니다. 가령 우리 정상이 일본에 가서 정상회담을 하는데, 일본 총리가 회담도 시작하기 전 모두에 일본 언론의 질문을 받고, '위안부는 해결된 문제이고 징용은 한국이 보상해야 할 문제'라고 답변해버린다면, 누구도 그것을 온당하다고 할 수 없을 것이다.

그러니 앞으로 한·미 정상회담을 준비할 때에는 회담 전에 본질적 내용에 대한 질의응답이 없도록 사전 단속을 철저히 해야 한다. 모두 취재는 양 정상이 만나 상대방과 인사를 나누는 자리에 그쳐야 한다. 언론은 그 자리를 제3자로서 취재하고 촬영하는 일을 해야 한다. 물론 여기에서 언론을 상대로 간단한 인사말을 하지 말라는 법은 없으나, 그렇게 되면 질문이 나올 소지가 커지므로 언론을 상대로 한 인사말도 질의응답과 함께 회담 후로 돌리는 것이 낫다. 아무튼 적어도 회담의 본질적 내용을 사전에 질의응답하는 일은 막아야 한다. 이런 점을 한·미 간에 사전에 확실히 합의할 필요가 있다.

물론 실무선에서 이렇게 합의를 해놓아도 트럼프 대통령이 즉석에서 다르게 행동해버리면 뾰족한 방법은 없다. 그러나 그렇다 하더라도 트럼프 대통령의 외교·안보 참모에게 상식적이고 통상적인 외교 관행에 따르자고 단단히 일러 두어야 한다. 아울러 사전 질의응답의 결과로 한국이 입을 수 있는 정치적 외교적 타격이 있다는 점도 인식시켜야 한다. 그에 대한 우리의 분명한 반대 의사를 제기해 놓아야 한다. 그러면 트럼프 대통령의 자유분방한 행보를 어느 정도 억제하는 효과를 기대할 수 있을 것이다.

이처럼 이번 한·미 정상회담은 트럼프 대통령의 비전통적인 스타일과 즉흥적인 언행 때문에 실제 회담 내용과 무관하게 성과가 미진하다는 인상을 남겼다. 정부로서는 내심 불가측한 트럼프 대통령의 행동이 초래한 결과에 대해 야속한 생각이 없지 않을 것이다.

그러나 먹구름에도 밝은 가장자리가 있다는 영어 속담처럼, 트럼프 대통령이 부정적 결과를 야기하기는 했지만, 동시에 그가 내놓은 긍정적인 톤도 없지는 않았다. 예컨대, 북한과 계속 협상할 의지를 분명히 하고 3차 북·미 정상회담의 여지를 열어 둔 점이나, 김정은 위원장과의 개인적 관계를 강조한 점, 스몰딜을 배제하지는 않은 점 등은 협상 복원의 가능성을 엿볼 수 있게 하는 대목이었다. 이 과정에서 한국이 역할을 할 공간을 인정하고 있는 점도 눈에 띄었다.

아니나 다를까, 한·미 정상회담 직후 북한의 김정은 위원장은 최고인민회의 시정연설에서 싱가포르 이후 하노이에 이르기까지 미국이 보인 대처를 맹비난하면서도, 트럼프 대통령과의 개인적 관계를 거론하고, 연말까지는 협상을 지속하겠다고 하였다. 그러면서 김정은 위원장은 3차 북·미 정상회담에 대한 기대를 피력하였다.

과거 북한의 행동에 비추어 본다면, 싱가포르 이래 누적된 미·북 간의 이견과 하노이에서 노정된 상호 입장 차는 당연히 북한으로 하여금 협상 중단을 선언하게 할 정도의 상황이다. 김정은 위원장이 그나마 연말까지 협상 시한을 연장한 것은 트럼프 대통령에 대한 기대를 접지 않았기 때문이라고 보아야 한다. 만일 트럼프 대통령이라는 존재가 없었다면 미·북 협상은 중단되었을 것이다.

이러니 트럼프 대통령의 예측 불가한 행보가 야기하는 부담에도 불구하고, 지금의 국면에서 트럼프 대통령보다 더 중요한 협상 동력이 없다는 점을 인정하지 않을 수 없다.

이번 워싱턴 한·미 정상회담은 트럼프 대통령이 협상 과정의 위험 요인이면서 동시에 자산임을 여실히 드러내 보여주었다. 이번 일은 우리에게 위험 요인으로서의 트럼프는 잘 관리하고, 자산으로서의 트럼프는 적극 활용하여, 비핵 평화 과정을 바른 방향으로 끌고 가야 한다는 점을 새삼 각인시킨 계기였다.

미 · 중, 미 · 러
대립 구도 속
한국의 대처

미 · 중 전략 경쟁의
현재와 미래

현황

미국과 중국 간의 관계가 수교 이래 최악이다. 경제, 통상, 환율 분쟁에서부터 남중국해에 이르기까지 양국 관계는 전 방위적으로 경쟁과 대립 양상을 보여주고 있다.

사태가 지금에 이르게 된 배경에 근래 수십 년간 지속된 중국의 고속 성장이 있었다. 중국은 경제적으로 굴기하면서 정치 · 외교 · 군사적 영향력을 키워 왔다.

머지않은 장래에 중국의 경제력이 미국을 능가하리라는 전망이 나오는 가운데, 미국 내에서는 중국의 부상에 대한 대처 방안이 거론되었다. 직접적인 견제 방안부터, 중국과의 지속적인 협력 통해 중국의 행로를 바람직한 방향으로 견인하는 방안까지, 여러 갈래가 있었다. 그중에서 미국의 주류 담론이 된 방안은 관여(engagement)를 정책의 근간으로 하고, 부수적으로 견제를 구사하여, 중국으로 하여금 국제 규범과 질서를 존중하도록 유도한다는 것이었다.

반면 중국 내에는 미국이 어떤 정책을 쓴다고 하더라도 미국의 궁극적인 의도는 중국이 초강대국으로 부상하는 것을 막고 중국을 미국식 질서의 틀에 가두려는 것일 뿐이라는 의구심이 널리 퍼져 있었다. 계속되는 중국의 굴기는 중국 내의 의구심에 확신과 자신감을 불어넣었다. 이런 중국 내 분위기는 앞서 말한 미국의 중국 '관여'식 접근이 소기의 성과를 거두기 어렵다는 점을 시사하는 것이었다.

중국 내에는 현시점이 적극적인 대외 행보를 할 때인지, 아니면 아직은 신중한 대외 자세를 계속 유지할 때인지에 대한 논란이 있다. 그러나 기존 국제 규범은 미국과 서구가 자신의 이익에 맞도록 설정한 것이므로, 중국이 일정한 수준 이상으로 성장하면 이에 구애받을 필요가 없으며, 언젠가 중국식 새 질서를 제시해야 한다는 시각이 견고하게 자리 잡고 있었다.

그때가 올 때까지, 중국이 취할 접근은 우선 기존 국제 질서가 주는 편익은 누리되, 기존 국제 질서가 부과하는 의무는 회피하거나 적당히 위반하면서 중국의 이익을 극대화한다는 것이었다. 무역, 환율, 지적재산권 등의 분야에서 이러한 중국식 편의적 취사선택(Cherry picking)은 현저하였다.

이와 같이 중국이 국제 규범을 자국 이익을 위해 편의적으로 활용하는 일이 지속되자, 미국에서는 대중 강경론이 점차 설득력을 갖게 되었다. 특히 경제·통상 분야에서 중국이 국제 규범을 편의적으로 운영하는 데 대한 반감이 광범위하게 확산되었다. 급기야 오랫동안 미·중 '관여'의 주된 지지 세력이었던 미국의 비즈니스계마저도 점점 대중 강경 대응의 필요성을 인정할 정도가 되었다.

이처럼 처음에는 중국이 경제·통상 측면에서 국제 규범을 오·남용하는 문제가 큰 이슈였다. 물론 중국이 언젠가 축적된 경제적 힘을 외교나 군사 분야에도 투사하기 시작하리라는 점도 우려되어 온 것이 사실이다. 이미 중국이 암암리에 반접근, 지역 거부(Anti-Access, Area Denial) 군사 전략을 시행하고, 중·단거리 미사일 개발을 통해 미국의 역내 군사 활동을 견제하려고 한다는 것도 공공연한 비밀이었다. 중국이 남중국해에서 영토·영해 주장으로 미국을 비롯한 역내 국가들과 분쟁을 불사하는 것도 같은 맥락이었다. 중국의 부상이 군사·안보 영역의 적극적인 행동으로 이어질 소지가 드러난 대목이다.

그러다가 시진핑의 집권을 계기로 중국의 적극적인 대외 행보는 외교·군사를 포함한 전반적인 영역에 걸쳐 본격화하게 된다. 시진핑의 이러한 정책은 등소평이 제시한 도광양회(韜光養晦)식 접근과 궤를 달리하는 것이다. 시진핑의 정책 선회에 대해 중국 내에서는 신중하지 못하다는 견해도 없지 않았으나, 시진핑의 권력이 강화됨에 따라 이러한 시각은 점차 밀려났다.

시진핑은 우선 중국의 주변 지역에서부터 영향력을 확대하는 노력을 본격화하였다. 더 나아가 글로벌한 차원에서 중국식 협력 방안도 제시하였다. 일대일로(一帶一路, One belt One road) 정책이 그것이다.

시진핑의 중국이 이런 접근을 취하기 시작하자 미국 내 분위기는 더욱 경화되었다. 미국에서는 기존의 중국 정책을 재고해야 한다는 인식이 확산되었다. 그래서 미국은 아시아로의 피봇 정책, 환태평양 경제 동반자 협정(TPP) 결성을 통한 투명하고 개방적인 다자적 무역 질서 구축 정책을 구사하여 중국의 행보를 체크하려고 하였다.

그러다가 트럼프가 미국의 대통령에 당선되었다. 포퓰리스트인 트럼프 대통령이 중국의 이기적 경제·통상 행태를 간과할 리 없다. 트럼프 주변에 대중 강경파들이 포진하여 강한 대응을 제안하기 시작하였다.

트럼프는 먼저 경제·통상 영역에서 중국이 향유하고 있던 일방적인 이득 구조를 타파하려고 하였다. 또 '자유롭고 개방된 인도·태평양 전략'이라는 새로운 정책을 내놓고 일본, 호주, 인도와 협력을 모색하였다.

트럼프 행정부의 대중국 정책은 여러 면에서 미국의 전통적인 대중국 정책과는 크게 달랐다. 트럼프식 강경책은 '대중 관여를 근간으로 하면서 견제 부분을 강화하는 식'이 아니었다. 그와는 근본적으로 다른 전 방위 고강도 압박 위주 접근이었다. 그러나 그러한 강경 정책의 궁극적인 목표가 중국을 국제 규범으로 유도하려는 것인지, 우선 당장 중국의 경제적 양보를 끌어내려는 것인지도 불분명하였다. 또 이 일을 미국 혼자서 하겠다는 것인지, 우방국들과 함께하겠다는 것인지도 불확실해 보였다.

여기에는 트럼프의 개인적 관점과 특이한 스타일이 관련된 것으로 보였다. 트럼프는 미국 우선주의를 기치로 내걸고, 이를 달성하기 위한 방법으로 일방적 행동을 불사하였다. 국가 간의 관계를 상업적·사업적으로 다루었으며, 유사한 생각을 가진 나라와 함께 대처하는 접근은 경시되었다.

그러다 보니 중국과 대립각을 세우면서도 아시아·태평양 지역 국가들과 협력하여 대처하기보다 미국의 일방적 조치로 대처하려고 하였다. 단적인 예가 있다. 트럼프 행정부는 오바마 행정부가 중국식 질서에 대한 대처 방안으로 추진하였던 TPP 협상에서 탈퇴한 것이다.

어쨌든 우리는 이제 전면적인 미·중 무역 전쟁을 목도하게 되었다. 또 남중국해에서의 대결도 보고 있다. 아울러 중국의 일대일로와 미국의 '자유롭고 개방된 인도·태평양 전략'의 대치 상태를 보고 있다.

요컨대 중국 시진핑의 적극적인 대외 행보를 보노라면, 그 기저에 중국이 굴기하는 과정에서 오랫동안 지향해온 중국 주도 질서에 대한 열망이 깔려 있고, 여기에 덧붙여 시진핑의 다소 공세적인 정책 스타일이 가미되어 있다는 생각이 든다.

미국 트럼프 행정부의 대중국 정책에서 관찰되는 점도 유사하다. 지금 보는 미국의 전 방위적인 대중국 대결 성책의 기서에는 중국의 행태에 내한 미국인들의 누적된 부정적 인식과 대중적 대처 의지가 깔려 있다. 그리고 여기에 덧붙여 트럼프식 거친 스타일이 가미되어 있다.

한편, 미국과 중국 간 대립은 중국이 러시아와의 공조를 강화하도록 만들었다. 러시아도 우크라이나 사태 이래 미국과의 관계가 최악이므로 중국에 접근할 절실한 필요를 느끼고 있었다. 결과적으로 중국과 러시아는 유례없는 공조를 과시하고 있다.

결론적으로 전반적인 미·중 전략적 경쟁과 대결은 1972년 미·중 공동성명 이래 가장 심각한 수준이며, 동북아의 세력 구도를 크게 변화시킬 기제가 되고 있다.

전망

미·중 전략 경쟁의 향배를 전망하기는 쉽지 않다. 가용한 근거를 가지고 대체적인 추론을 할 수 있을 뿐이다. 우선 미국과 중국 내의 주류적 논의의 흐름과 정치적 리더십의 스타일을 분리해서 볼 필요가 있다. 그래야 계속될 정책의 흐름과 이에 덧붙여질 추가적 변수의 영향을 변별해낼 수 있다.

먼저 미국과 중국 내에서 생성되어 온 주류적 담론의 추이를 감안할 때,

중·장기적 관점에서 미·중 경쟁 구도는 지속될 것이라고 보는 것이 합리적이다. 경제·통상 영역에서의 대립이나, 외교·군사 영역에서의 경쟁과 밀어내기도 지속될 것으로 보는 것이 타당하다. 단지 트럼프와 시진핑 이후에는 대립과 경쟁의 양태가 달라질 수도 있다. 앞으로 들어설 지도자의 스타일에 따라 대립이 지금처럼 격한 양태는 아닐 수 있다.

그러면, 단기적으로 트럼프와 시진핑 체제하에서는 어떻게 되겠는가? 경제·통상 분야에서 양측은 일정한 양해에 도달할 것으로 전망된다. 물론 해결은 아니다. 봉합되는 수준일 것이다. 중국이 해온 자국 중심의 편의주의적인 국제 규범 오·남용 행위는 일단 견제를 받을 것이다. 그러나 중국은 다른 방식으로 유사한 접근을 계속할 것이다. 문제가 재연될 소지는 여전히 남을 것이다.

그런데 트럼프가 채용한 대중 압박 전략은 미국 조야에 하나의 금기를 타파한 효과가 있었다. 트럼프가 과거 미국이 사용하기를 주저하던 제재 압박 카드를 거침없이 사용하였기 때문에 향후 무역 분쟁이 재연될 경우, 트럼프식 접근은 어렵지 않게 미국의 정책 수단으로 다시 사용될 수 있다. 문제는 그때 중국의 맷집과 반격 역량이 지금과 얼마나 차이가 있을지다.

외교·군사 영역에서 중국의 적극적인 행보도 지속될 것이다. 무역 전쟁이 봉합되더라도 중국이 그동안 해오던 미국 세력 밀어내기 시도를 멈출 것으로 여겨지는 기미는 없다. 그러므로 이에 대한 미국의 견제 노력도 지속될 것이다.

그러나 트럼프가 이 문제에 대해 얼마나 강한 의지를 가지고 있는가는 불확실하다. 트럼프는 미·중 무역 전쟁에서는 집요한 모습을 보였으나, 외교·군사 분야에서도 그러한지는 불분명하다. 트럼프는 전통적으로 미국이 큰 비용을 들여가며 세계 여러 지역에서 평화와 안보, 질서유지를 위해 해왔던 공공재 역할에 대해 냉소적이다. 물론 트럼프의 시각에도 불구하고, 미국 국무부와 국방부 등 관련 기관은 중국의 외교·군사 움직임을 체크하는 정책을 지속하려 할 것이다.

인도·태평양 전략을 두고도 미국 내 외교·안보 주류 세력의 관점과 트럼프의 인식은 유사한 차이를 보일 개연성이 있다. 그러나 역시 그래도 인도·태평양 전략 내지 이와 비슷한 정책은 지속될 것이다. 다만 트럼프 이후에는 미국이 보다 전통적인 정책으로 돌아가 동맹을 비롯한 아·태 국가와 연대하여 중국의 부상에 대처하려고 할 수 있다. TPP와 거리를 두는 미국의 입장도 바뀔 수 있다.

한편, 미·중 전략적 경쟁을 새로운 차원으로 심화시킬 수 있는 또 다른 소재가 있다. 그것은 자유, 민주, 인권, 법치 등 가치의 문제이다. 구체적으로 이 이슈는 대만, 홍콩, 티베트, 신장 등을 두고 제기될 수 있다. 이제껏 미국은 이 이슈에 대해 일정한 절제를 보여 왔다. 그러나 중국이 계속 굴기하고 미·중 전략적 경쟁이 지속되는 가운데, 장래 어느 단계에서 중국이 홍콩이나 대만 문제에서 무리한 대응을 하면, 미국의 접근이 변화할 수 있다.

이런 점에서 공세적인 대외 행보를 해온 시진핑이 작금의 홍콩 사태나 향후 대만의 향배에 대해 어떻게 대응할지가 큰 관심이 아닐 수 없다.

미·중 간의 대결과 경쟁이 이 영역으로까지 비화하면 논란은 더욱 첨예화할 것이다. 미·중 대결은 또 하나의 전기를 맞을 것이다.

우리에게 주는 함의

이처럼 중국은 부상하는 역량을 바탕으로 자국 주변에서 미국의 세력을 밀어내고, 중국식 질서를 부여하려는 노력을 지속할 것이다. 그리고 이러한 중국의 노력에 있어서 한반도는 주요 대상이 될 것이다. 중국은 자국의 정치·외교 심장부인 수도권에 인접한 한반도를 고도로 중시하지 않을 수 없다. 더구나 한반도의 남쪽에 미국이 한국의 동맹국으로 군대를 주둔시키고 있는 상황을 중시하지 않을 수 없을 것이다. 이 상황에 변화를 주고자 할 것이다. 그러므로 중국은 어떻게든 한국을 미국으로부터 이완시키거나 최대한 중화시키고자 할 것이다. 근래 중국과 러시아가 합동으로 폭격기를 한국의 방공 정보 구역에 진입시킨 사례는 이러한 중국의 노력의 일단을 보여주는 사례이다.

미국은 이러한 중국의 움직임에 적극 대처하고자 한다. 이런 사정은 우리가 상당 기간 고강도의 미·중 경쟁 속에서 살아가야 한다는 것을 말해준다. 또 이러한 여건은 한국처럼 미국의 동맹이면서 중국·러시아와 인접해 있고, 중국에 심한 경제 의존도를 가진 나라에게 심각한 도전이 아닐 수 없다.

이미 화웨이 문제·사드 문제·미국과 러시아 간 INF 파기에 따른 중거리 미사일 신규 배치 문제·남중국해 자유 항행 문제 등 작은 현안으로부터, 중국의 일대일로와 미국의 인도·태평양 정책에 대한 대처에 이르기까지, 어려운 선택이 우리 앞에 있다.

한편, 한·미 동맹에도 새로운 도전이 다가오고 있다. 전과 달리 한·미 동맹의 주요 요소인 군사·안보 협력이 북한과의 비핵 평화 협상에서 거래 항목이 되고 있기 때문이다. 즉 군사훈련, 주한미군 및 전략 자산 운용 등 안보 이슈가 협상의 소재가 되었다.

그런데 트럼프는 동맹에 대한 배려에 박하고, 동맹을 상업적 관점으로 대한다. 예컨대 연합훈련에 대한 부정적 시각, 군사훈련 및 전략 자산 전개 비용 등을 포함한 방위비 증액 요구 등이 그 예이다. 한국으로서는 특이한 행태의 트럼프와 함께 동맹을 관리해야 하는 난제를 안게 되었다. 한 · 미 동맹도 유례없는 시험대에 올랐다고 보아야 한다.

한편, 미 · 중 대립은 한반도의 비핵 평화 협상에도 영향을 미치고 있다. 도발과 협상을 오가며 악화되어 온 북핵 문제는 2018년부터 정상이 직접 협상에 나서게 되었으므로, 새로운 국면에 들어섰다. 협상은 주로 미국과 북한이 하고 있으나, 국제 비확산 문제라고 할 수 있는 북핵 문제의 특성과 한반도의 지정학적 여건상 중국 · 러시아 등 주변 주요국의 협조 없이 문제 해결을 기하기는 어려운 것이 현실이다.

지난 2년 동안 정상 차원의 협상은 화려한 이벤트를 보였으나, 내용 면에서 진전은 별로 없었다. 미 · 북 양측은 비핵화의 개념, 접근 방법, 우선순위를 두고 대립해 왔다. 이제 중단되었던 북 · 미 실무 협상이 재개될 것이나 쉽지 않을 전망이다.

이처럼 교착상태의 직접적 원인은 북 · 미 간의 입장 차이에 있지만, 중 · 러 등 주요국 간의 공조가 부족한 점 또한 부정적인 요인이 되고 있다.

중국과 러시아는 비핵화 목표에 공감하면서도 지정학적인 이해관계에 따라 북한을 유용한 완충 지역이라고 인식해 북한에 대한 지나친 압박을 경계해 왔다. 그래서 중국과 러시아는 북한의 도발을 만류하는 한편, 한국 · 미국 · 일본의 군사적 억지 노력도 비판한다. 안보리 제재 이행을 표명하지만, 실제 이행에 적극적인지는 의문이다. 중국과 러시아는 이제 제재 완화를 고려해야 한다고 주장한다.

그러한 관점을 가진 중국과 러시아는 미국과의 대립이 심화되자, 북핵 문제를 종래보다 더욱 지정학적 이해관계와 대미 견제 심리를 중심으로 보고 있다. 북한은 이 틈새를 십분 활용하고 있다. 결과적으로 미·중 대립은 비핵 평화 협상에 도움이 안 되는 환경을 조성하고 있다.

한국 외교의 길

이러한 현실은 한국 외교의 운신 공간을 좁힐 수 있다. 한국으로서는 이 구도 속에서 헤쳐 나갈 길을 찾아야 한다.

역사적으로 우리 주변 주요국 간의 대립은 한반도에 심대한 영향을 미쳤다. 가까운 과거에는 그것이 미·소 냉전이었다. 한국 현대사의 주요 고비를 냉전과 떼어서 해석할 수 없다.

이제는 우리 주변의 압도적 구도가 미·중 대결과 경쟁이다. 이 추이에 따라 동북아 세력의 판도가 바뀔 것이다. 냉전 시기와 마찬가지로 이것은 향후 우리 역사에 막대한 영향을 미칠 것이다. 우리의 대응이 지극히 중요한 시점이다.

역사적 경험과 전망이 이러함에도 불구하고, 한국 내에는 주요국 간의 대립 구도 속에서 적극적으로 대응 방향을 모색해야 한다는 인식이 적다. 한국은 미국과 중국 사이의 대결이 초래할 동북아 차원의 역학 구도 변화 문제에는 회피적으로 대하면서, 한반도 평화 정착에 집중하고 있다. 한반도 평화 구도는 동북아 지역 전반의 세력 구도 변화에 크게 영향을 받는다. 그러므로 동북아의 매크로 환경 변화에 대한 적극적인 대처 없이 한반도의 평화 정착에 몰입하다가는, 자칫 일이 어긋날 수 있다. 강대국 간의 대립 역학과 북한의 계략을 잘 감안하면서, 한반도 평화를 추구해야 할 이유이다.

예컨대 평화 체제에 관해, 종래에 한국과 미국은 비핵화의 진전이 추동력을 얻으면 평화 체제 문제를 논의한다는 입장을 취해 왔다. 중국과 러시아는 병행 논의를 주창해 왔다. 이제는 한국이 병행 논의에 동의하고 있고, 트럼프도 이에 긍정적으로 반응하고 있다. 그런데 만일 북한이 병행 논의에 응하면서, 평화 체제에 진전이 없으면 비핵화를 진전시킬 수 없다는 식의 물귀신 작전을 구사하면, 비핵화 논의는 평화 체제 논의와 맞물려 교착상태로 들어갈 수 있다. 한반도의 안보 구도가 바뀌어야 핵을 내려놓을 수 있다는 북한의 논리가 힘을 얻을 수 있다. 여기에 미국 · 중국 · 러시아 간의 대립이 투영되면, 한반도 안보 구도가 어떻게 변화할지 알 수 없다.

더욱이 북 · 미 비핵 평화 협상에서 미국 우선, 동맹 경시의 시각을 가진 예측 불가의 트럼프가 우리를 대변하는 형편이다. 비핵 평화 협상의 최종 귀결점에 관심을 갖지 않을 수 없는 이유이다.

그러므로 이제라도 미국과 중국, 러시아가 전개하고 있는 역학 구도 속에서 한국 외교가 설 좌표와 나아갈 방향을 정립해야 한다. 그러고 나서 한반도에서의 새로운 안보 구도를 만들어 내는 작업에 나서는 것이 낫다.

그러면 좌표와 방향을 고심할 때 무엇을 주로 고려해야 할까? 중국의 부상은 불가피하게 우리에게 자주와 주권의 문제를 던진다. 강력한 중국이 우리의 자주권을 제약한 역사가 있기 때문이다. 이것이 우리가 감안해야 하는 역사적 경험이고 중시해야 할 가치이다. 그러니 동맹을 기반으로 균형을 잡는 것이 출발점이다. 그 기초 위에서 중국과 선린 우호 관계를 도모하는 방향으로 스탠스를 잡아야 한다.

맺는말

동북아 정세는 탈냉전을 거쳐 신냉전의 조짐을 보이고 있으며, 거대한 세력

재편의 와중에 있다. 우리로서는 이 속에서 새로운 균형점을 찾는 일이 피할 수 없는 과제가 되고 있다. 6 · 25 이래 최대 도전이라고 할 수 있다.

우리가 이 도전에 잘못 대응하면, 우리는 또다시 강대국 간 역학에 우리의 운명을 맡기는 처지에 놓일 수 있다. 비핵 평화 목표를 제대로 추진하기도 어렵게 된다. 그러므로 이에 대한 대처 여하가 우리의 미래를 규정한다고 해도 과언이 아니다. 그런 점에서 지금 우리는 역사적 시기를 지나가고 있다.

사드,
중국과 러시아의 반발에
어찌해야 하나

결국, 주한미군의 사드 배치가 결정되었다. 중국과 러시아는 반발하고 있고, 그 후과를 놓고 국론이 분열되니, 상황에 따라 우리 외교가 더 큰 어려움에 처할 판이다.

중국과 러시아의 대응 앞에 선 우리 외교를 보면서 사드 배치에 대한 찬반을 떠나서, 그간 사안을 다루어 온 방식을 한탄하지 않을 수 없다. 그동안 우리가 해온 대응 방식이 중국과 러시아의 반발을 키웠다고 보기 때문이다.

북한의 점증하는 미사일 위협에 비해 우리의 대처가 부족하다는 것은 해묵은 현실이다. 이럴 때 정상적인 대응이라면 취약한 안보를 어찌할지, 새 방어 체계를 구매해야 할지, 자체 방어 체계를 개발한다면 그때까지 공백은 어떻게 메울지, 개발이 지연되면 보완책은 있는지 대책을 세우고, 국민 여론을 모으며, 필요한 대외 설득 외교를 하는 것이리라. 그런데 그렇게 되지 않왔다.

처음부터 일이 이상하게 흘러갔다. 10여 년 전 이 문제가 대두되자, 논쟁은 한국의 안보가 아니라 미국의 미사일 방어(MD)에 참여하느냐 아니냐를 중심으로 벌어졌다. 사드가 북한의 미사일 위협으로부터 한국을 지키는 데 필요한지 여부가 아니라, 미국의 MD 전략에 가담하느냐가 주 쟁점처럼 된 것이다. 친미적인 보수 진영과 미국과 거리를 두려는 진보 진영 간에 논쟁이 붙었다. 문제가 보수와 진보 세력 간의 정치 쟁점이 되자, 집권 정치 엘리트·군·관료 모두 몸을 사리고 심도 있는 논의를 꺼리게 되었다. 자칫하면 보수·진보 간 정치적 논쟁에 휘말려 피해를 볼 것을 두려워했기 때문이다. 그러다 보니 정부 차원의 대응이 회피적으로 나갔다. 북한의 다양한 미사일에 대한 대응에 있어, 기존의 패트리어트 등 하층 방어만으로 부족한 줄 알면서도 성공 여부가 불투명한 한국형 방어 체계 개발 계획만 내놓고 당장의 위협을 덮어두려 하였다.

그러자 주한미군이 우리 군에 문제를 제기하였다. 미군의 문제 제기는 한국이 중층 방어망을 갖추는 문제, 미군이 갖추는 문제를 포함하였을 것이다. 우리 군은 내심 중층 방어 필요성에는 공감하나, 정치적 민감성 때문에 주저하였다. 한국 측이 사드 도입에 소극적이자, 보다 못한 미군이 자체적으로 1기라도 배치하려고 하였다. 커티스 스캐퍼로티(Curtis Scaparrotti) 사령관이 2014년에 미군의 사드 배치를 공개 언급하기까지의 배경이 이렇다.

그의 발언으로 논란이 일자, 우리 측은 사안을 덮는 데 주력하였다. 스캐퍼로티는 한국과 공식 협의를 하지는 않았으나, 군사적으로 사드 배치가 필요하므로 본국에 건의하였다고 하였는데, 우리 측은 공식 협의를 하지 않았다는 말의 꼬리를 잡아 협의한 바 없다고 잡아뗐었다. 그리고 우리 측은 공식 협의가 없었다는 말꼬리에서 출발하여, 미국 측 요청이 없었으니 협의가 없었으며 그래서 결정도 없었다는 해괴한 3 No 논리를 만들어 내었다(이것은 나중에 나온 3 No와는 또 다른 초기의 3 No였다). 이 논리가 사드에 대한 한국의 입장이 되어 수년간 사용되었다. 중층적 방어의 필요성은 해괴한 구호 속에 묻혀버렸다.

스캐퍼로티가 한 말의 행간의 의미는, 비공식 협의가 있었으며 거기에 주한미군이 사드를 배치하는 데 대한 한국 측의 공감이 있어서, 본국 정부에 배치를 건의하였다는 것일 터이다. 유사시 한국 내 미군 기지를 방어하는 일은 미국 본토로부터의 증원군 전개에 긴요하다. 우리 안보에 부합한다. 그러므로 주한미군 측 장성과 우리 군 장성이 이에 공감하였다 해도 잘못된 일은 아니다. 문제는 한·미 연합 전력 보호에 긴요한 일을 왜 한국 측이, 그것도 한국군이 회피적으로 다루느냐이고, 더 큰 문제는 그런 태도가 장기간 용인되는 정부와 정치권의 분위기이다.

3 No는 모두에게 편한 은신처가 되었다. 또 정작 해야 할 국민적 논의와 중국과 러시아에 대한 설득 외교를 안 해도 되는 좋은 구실이 되었다.

우리가 중층 방어를 우리의 중대한 안보 이슈로 삼고, 이를 위해 한국이 사드를 구매하여 배치하고자 주도적으로 국민적 논의를 전개하며 미국·중국·러시아와 협의해 왔다면, 중국과 러시아는 이 문제를 한국의 안보 이슈로 간주했을 것이다.

그러나 우리가 수년간 이를 미국의 군사 이슈인 것처럼 대하면서 3 No로 대처하자, 중국과 러시아는 이것이 한국의 안보와는 관련이 없다는 생각을 굳히게 된다. 중국과 러시아는 사드가 미국의 전략 사업이고, 한국은 미국의 압력 때문에 고민하는 것으로 인식한 것이다. 그리고 언젠가는 한국이 미국에게 이를 허용할 것으로 의심하였다. 그래서 한국을 표적으로 하여 미국의 사드 배치를 허용하지 말라고 압박하였다. 한국이 자주 독립국가로서 현명하게 판단해야 한다고 을러메었다. 미국의 놀음에 놀아나지 말라는 것이다. 미국이 중국과 러시아의 전략적 역량을 손상시키기 위해 추진하는 것이 사드이니, 한국은 여기에 편들지 말라는 것이다. 이처럼 중국과 러시아는 이 일을 미국과의 게임으로 생각했다.

이제 중국과 러시아가 의심했던 대로 한국이 미군의 사드 배치를 허용하자, 중국과 러시아는 미국 편을 든 한국이 후과를 지는 게 마땅하다고 나오는 것이다. 미군 기지와 인근 광역에 대한 중층 방어는 유사시 우리에게 중요한 안보적 이해인데 어쩌다 일이 이렇게 되었는가? 모두 우리가 우리 안보를 남 일 보듯 다루어 온 데 따른 업보이다.

그러면 우리는 왜 그렇게 대응하게 되었을까? 한국 사회 특유의 외교·안보 담론 구조 때문이다. 정파와 이념에 따라 분열되고 뒤틀린 담론이 소용돌이치면, 정치권력은 포퓰리즘을 의식하여 회피적으로 대하고 관료들은 권력의 눈치를 보며 몸을 사린다. 모두 민감한 사안을 피하면서 홍보성 구호나 언론 플레이로 상황을 호도하려는 유혹에 빠진다. 회피가 행동 지침이 되며, 언론이 모르는 한 국익이 손상되어도 그만이라는 방관적 태도가 횡행하게 되는 것이다.

그러면 이제 어떻게 해야 하나. 아쉽게도 중국과 러시아발 후과는 불가피해 보인다. 그러나 그렇더라도 문제를 풀어가고 타격을 완화하려면, 우선 정부가 이 문제는 한국의 안보 이해임을 확실히 하고 적극 행동하는 방향으로 선회해야 한다. 3 No 식 사고와는 절연해야 한다. 또 관료적 소극주의를 타기해야 한다. 행여 사드가 미군 무기라는 이유로 중국과 러시아에 대한 설득을 미국에 맡기고, 뒤에 물러나 있어도 안 된다. 한국이 나서서 적극 대응하고 대화하며 설득해야 한다.

우리가 새로운 관점에 확고히 서 있어야 중국과 러시아의 무리한 주장에 대해서 명료한 입장을 세울 수 있다. 예컨대 중국은 자국의 안보를 명분으로 타국의 안보를 희생시키면 안 된다고 주장한다. 미국을 겨냥한 말일 것이다. 우리는 그 말 그대로를 중국에 돌려줄 수 있다. 중국과 러시아는 사드 레이더가 자기 나라를 들여다볼 수 있으므로, 역내 전략적 균형에 손상이 생긴다고 주장한다. 이런 논리라면 중국과 러시아는 자국에 약간 있을지도 모르는, 상당수 군사 전문가는 인정하지 않는, 전략적 균형에 미칠 영향 때문에 북한의 위협적인 미사일에 충분한 대비 없이 노출된 한국에게 사활적 안보를 희생시키라고 하는 셈이다.

러시아는 유럽에서 미국의 MD 구축에 협조한 루마니아·폴란드에 대해 러시아가 가한 보복 조치를 들먹이면서 한국을 을러메고 있다. 도대체 루마니아·폴란드와 한국이 같은가? 그 나라들에 핵·미사일 위협을 가하는 북루마니아나 북폴란드라도 있다는 말인가?

러시아는 2012년 우리가 미국과 협의하여 미사일 사거리를 약간 연장하였을 때, 놀랍게도 비판 논평을 냈다. 우리의 미사일 사거리가 북한의 후방 지역에 못 미치기 때문에 연장한 것이고, 그래 봤자 북한이 보유한 미사일 사거리보다 짧은데도, 러시아는 이것이 지역 안정에 해롭다고 주장하였다. 러시아는 한국의 안보 이해를 보지 않고 그 뒤에 있는 미국의 의도를 의심하여 부정적 태도를 보였다. 이처럼 강대국은 강대국끼리의 역학을 위주로 상황을 보려는 경향이 크다. 하지만 우리는 그때도 제대로 대응하지 않아 러시아의 편견을 강화시켰다. 회피는 스스로의 입지를 좁힌다.

둘째, 사드에 찬성하든 반대하든 우리 사회 전반의 담론도 현존하는 북한의 미사일 위협에 대한 대처를 함께 고심하는 데에서 시작되어야 한다. 보수, 진보, 친미, 친중이 출발점이어서는 안 된다. 안보적 논점보다 중국과 러시아의 보복 우려를 앞세우는 논의도 본말도치(本末倒置)이다. 그러면 중국과 러시아는 한국의 국론 분열을 겨냥해 압박을 계속하게 된다. 정치권, 언론, 시민사회 단체가 이 점에 유의하였으면 한다.

셋째, 이번 일을 계기로 우리 모두가 우리 외교를 정치적 포퓰리즘과 관료적 회피주의의 함정에서 구해 내는 일을 고민해야 한다. 돌이켜 보면 난제가 다가오면 홍보성 구호를 내놓고 정작 해야 할 일을 피하는 것이 관행이었다. 우루과이라운드 무역 협상 때, 쌀 시장 개방 불가 구호만 되뇌다가 막판에 무너진 일이 비근한 예이다. 이런 행태가 수십 년 동안 바뀌지 않고 있다.

외교 · 안보를 잘 모르고 집권하여 포퓰리즘을 지나치게 의식하는 정치권력과 보신주의에 물든 관료가 편의적으로 손잡기 때문에 일이 이렇게 된다. 이 카르텔을 고쳐 나가야 한다. 그래야 우리 외교가 홍보와 언론 플레이에 매몰되지 않고 정책과 전략의 방향으로 발전한다. 정치 세력들도 이 문제에 주의를 돌려야 한다.

이번 사태가 우리의 고질적 병폐를 손보는 계기가 된다면, 한탄 중에도 그나마 위안이 될 것이다.

중국 친구들에게
알리고 싶은
사드 관련 현실

한국이 주한미군의 사드 배치를 허용하자, 중국이 한국에 대해 가한 보복은 한·중 관계의 기반을 잠식하기 시작하였다. 지금의 현상을 보면서 떠오르는 첫 질문은 중국이 한국의 안보 수요는 축소 해석하고, 미국의 의도는 과대 해석하면서, 분노를 약한 고리인 한국에 쏟아붓고 있지 않는가 하는 것이다. 둘째 질문은 중국이 이로써 얻을 것은 무엇일까이다.

  이러한 질문을 염두에 두고 우리가 보는 현실과 전망을 솔직히 이야기하고 싶다. 출구를 찾는 데 도움이 되기 바라는 마음에서다.

  북한의 핵·미사일 위협으로부터 한국을 방어하는 문제는 한국에게 사활이 걸린 이해이다. 핵심 이익을 넘어 생사존망(生死存亡)의 문제다. 중국에 있어 대만·티베트 문제는 핵심 이익이라고 할 수 있으나 죽고 사는 문제는 아닐 것이다.

그동안 중국은 우리의 생사가 달린 북한 핵·미사일 문제에서 북한을 배려하느라 우리의 기대에 미치지 못하는 행동을 자주 해왔다. 그래도 우리는 중국의 핵심 이익을 거의 다 배려하였다. G20 국가 중에서 한국보다 중국의 핵심 이익을 더 배려하는 나라는 드물다. OECD 국가 중에도 없을 것이다.

경위가 이러한데도 한국이 점증하는 북한의 미사일 위협에 대한 작은 방어 조치인 사드 배치를 정하자, 중국은 한국 대표의 면전에서 대놓고 배신 행위라고 하였다. 놀라운 말이다. 한국이 중국의 이익을 당연히 배려하여 사드 배치를 허용하지 않을 줄로 믿었는데, 한국이 미국 편을 들었다는 뜻으로 들린다.

한국은 중국이 핵·미사일에 관하여 북한을 편들더라도 배신이라고 보지 않는다. 중국 나름의 이해에 따른 것으로 보고 설득하려고 노력한다. 배신이라는 극단적 표현을 주권국가에 쓰는 중국도 이해할 수 없고, 이런 발언을 그냥 넘기는 우리 쪽은 더 이해할 수 없다. 무슨 곡절인지 궁금하다. 아마도 종래로 중국에 주한미군의 사드 배치를 불허할 것 같은 언질을 주었던 것이 아닌가 싶어 의문이 드는 대목이다.

그러면 중국이 '배신'한 한국에 가하는 보복은 소기의 성과를 거둘 것인가? 아닐 것이다. 왜 그런가?

첫째, 사안의 명분이 약하여 중국의 강공은 지속되기 어렵다. 한국의 안보 이해는 사활적이지만 중국의 사드 관련 이해는 상대적으로 사소하다. 사드 레이더가 중국의 전략적 이익에 미치는 영향이 제한적이라는 점은 군사 전문가들이 인정하는 바다.

이 점은 러시아도 인식하는 듯하다. 러시아의 사드 반대가 그리 강력하지 않은 까닭이다. 이처럼 상호 이익에 격차가 큰 사안을 갖고 중국이 관계 전반에 걸친 보복을, 그것도 뒤에서 조종하는 식으로 계속하기는 어려울 것이다. 중국은 한국에 물질적 타격을 주었으나 머지않아 국가 위신에 타격을 입고 멈출 것이다.

둘째, 대선 국면인 지금 한국을 압박해 두어야 진보 세력이 집권할 경우에 사드 배치 번복을 기대할 수 있다고 주장할 수는 있으나, 그렇게 될 개연성은 적다. 진보 세력이 집권하면 정권을 뺏긴 보수 세력은 재결속하여 다가오는 총선에서 세를 만회하려 벼를 터인데, 좋은 공격 소재가 안보 이슈다. 진보 세력도 이런 정황을 익히 알 것이므로, 주요 안보 사안인 사드 배치 번복이란 쉽지 않다.

셋째, 일단 한국에 타격을 주어야 앞으로 추가로 있을 수 있는 미사일 방어 등 후속 한·미 간 안보 협력을 억지할 수 있다는 주장도 있을 수 있다. 그러나 이 역시 그대로 되기 어렵다. 한·미 연합 방위는 주로 북한의 핵·미사일 위협에 달려 있기 때문이다. 그간 북한의 위협에 대한 여론의 경각심이 크게 높아졌으므로, 중국의 보복이 미칠 영향은 부차적이다. 더욱이 중국이 사드를 빌미로 끼친 손해가 여론에 각인되고 있으므로 역효과가 날 수 있다.

이 대목에서 상기할 점이 한국 민주주의의 역동성이다. 한국은 중견국이지만 중국이 따라올 수 없고, 따르고 싶지도 않을 시민 정치적 에너지를 가진 나라다. 중국에서 국가권력이 강하다면, 한국에서는 시민사회가 강하다. 분출되는 민심의 강도는 최근 촛불 민심과 이어지는 탄핵 국면에서 본 그대로다. 이것이 권위주의 권력에 맞서 오늘의 한국 민주주의를 이룩한 동력이었다. 이런 나라는 아시아에서 한국이 유일하다. 한국인들은 산업화와 함께 민주화를 현대사의 양대 성취로 여기며 강한 자부심을 갖고 있다. 이러한 한국인을 대상으로, 그것도 시민 정치 에너지가 최고점에 달한 지금의 시점에서, 경제적 손해를 입혀 영향을 미친다는 것은 결코 쉬운 일이 아니다.

넷째, 앞의 논점을 다 인정하더라도, 당장의 손해를 심각히 여겨야 한다는 주장도 있을 수 있는데, 한국에서는 그마저도 건강한 한·중 관계를 위한 수업료로 간주될 수 있다. 그간 중국은 한국을 끌어당기려고 노력해 왔고, 일정한 성과도 있었다. 박근혜 대통령이 천안문 망루에 선 것이 그 성과를 상징한다. 당시에도 중국에 대한 경사와 중국의 한국 경시에 대한 우려가 있었는데, 사드 보복으로 우려에 더 큰 무게가 실리고 있다.

이제 한국에서는 중국에 대한 국민적 성찰이 시작된 셈이다. 지금의 대선 과정도 그 일부이다. 계속되는 중국의 보복은 한국에서 범사회적 대중 정책 리뷰 과정을 추동할 것이다. 결국 한·중 관계에 대한 환상을 덜어내는 쪽으로 의견이 모아질 것이다. 관계는 뉴노멀(New Normal)을 지향할 것이다. 이것은 한국에 건강한 방향이니, 사드 보복은 전화위복일 수 있다.

결론적으로 타격은 심하지 않고, 역효과가 날 개연성이 크며, 피해마저도 장기적으로 유용할 수 있다. 이것이 전망이다. 더욱이 이 전망은 한국이 보복에 적극 대응하지 않을 경우를 상정한 것이다. 만일 한국이 중국의 보복에 대해 반발하여, 적극 대응하면 상황은 또 달라질 것이다.

곧 미·중 정상회담이 있고, 한국에 새 정부가 시작된다. 중국도 사드 보복을 하면서 중간 점검을 할 것이다. 판단은 중국의 몫이다. 그러나 중국이 감안하도록 현실을 진솔하고 냉정하게 제기하는 것은 한·중 우호를 바라는 친구로서 우리의 도리이므로 이렇게 알린다.

시리아 내전과
악화 일로의
미국과 러시아 관계

많은 한국인에게 시리아의 내전은 우리와 무관한 먼 나라의 일로 인식되고 있다. 그러나 시리아 사태는 미국과 러시아 관계에 큰 영향을 미치는 주요 분쟁 중 하나이고, 거기에서 생긴 문제가 돌고 돌아 우리에게 영향을 준다.

원래 시리아는 러시아의 오랜 우방이다. 러시아의 유일한 해외 군사 기지가 시리아의 타르투스(Tartus)항에 있을 정도다. 러시아는 시리아의 아사드(Assad) 정권을 적극 지원해 왔다.

아사드 정권은 국내적으로 소수파인 알라위(Alawites)파를 기반으로 하고 있다. 아사드 정권은 지배 권력을 유지하기 위해서 국내적으로는 강력한 억압적 통제 장치를 운용하고, 국제적으로는 러시아와 이란의 지원을 적극 활용해 왔다. 그러나 오랫동안 소수의 알라위파가 다수인 수니(Sunni)파를 억압해온 결과로 내전이 발생하였다. 아사드 정권에 대항하는 반군은 온건파로부터 테러 집단으로 규정된 ISIS, 쿠르드(Kurd)족까지 다양하다. 미국과 사우디가 이들 일부를 지원하고 있다. 반군 간에도 상호 대적하므로 전황은 지극히 복잡하다.

내전 초기에 미국은 직접적인 군사 개입을 꺼렸다. 간접적인 지원에 머물렀다. 이의 배경에는 시리아가 전통적으로 러시아의 영향권에 속해 있다는 고려가 있었고, 미국이 이라크전에 개입하여 곤경을 치른 경험에서 얻은 교훈도 있었다. 그러나 그 후 시리아 내전에서 미국이 테러 집단으로 규정한 ISIS의 득세가 우려되자, 미국은 공습을 개시하여 직접적인 개입을 시작하였다. 그래도 미국의 공습은 ISIS를 주 대상으로 삼고 있으며, 아사드의 정부군을 대상으로 하지는 않고 있다.

이 시기에 미국과 러시아의 관계는 우크라이나 사태로 이미 악화되어 있었다. 동부 우크라이나에서는 휴전에도 불구하고 간헐적 전투가 계속되었다. 미국은 러시아에 반군 지원 중단을 요구하였으나, 러시아는 응하지 않았다.

그러다가 러시아는 2015년 아사드의 요청을 근거로, 급거 시리아에서 공습을 시작하였다. ISIS 등 테러 집단을 주 대상으로 하는 공군 작전이었다. 미군과 러시아군이 시리아에서 동시에 작전을 하게 된 것이다.

러시아가 공습을 개시한 배경에는 몇 가지 겨냥 점이 있었다. 군사적으로 정부군을 부양하고 러시아의 입지를 높이면서, 미국의 대테러전에 함께하는 모양을 취하여 미국에 대러 협조로 해법을 찾을 것을 각인시키려는 것이었다. 러시아의 공습 배경에는 우크라이나 사태로 악화된 미국과 새로운 협조를 모색하려는 의도도 있었다는 말이다. 러시아는 시리아를 공습하면서, 우크라이나 상황을 안정시켰다. 러시아 특유의 대미 신호인 셈인데, 문제는 그 방법이 공세적이었다는 점이다.

또 러시아와 미국이 대테러전을 함께하지만, 누가 테러리스트인지에 대해서는 견해가 달랐다. 러시아는 미국이 지원하는 일부 온건 반군도 테러리스트라고 보았다. 실제 전투 현장에서는 온건 반군과 극단 테러 세력이 공조하는 경우가 없지 않았기 때문에, 반군의 행태를 명확히 정의하기는 쉽지 않은 상황이었다.

시간이 갈수록 러시아의 공습은 우려를 증폭시켰다. 러시아는 반군 전반에 대해 공습을 가하였다. 기세가 오른 정부군이 반군의 주요 거점인 알레포(Aleppo)에 대한 포위망을 좁히자, 미국은 휴전과 알레포에 대한 인도적 지원을 급선무로 여겼다. 그렇지 않아도 러시아와 미국이 작은 전구(戰區)에서 서로 다른 의도를 갖고 작전을 하는 것은 위험한 일이었다. 양측이 기본적인 군사 정보를 교류하면서 작전을 꾸려왔으나, 본격적인 협조의 필요성이 계속 제기되던 터였다.

강화된 군사 협조 필요성에 대해, 미 국방성은 러시아의 진정성을 의심하여 회의적이었다. 그러나 국무부를 중심으로 대러 협의가 추진되었다. 어렵사리 1주간 휴전, 인도적 물품 전달, 그 후 러시아와 미국이 공습 목표를 협의하고, 합동작전을 한다는 합의가 이룩되었다. 그대로 이행되었다면 의미 있는 협조가 시작되었을 것이다. 더 나아가, 긍정적 여파가 우크라이나에 미치는 일까지도 기대할 수 있었을 것이다.

그러나 그것은 소망 사고였다. 일이 선순환으로 가기에는 현장이 너무 불가측했고, 불신의 골이 깊었던 것이다. 휴전 직후 미군이 시리아 정부군을 ISIS로 오인하여 공습한 사건이 터졌다. 미국은 오폭을 인정하였으나, 러시아는 합의를 무너뜨리려는 미군 일각의 고의적 행동이라고 보고 맹비난하였다. 그러다가 유엔의 인도적 지원 트럭이 공습을 받아 20명이 사망하는 사건이 일어났다. 미국은 러시아의 소행이라 하였다. 러시아는 부인하였다. 안보리에서 미국은 러시아를 야만적이라고 비난하였다. 이후 휴전 합의는 무너지고, 러시아와 시리아 정부군은 알레포에 대한 공습을 강화하였다. 병원이 피습되고 수많은 민간인이 피해를 입었다. 미국은 이를 전쟁범죄라 부르고 있다.

알레포의 함락이 머지않았으며, 인도적 재앙이 있을 것이라는 예상이 나오는 가운데, 미·러 양국 관계는 악화 일로다. 불똥이 여러 곳에 튀고 있다. 러시아는 그간 미국과 해왔던 무기급 플루토늄 처리 협력을 중단한다고 선언하였다. 미국은 시리아 관련 대러 협의를 중단한다고 선언하였다. 러시아는 다시 시리아에 요격 미사일 S-300을 배치한다고 하였다. 이 시스템은 미군 항공기에게 위협이 될 수 있다.

지금 미국과 러시아 관계는 탈냉전 이래 최저점이다. 이제 러시아는 미국 정권 교체기를 활용하여 시리아 상황을 완전히 바꾸어 놓으려 할 가능성이 있다.

이에 대해 미국의 새 행정부가 어찌할까? 트럼프의 경우는 푸틴에 대해 호의를 표해 왔으므로 다소 관계 개선의 기대를 가질 수 있으나, 힐러리 클린턴의 경우는 다르다. 러시아가 대선 과정에서 민주당의 컴퓨터를 해킹하여 클린턴에 타격을 주려 했다고 믿기 때문이다. 러시아는 개입을 부인하고 있다.

한편, 최근 러시아 언론에 300억 달러에 달하는 푸틴의 개인 재산과 관련된 이메일이 해킹되어 유출되었다. 배후 공작설이 난무하였다. 기자들이 미 CIA의 존 브레넌(John Brennan) 국장에게 미국이 관련되었는지 여부를 묻자,

브레넌은 미소를 지으며, 푸틴이 미 대선에 개입한 적이 없듯이 미국 정부도 러시아 정치에 개입한 적이 없다고 받아쳤다. 이처럼 사안에 정상들까지 얽혀 들고 있는 점도 일을 어렵게 하고 있다.

미국과 러시아 관계가 악화되면, 그 여파는 전 방위적으로 미친다. 북핵 문제도 예외가 아니다. 이미 우크라이나 사태 이후, 러시아가 북핵 문제에서 미국이 추구하는 방향을 거스르는 현상은 완연하다. 러시아의 대외 언술을 보면, 관점이 북·미 양비론으로 가고 있음을 알 수 있다. 구체적으로 북한이 미사일을 발사한 후 안보리가 의장 성명을 논의할 때, 러시아는 한국과 미국의 군사훈련이 미치는 악영향도 병기하자고 하였다. 그 결과 의장 성명이 무산되었다. 몇 주 후 북한이 다시 미사일을 발사하고서야, 러시아는 병기 요구를 거둬들였다. 이제 이와 비슷한 일이 생길 여지는 더 커졌다고 보아야 한다.

사드에 대한 러시아의 반대 배경에 미국에 대한 견제 의식이 있음은 물론이다. 러시아는 이미 유럽 배치 미사일 방어망을 두고 미국과 대립해 왔고, 이제 유사한 방어망이 극동에 확대되는 데 대해 반대하는 것이다. 악화 일로의 양국 관계가 여기에도 영향을 줄 수 있다.

이처럼 시리아 상황은 나비효과처럼 우리에게 영향을 준다. 그래서 알레포를 둘러싼 공방전을 먼 나라의 일로만 볼 수 없다.

푸틴 대통령의
일본 방문을 앞두고 본
러시아와 일본 관계

푸틴 러시아 대통령의 일본 방문이 다음 달로 다가왔다. 아베 일본 총리의 공식 초청에 따른 것이다. 크림반도 병합 사태 이래, 러시아 대통령이 서방 주요국을 양자 차원에서 공식 방문하는 사례는 이것이 처음일 것이다. 우크라이나 사태 이후, 미국을 비롯한 서방 주요국들은 러시아에 대한 제재의 일환으로 고위급 인적 교류를 제한하고 있다.

일본은 서방의 대러시아 제재에 동참하면서도, 러시아와의 관계를 각별히 여겨 별도로 관계 진전을 위한 노력을 경주해 왔다. 그 결과로 러시아와 일본 사이에는 활발한 고위급 양자 교류가 관찰되고 있다. 근자의 사례만 보더라도 금년 5월에 러시아의 소치에서 러ㆍ일 정상회담이 있었고, 9월에는 블라디보스토크에서 열린 동방포럼을 계기로 정상회담이 다시 열렸다.

이처럼 일본의 아베 총리가 계속 러시아를 방문하여 정상 외교를 벌이자,

미국 등 서방은 불편해하는 기색이다. 그러나 아베 총리는 일본은 러시아와의 관계를 진전시켜야 할 특수성이 있다고 하면서, 접촉면을 늘려가고 있다. 다만 러시아의 수도인 모스크바 방문은 피하고, 대신 소치나 블라디보스토크 등 지방 도시에서 정상 회동을 함으로써 미국의 반발을 무마하려고 한다. 그런데 이제는 푸틴 대통령의 일본 방문이 추진되고 있는 것이다. 푸틴 대통령은 아베 총리의 고향인 야마구치현도 방문하여, 두 정상 간의 우의를 과시할 예정이다.

일본이 이러한 외교를 하는 배경에는 일본과 러시아 간의 해묵은 현안인 소위 영토 문제가 놓여 있다. 홋카이도 북동쪽에 있는 하보마이, 시코탄, 쿠나시르, 이투루프 등 4개 도서는 2차 세계대전 전에는 일본 관할하에 있다가, 대전 말에 소련이 점령한 이래 소련 관할로 들어갔다. 일본은 이를 자국 영토라고 하면서, 반환을 요구해 오고 있다. 아베 총리는 재임 중 이 문제에 진전을 이루고자, 열심히 대러시아 외교에 임하고 있는 것이다.

그런데 오랜 현안이라는 점에 덧붙여, 아베 총리의 전략에 영향을 주는 추가적인 요소가 있다. 첫째는 근래 중국의 부상에 따라 심화되고 있는 일본과 중국 간의 대립이다. 이에 따라 일본이 일본 열도의 서남쪽 방향에서 중국과 센카쿠 섬(중국명 댜오위다오)을 둘러싼 영토 분쟁을 겪고 있다는 것은 주지의 사실이다. 둘째는 우크라이나 사태 이래 러시아는 서방과 대립하면서 중국과 급속히 가까워지고 있는 것이 현실이다. 이러한 요소들을 앞에 두고, 일본은 러시아와 중국이 연대하여 일본을 압박하는 상황을 우려하고 있다. 일본은 열도의 서남쪽과 동북쪽 방향 양쪽에서 중국과 러시아를 상대로 동시에 영토 분쟁을 벌이는 일은 피하는 것이 낫다는 계산을 하고 있다. 그래서 중국과의 대립은 불가피하더라도 러시아와는 관계를 개선하고, 영토 분쟁에도 진전을 모색하겠다는 구상을 하는 것이다.

러시아로서도 일본과의 관계 개선은 바람직하다. 우선 서방의 제재하에 있는 러시아로서 서방의 일원인 일본과의 관계 개선은 서방 주도의 제재 체제에 균열을 내는 의미가 있으므로 마다할 이유가 없다. 더욱이 일본이 가진 자본과 기술력은 러시아가 오랜 기간 추진해 왔으나 별 성과를 보이지 않고 있는, 러시아의 극동 지역 개발을 위해 긴요하다. 아울러 러시아로서는 서방과의 대립 때문에 불가피하게 중국에 접근하고 있으나, 중국으로부터의 경제 협력이 미진한 데다가, 중국이 곤경에 빠진 러시아의 처지를 이용하여 가스 가격 협상 등에 지극히 타산적으로 임하고 있어, 내심 마땅찮아 하던 터였다. 그러므로 러시아로서도 중국 이외의 협력 상대를 찾아 헤징을 해두는 것이 결코 나쁘지 않다. 그렇지 않아도 러시아 내 일군의 전략가들은 러시아가 발전하기 위해서는, 서쪽에서는 독일을 비롯한 유럽의 선진 산업국들과 협력하고, 동쪽에서는 일본을 비롯한 선진 산업국과 적극 협력해야 한다는 생각을 제기해 왔었다.

서로 간에 이러한 이해가 맞아떨어진 양측은 관계 진전에 속도를 내고 있다. 지난 5월 소치 정상회담에서 아베 총리는 영토 문제 해결의 필요성을 강조하고, 대러 관계에서 새로운 접근을 언급하였다. 지난 시기 일본은 러시아와 영토 문제 해결이 없는 한 본격적인 경제 협력을 하지 않겠다는 입장을 취해온 것이 사실이다. 그런데 아베 총리는 이 부분에서 유연성을 시사한 것이다. 푸틴 대통령도 그간 지켜온 원칙을 언급하면서도 일정한 유연성을 내비쳐 호응하고 있다. 아베나 푸틴 모두 국내적 지지 기반이 탄탄하고, 둘 다 애국적 정치인으로 자리 매김 되어 있으므로 유연성을 보일 소지가 있어 보인다.

그러면 영토 문제에서 어떠한 식의 타협이 고려될 수 있을까? 소련과 일본 사이에는 1956년에 이룩된 합의가 있다. 이에 따르면, 소련은 하보마이와 시코탄 2개 도서를 일본 측에 넘기게 되어 있다. 이 합의는 이행되지 못하고 지금에 이르렀는데, 그 사이에 일본은 입장을 전환하여 4개 도서를 모두 반환해줄 것을 요구해 왔다. 앞서 말한 2개 도서의 면적은 아주 적어서, 전체 4개 도서의 7퍼센트 정도에 불과하다. 러시아 쪽에서는 한때 1956년 합의 이행을 중심으로 타협을 하려는 기류도 있었다. 그러나 근래에 국내적으로 민족주의 기류가 부상한 탓에, 이제는 1956년 합의로 돌아가는 데 대한 지지가 낮은 형편이다.

홍미로운 것은 최근 일본 언론에 흘러나온 일본 정부 내 검토 방안들이다. 확인되지 않은 것이므로 오차를 전제로 소개한다면, 하나는 1956년 합의를 우선 이행하고, 추가하여 나머지 2개 도서에 대해 러시아와 일본 양측이 공동으로 관리하는 방안이다. 러시아로서 호의를 갖기 쉽지 않은 방안이다. 나머지 2개 도서의 주권이 러시아에 있다고 명시된다면, 다른 문제일 수 있다. 다른 하나는 4개 도서 모두에 대해 공동 관리를 적용하는 방안이다. 이렇게 될 경우 주권은 어디에 있는지, 이 지역이 어떠한 법적 지위하에 있게 되는지 등이 논란이 될 것이다. 또 다른 하나는 1956년 합의를 우선 이행하고, 나머지는 계속 협의 대상으로 남겨 두는 방안이다. 문제를 해결하지 못하고 계류시키는 것이므로 러시아가 수용하기 어려울 것이다.

실제로 일본 측이 무슨 방안을 제기할지는 두고 보아야 하겠으나, 일본은 영토 문제에 대한 해법과 함께 적극적인 경협과 교류 구상을 함께 제기할 것으로 보인다. 이러한 방안이 12월 정상회담을 거치며 어떠한 추동력을 얻을지 주시할 일이다.

그러나 한 가지 분명한 것은 러시아와 일본이 관계 발전의 공감대를 발견하고, 앞으로 나아가려는 동력 속에 있다는 것이다. 이러한 현상이 러시아와 서방 간의 전반적 관계 악화 속에서, 또 러시아와 중국 간의 공조가 강화되는 흐름 속에서 나타나기 때문에 주목의 대상이 되는 것이다.

러시아와 일본이 이처럼 동적인 행보를 보이는 동안 한국은 대러시아 외교에서 정적이었다. 한국은 우크라이나 사태 이후 서방이 설정한 제재 체제에 가담하지 않으면서, 러시아와 양자 관계에서 적극적 행보를 하지도 않았다. 좋게 말하면, 양쪽 전선 모두에서 신중한 태도를 취했다고 볼 수 있다. 좀 비판적으로 말하면, 양쪽 모두에 대해 회피적이었다고 할 수 있다. 일본이 한편으로 서방의 제재에도 가담하고, 다른 한편으로 러시아와 양자 협의도 강화하여, 좌우로 꿈틀거리며 운신 공간을 만들어 나간 것과 달리, 우리는 제재에 가담하지도 않고 대러 협의에도 소극적이었다. 처음에는 우리식 접근이 어느 쪽으로부터도 반발을 야기하지 않는 실리적 접근으로 비쳤을지 모르나, 시간이 갈수록 어느 쪽으로부터도 평가받지 못하는 결과로 이어졌다. 우리의 운신 공간은 지속적으로 좁아졌다.

이제 푸틴 대통령의 방일이 다가오고, 러시아와 일본 간 실질 관계의 진전으로 이어질 수 있는 다양한 타협 구상들이 흘러나오는 것을 보면서, 우리 주변 정세의 한 축이 변모해 나갈 개연성을 생각하게 된다. 이러한 상황은 당연히 한국 외교에 적시 대응을 요구하는 또 하나의 도전이 될 수 있다.

우리가 최순실발 국내 정치 충격 속에서 허우적거리는 동안에도, 한반도 주변의 새로운 세력 구도는 가차 없이 우리에게 다가오고 있다.

트럼프 당선,
러시아에
위험한 유혹일까?

트럼프의 미국 대통령 당선 소식은 러시아에서 낭보로 받아들여지고 있다. 러시아 언론은 이 뉴스를 보도하면서, 이제 제재와 대립으로 점철되었던 오바마-푸틴 시기 미·러 관계는 지나가고 트럼프-푸틴 시대의 새 관계가 시작될 것이라는 기대를 내비치고 있다.

그간 트럼프 후보는 유세를 하면서 푸틴 대통령에 대해 호의적인 언급을 하였다. 관계 개선 의지도 피력한 바 있다. 트럼프는 그동안 오바마 대통령과 힐러리 클린턴 국무장관이 잘못된 대러 정책을 해왔으니, 이제 정책을 수정하겠다고 공약하였다. 푸틴 대통령도 트럼프에 대해 호감을 표하여 호응하였다. 반면 힐러리 클린턴 후보는 러시아와 푸틴 대통령에 대해 강경한 입장으로 일관하였다. 더욱이 선거 과정에서 민주당의 컴퓨터가 해킹되고, 클린턴 후보에게 불리한 정보가 유출되는 일이 있었다. 민주당 측은 러시아가 배후라고 여겼다. 클린턴 후보의 대러시아 정책은 더욱 부정적인 쪽으로 선회하였다. 그러자 트럼프 후보는 러시아의 연루 여부에 대한 판단은 피해 가면서도, 그러한 (힐러리 클린턴에게 불리한) 정보 유출은 유익하다는 취지의 언급을 하였다. 러시아는 미국 대선에 개입하였다는 의혹을 부인하였다.

미국 대선 과정에서 러시아를 둘러싼 논란의 경위가 이러했고, 마지막까지 클린턴 후보의 당선이 유력하였으므로, 중론은 향후 미·러 관계 악화를 점쳤었다. 그러나 트럼프 후보의 당선이라는 예상 밖의 반전이 나오자, 러시아는 더욱 반색한 것이다. 푸틴 대통령도 트럼프 당선자와 통화한 후, 현재의 불만족스러운 관계를 정상화하기로 의견을 모았다고 말하였다. 미·러 관계 개선에 대한 분위기가 고조되었다.

그동안 미·러 관계는 2014년 러시아의 크림반도 병합을 계기로 최저점을 향하고 있었다. 작년에 러시아가 시리아에서 공습을 시작한 이래 미·러 관계는 더욱 악화되었다. 특히 지금은 러시아와 시리아 정부군이 반군의 주요 거점인 알레포에 대한 포위 공세의 막바지 고삐를 당기는 시점이라서 상황이 민감하다. 미국이 지원하는 반군이 제2의 도시 알레포를 빼앗기고, 뒤이어 인도적 재앙이 닥칠 경우 러시아에 대한 미국 내 여론은 더 나빠질 것이다.

그러나 만일 트럼프 대통령이 공약대로 국제 분쟁에 대한 미국의 개입을 줄이고, 국익을 우선하여 사안별로 러시아와 협력을 하면, 미·러 관계는 나아질 것이다. 그렇지만 그 파장은 여러 방향에 영향을 미칠 것이다. 우선 러시아가 미국의 개입 축소라는 새로운 환경을 활용하여 자국의 영향력을 더 확대하려고 할 수 있다. 그렇게 되면 미국의 존재와 지원에 의존하여 균형점을 찾아왔던 분쟁 지역의 여러 나라는 새로운 상황을 만나게 된다. 이제 각국은 미국이라는 공공재가 줄어든 상황에서 새 균형을 모색하거나, 심지어 생존을 도모해야 하는 상황에 처할 수 있다.

우선 러시아와 미국이 함께 개입하고 있는 시리아에서 여파가 클 것이다. 특히 미국이 개입을 축소하면서 ISIS를 비롯한 테러 그룹 대응에 집중하고, 이를 위해 러시아와 시리아 정부군에 대한 기존의 태도를 바꾸면, 시리아는 물론 중동 지역 전체에 미치는 영향이 심대할 것이다. 이와 관련하여, 푸틴 대통령과 트럼프 당선자가 통화하면서 테러전 협력을 강조한 점이 눈길을 끈다. 트럼프의 외교 · 안보 진용에 대테러 전쟁을 중시하여 러시아를 비롯한 누구와도 협력해야 한다는 지론을 가진 인사들이 다수이므로, 정책이 그 방향으로 갈 소지가 있다. 플린 국가안보보좌관이나 폼페이오 CIA 국장, 세션스 검찰총장이 그 그룹이다. 국방장관에 거명되는 매티스도 유사한 생각을 가진 인물이다.

일이 이렇게 되면, 그간 미국의 지원에 의존해 오던 시리아 반군의 처지가 어렵게 될 것이다. 아울러 미국과 함께 반군을 지원해 왔던 사우디 등 주변 국가들이 미국의 입장 전환에 대해 어떻게 나올지도 미지수이다. 그렇지 않아도 이슬람권에서는 트럼프 대통령의 친 이스라엘 성향과 트럼프 대통령 측근들의 반이슬람 언행에 대해 우려가 큰 상태이다. 러시아로서는 이러한 상황이 러시아의 중동 지역 내 영향력이나 운신의 폭을 넓혀줄 것으로 기대할 수 있다.

우크라이나 사태에 미칠 영향도 만만치 않다. 트럼프는 유세 과정에서 러시아의 크림반도 병합을 인정하겠다는 언급을 한 바도 있다. 미국과 러시아 관계가 개선되면, 우크라이나도 미국으로부터 전만큼의 지원을 기대할 수 없게 될 것이므로 곤란한 상황에 처할 것이다.

아울러 그간 러시아와 갈등 관계를 가져왔던 구소련권의 조지아 · 몰도바, 더 나아가 중앙아시아 일부 국가들도 미국의 존재감이 줄어드는 사정을 감안하여 정책을 재구성해야 한다.

한편, 미 · 러 관계가 개선되면 그간 우크라이나 사태 이후 고조되었던 러시아와 NATO 간의 긴장이 줄어들 소지가 있다. 긴장 완화는 양측 전반에는 좋은 일이나 결과적으로 발트 3국과 동유럽 · 북유럽의 러시아 인접국들은 안보를 좀 더 고민하지 않을 수 없는 상황에 내몰리게 된다.

러시아는 자국의 서쪽 측면에서 NATO의 압박이 완화되는 상황을 바람직하게 볼 것이며, 더 나아가 그 일대에서 군사력을 운용하기가 용이해질 것을 기대할 수 있다.

그런데 이 모든 상황 전개는 그동안 미국과 단합하여 러시아에 대처해 왔던 유럽을 당혹스럽게 할 것이다. 유럽은 미국의 정책 선회가 야기할 중동에서의 역학 변화와 우크라이나에서의 불확실성, 그리고 동유럽에서의 새로운 안보 수요 등을 두고 고민에 빠질 것이다. 이러한 파장들이 유럽에 새로운 부담이 되기 때문이다. 그렇지 않아도 유럽은 경제 침체, 브렉시트(Brexit), 우익 세력의 부상, 반이민 · 반이슬람 정서의 대두 등 많은 내부의 난제를 안고 있어서 추가적인 외적 부담을 감당하기 어렵다. 마침 트럼프 대통령이 유럽에 방위비 증액을 요구하고 있으니, 이래저래 미국과 유럽의 대서양 동맹이 시험에 드는 시점이라고 볼 수 있다.

러시아로서는 미국과 유럽 간에 논란이 증폭되는 것 또한 나쁘지 않은 일이다. 러시아의 전통적인 대유럽 전략은 미국과 유럽 간의 간극을 키우는 접근에 기초하고 있기 때문이다.

그러므로 잠정적인 결론은, 트럼프의 등장이 러시아로서는 고립을 탈피하고, 외교적 운신의 폭을 넓힐 수 있는 기회가 된다고 할 수 있다. 그러나 이러한 기회가 러시아에 좋기만 했던 것은 아니라는 역설에도 주의를 돌려야 한다.

우선 소련의 붕괴를 20세기 최대의 재앙이라 부르며 러시아의 부흥을 지향하는 푸틴 대통령이 이 기회를 공세적으로 활용하려 할 경우, 러시아는 여러 지역에 과도하게 개입할 소지가 있다. 국력에 걸맞지 않은 무리한 세력 확장이 될 수 있다. 트럼프의 미국이 러시아보다 월등한 국력을 가지고 있으면서도 대외 개입을 줄이려고 하는 사정인데, 러시아가 미국이 빠져나간 자리에 지나치게 집착할 경우 감당이 어려울 수 있다.

아울러 그러한 국력의 대외 투사 노력은 정작 지금의 러시아에 필요한 내부 성찰과 국내 개혁을 저해할 수 있다. 러시아가 시급히 해야 할 일은 경제 현대화와 이를 촉진할 국내 개혁이라는 것이 많은 전문가의 견해이다. 그런데 대외적인 운신 공간이 갑자기 생길 경우, 내적 체질을 강화하지 못한 상태에서 외적 환경을 활용하고자 하는 유혹에 빠지기 쉽다. 내부 문제가 과제인데 국력을 넘어선 과도한 대외 확장을 하면, 오래지 않아 그 괴리가 드러날 수밖에 없다. 소련의 경우가 극명한 사례였다. 요컨대 고립 탈피 이상의 행보에 유혹을 느낄 것이지만, 기회 앞에서 절제를 떠올려야 할지도 모른다.

트럼프의 등장이 불러올 미·러 관계의 변화는 동북아에도 영향을 미칠 것이다. 북핵 문제를 포함한 한반도 사안을 두고 미국과 러시아가 과도하게 서로를 견제하는 일은 적어질 것이다. 미·러 관계 개선은 미국의 동맹인 우리가 대러 외교를 활성화할 수 있는 공간을 열어줄 것이다. 긍정적 측면이다.

반면 미국이 개입 정도를 낮출 경우, 한반도 주변에도 다소의 공백이 생길 수 있다. 이에 대처하여 새 균형을 잡는 일은 우리의 과제가 될 것이다. 그러나 공백을 채우는 일은 주로 중국의 몫일 것이므로, 역내 역학 관계에 재적응해야 하는 우리의 고민도 러시아보다는 중국에 관해서일 것이다.

트럼프의 등장은 러시아에 새로운 기대를 갖게 하고 있다. 그것은 러시아 외교의 기회이기도 하고, 동시에 위험한 유혹일 수도 있다. 한편, 러시아와 연루되어 분쟁하고 있던 나라들에는 위기일 것이다. 한국에는 약간의 기회와 더 많은 고민거리를 가져다주는 일일 것이다.

미국 대선 해킹 논란과
트럼프 시대
미 · 러 관계

미국 대선 과정에서 논란의 대상이 되었던 러시아의 미국 대선 개입 의혹이 다시 점화되고 있다. 최근 미국 정보 당국이 러시아 정부가 미국 대선에 개입한 것으로 결론을 내자, 미국 내에 반러시아 여론이 고조되고 있다. 그간 친 러시아 성향의 트럼프 후보가 당선됨으로써 러 · 미 관계 개선에 대한 기대가 증폭되고 있었으나, 이제는 기대치를 조정해야 할지도 모른다는 관측도 나오고 있다.

　당초 이 문제는 미국 대선 과정에서 민주당 전국위원회 컴퓨터와 힐러리 클린턴의 선거대책본부장인 존 포데스타(John Podesta)의 이메일이 누군가에 의해 해킹되어, 폭로 전문 매체인 위키리크스(Wikileaks) 손에 들어간 데에서 비롯되었다. 미국 정부는 초기 조사 결과, 러시아와의 연관성을 포착하였다. 그러나 러시아 정부는 이러한 의혹을 근거 없다고 부인하였다.

당시 유세 중이던 트럼프 후보는 오바마 대통령과 힐러리 클린턴 국무장관이 대러시아 정책을 잘못하여 미·러 관계가 나빠졌다고 하였다. 트럼프 후보는 자신의 대러 정책은 다를 것이라고 공언하고, 푸틴 대통령에 대한 호의적인 발언을 하는 등 친러 성향을 내보이고 있었다. 반면, 클린턴 후보의 대러시아 관점은 강성이었다.

클린턴과 러시아의 관계는 좋지 않았다. 푸틴 대통령을 비롯한 러시아 지도부는 과거 클린턴이 국무장관 직위에 있으면서 2012년 러시아 총선을 부정 선거라고 지칭한 데 대해 거부감을 갖고 있었다. 또 총선 직후, 러시아에서 부정 선거에 항의하는 대규모 시위가 발생하자, 그 배후에 미국의 공작이 있다고 여겼다. 시위에 적극 참여한 단체 중에는 미국 등 외국의 지원을 받는 민주주의, 인권, 선거 감시 관련 단체들이 있었다. 이후 푸틴 대통령은 이들 시민사회 단체의 활동을 대폭 규제하는 법을 만들었다. 이럴 정도로 푸틴 대통령은 서방 측으로부터 러시아에 들어오는 정치적 영향력에 민감하게 반응하였다.

사안의 배경이 이러한 데다가 유출된 이메일의 내용이 클린턴에게 불리한 것이었으므로, 러시아가 트럼프의 당선을 위해 공작을 한 것이 아니냐는 의심이 광범위하게 퍼졌다.

그러나 유독 트럼프 후보는 러시아가 해킹의 배후라는 주장을 받아들이지 않았다. 그는 러시아 연루설을 믿지 않는다고 하였다. 그는 오히려 유출된 클린턴 측 정보가 사실이므로, 이러한 정보 유출은 나쁠 게 없다는 태도를 취하였다. 반면 미국 정부와 의회의 많은 인사들은 당파적 유불리를 떠나, 러시아가 미국의 대선 과정에 이런 식으로 개입한 것은 심각한 문제라는 인식을 갖고 있었다.

이후 미국 내부에서 조사가 계속되었다. 러시아가 배후에 있다고 본 오바마 대통령은 지난 9월 항저우에서 열린 G20 정상회의 계기에 푸틴 대통령에게 이러한 행위를 중단하지 않으면 심각한 결과가 있을 것임을 직접 전달하기에 이른다.

그런데 대선이 끝나자 일단 이 문제도 덮이는 듯하였다. 그러나 CIA를 비롯한 미 정보기관이 최종적으로 러시아의 배후를 지목하는 발표를 내놓은 이후 상황은 달라지기 시작하였다.

즉각 의회의 공화당 지도자 중에서도 문제가 심각하니, 초당적으로 사안을 논의하여 대처 방안을 강구하자고 주장하는 인사들이 나왔다. 이들 중 일부는 민주당 중진들과 연명으로 서한을 보내는 등 공동 보조를 취하였다. 트럼프 당선인의 입장을 곤란하게 하는 행동이었다.

트럼프는 자신은 CIA의 판단을 믿지 않는다고 하였다. 그는 더 나아가 CIA가 과거에 이라크에서 대량 살상 무기 존재에 대해 허위 정보를 내돌린 전력이 있다고 말하였다. CIA 자체에 대한 불신을 드러낸 대목이었다. 트럼프의 이러한 언급은 조만간 대통령으로 취임하여 정보기관을 지휘하게 될 그가 이 문제를 어떻게 다루려는지에 대해 많은 추측을 유발하였다.

힐러리 클린턴도 논란에 가세하였다. 그렇지 않아도 클린턴과 그 지지자들은 유권자 득표에서 이기고도 선거인단 표에서 패배한 데 대해 아쉬워하고 있던 차였다. 그녀는 러시아의 해킹이 선거 결과에 영향을 미친 요인 중하나라고 본다는 입장을 취하였다. 그녀는 또 다른 요인으로는 선거 막판에 자신의 개인 이메일 관련 보안 규정 위반 문제를 크게 제기한 제임스 코미(James Comey) FBI 국장의 발표를 들었다. 남편인 빌 클린턴은 오바마 대통령이 대선 전에 러시아의 해킹 시도에 대해 좀 더 강하게 경고해주었더라면 좋았을 것이라고도 하였다.

오바마 대통령은 남은 1개월여 재임 기간 중에 러시아의 해킹에 대한 응분의 대응 조치를 취하겠다고 언명하였다. 그는 대선 전에 대응 조치를 취할 경우에, 러시아가 대선 투 · 개표 과정에 대해서까지 해킹할까 우려했었다면서 이제부터 조치를 하겠노라고 하였다.

이처럼 현직 대통령과 차기 대통령의 접근이 다르고, 공화당 내에서도 대통령 당선자와 상당수 의원 간의 입장이 다른 가운데, 다수 여론은 러시아에 대한 강한 대응을 지지하고 있다. 이처럼 사안은 미국과 러시아 간의 국제적 문제이자 미국 국내 정치 이슈가 되었다. 사안이 어떻게 전개되느냐에 따라 향후 미 · 러 관계는 물론 트럼프 대통령의 정치적 입지에 미칠 영향도 클 것으로 보인다.

이런 관점에서 앞으로 전개될 상황과 관련하여 유의해야 할 관찰점을 살펴보자. 우선은 오바마 행정부의 보복 조치가 어떤 것일지와 이에 대한 러시아의 반응이다. 러시아로서는 의혹을 전면 부인하고 있으므로 앞으로 어떻게 나올지 주목된다.

또한 이 일은 당장 렉스 틸러슨(Rex Tillerson) 국무장관 지명자의 의회 인준 문제에 영향을 주고 있다. 틸러슨은 엑슨 모빌(Exxon Mobil Co.)의 회장 출신이다. 그의 회사는 러시아와 많은 사업 연계를 가지고 있다. 그는 푸틴 대통령 등 러시아 주요 인사와 두터운 친분을 갖고 있다. 러시아에 대한 제재를 두고서도 그는 그간 미국 정부가 취해 오던 정책과 다른 견해를 가진 것으로 알려져 왔다.

지금 미국이 러시아에 대해 각종 제재를 가하고 있으므로, 그렇지 않아도 틸러슨 인준 과정에서 의회로부터 많은 문제 제기가 예상된 바 있었다. 이제 러시아 해킹 건으로 대러시아 경계 분위기가 고조되고 있다. 인준 청문회의 논란거리가 늘어난 셈이다.

그러나 정작 중요한 것은 내년 1월 출범할 트럼프 행정부가 어떠한 대처를 할지이다. 만일 트럼프 대통령이 지금처럼 러시아의 개입 사실을 인정하지 않고, 대러시아 관계 개선을 위주로 이 일을 처리하고자 한다면, 그는 국내 정치적으로 대가를 치르게 될 것이다. 트럼프 진영에는 러시아와 관계를 개선함으로써, 러시아가 중국과 연대할 요인을 줄이는 것이 미국의 국익이라는 시각을 가진 인사들이 있다.

이들이 중국 요소까지 감안하여 대러 관계 개선을 밀고 가려 할 소지도 있다. 그렇다면 국내적 반발을 감수해야 한다. 해킹 때문에 대선 결과가 영향을 받았다고 믿는 정당과 지지자가 상당하고, 러시아의 해킹이 사실이라고 생각하는 정보기관과 외교·안보 관련 부서의 관료들이 엄존하는 현실에 직면해야 한다. 반면, 트럼프 대통령이 국내적 요구를 수용하여 러시아에 대한 대처를 하게 되면, 트럼프 정부의 대러시아 정책 구도가 초반부터 틀어질 것이다.

어쨌든 트럼프 대통령이 집권 초기에 대면해야 할 국내외적 난제의 하나로 러시아 이슈가 부상한 셈이다. 최소한으로 해석하더라도 해킹 건이 미·러 관계 개선 속도를 조절하는 기능을 할 것이라는 사실은 분명해 보인다.

미국과 러시아 관계는 우리 외교에도 불가피하게 영향을 주는 요소이다. 왜냐하면 러시아는 항상 한국을 미국의 동맹이라는 프리즘을 통해 보려 하기 때문이다. 그래서 미·러 관계가 원만하지 않으면 한·러 관계도 그 영향을 받아 온 것이 현실이다.

우리로서는 미·러 관계가 개선되면 그에 맞추어 활용할 궁리를 해야 한다. 미·러 관계가 악화되면 그 여파를 줄이는 노력을 해야 한다. 우리가 해킹 건과 관련한 미국 내 논란과 미·러 관계의 추이에 주목해야 하는 까닭이다.

트럼프 대통령 취임,
낮아지는
미·러 관계 기대

러시아가 미국 대선 과정에서 해킹을 했다는 미국 정보기관의 발표가 나온 이래 미국 내 반러시아 여론이 점증하고 있다. 오바마 대통령은 공언한 대로 보복 조치를 내놓았다. 트럼프 당선자는 국민 여론과 오바마 대통령의 조치, 그리고 러시아의 행보라는 일련의 파고 속에서 대러 정책 방향을 설정하는 데에 부심하고 있다.

지난해 말 오바마 대통령은 러시아의 해킹과 그간 러시아가 미국에 대해 취해온 전반적 행태에 대한 대응 차원에서, 러시아 정보기관과 관계자에 대한 제재와 함께 35명의 러시아 외교관을 추방하였다. 뉴욕과 워싱턴 인근에 있는 러시아 공관의 휴양 시설도 정보 활동을 한 혐의로 폐쇄했다. 오바마 대통령은 대응 조치 중 일부는 비공개라고 하였다. 일각에서는 이것이 푸틴 대통령을 직접 겨냥하여 취해진 조치라는 관측이 나오고 있다. 퇴임을 몇 주

남겨놓은 대통령으로서는 이례적인 조치라고 할 수 있다. 그만큼, 오바마 대통령으로서는 미국 민주 제도의 근간인 선거에 개입한 것을 용납할 수 없다는 입장이다.

한편, 오바마 대통령은 러시아의 개입을 인정하지 않으려는 트럼프 당선자를 겨냥하는 말도 잊지 않았다. 그는 모든 미국인은 러시아의 행위에 경악해야 한다고 말했다.

반면 트럼프 당선자는 이제 더 크고 좋은 사안으로 넘어갈 때라고 하면서도, 어떤 일이 있었는지를 알아보기 위해 정보기관장을 만나겠다고 하였다. 비등하는 여론 앞에서 러시아의 해킹을 믿지 않는다는 기존 입장을 견지하기 어려움을 드러낸 장면이었다. 공화당 지도부는 늦었지만 적절한 조치라고 하여 트럼프 당선자와 다른 반응을 보였다.

흥미로운 것은 푸틴 대통령의 반응이었다. 당초 러시아 외교부는 종래 하던 대로 상호주의에 따른 맞대응을 추진하는 듯 보였다. 그런데 최종 결정이 발표되기 직전에, 세르게이 라브로프(Sergey V. Lavrov) 러시아 외무장관이 푸틴 대통령에게 미국 외교관 35명의 추방을 건의하였다고 공개 언급할 때부터 무언가 이상한 기류가 감지되었다. 통상적으로 이런 사안은 러시아 정부의 최종 결정으로 발표되며, 이처럼 외무장관이 여차여차한 내용을 건의하였다고 중도에 언급하는 일은 드물다. 마치 극적인 다른 결론을 유도하기 위해 복선을 까는 것처럼 보이는 행동이었다.

아니나 다를까, 푸틴 대통령은 미국 외교관들을 추방하지 않겠다는 결정을 발표하여 극적 반전을 과시하였다. 푸틴 대통령은 오바마 대통령의 결정은 러·미 관계를 악화시키고 손상시키기 위한 도발이라고 하면서도, 맞대응을 하지 않겠다고 하였다. 관대함을 보이고 도덕적 우위를 점하려는 시도로 보였다. 물론 그는 러시아가 미국의 제재에 대응할 권리가 있다는 말도 빼놓지 않았다.

푸틴 대통령으로서는 떠나가는 오바마 행정부와 티격태격하기보다, 들어오는 트럼프 행정부를 향하여 긍정적인 메시지를 보낸 셈이다. 그럼으로써 트럼프 대통령의 운신을 편하게 해주고자 한 것이다. 트럼프 대통령도 이러한 푸틴의 대처를 높이 평가하고, 푸틴을 똑똑한 사람이라고 칭찬하였다. 이때까지만 해도 향후 미·러 관계에 대한 기대치를 높일 만해 보였다

푸틴 대통령의 이러한 대응은 통상적인 것은 아니지만, 러시아식 행태상 전혀 예상 밖의 일은 아니다. 러시아의 문호 알렉산드르 푸시킨(Aleksandr Pushikin)의 단편 소설 〈마지막 한 발〉에 유사한 장면이 나온다. 주인공인 실비오는 어느 백작과의 결투 국면에서 먼저 쏜 상대의 총탄이 자신을 비껴간 후, 자신이 쏠 차례가 되자 상대를 겨냥한다. 이제 백작의 목숨은 명사수로 유명한 실비오의 손가락에 달려 있다. 그런데도 백작이 태연한 모습을 보이자, 실비오는 겨냥을 멈춘 후, 지금은 쏠 의사가 없다고 선언하고 결투 현장을 떠난다. 그리고 그 후 수년 동안 유보한 마지막 한 발을 쏘기 위해 때를 기다리며 준비한다.

그런데, 미국 내에서 트럼프 진영의 분위기는 트럼프가 정보기관장의 보고를 받으면서 조금씩 달라진다. 그 후 트럼프 당선자는 러시아의 해킹 행위를 인정하는 입장으로 전환하였다. 다만 그는 해킹이 대선 결과와는 무관하다고 선을 그었다.

이어서 미국 정보기관이 트럼프 당선자에게 제출한 보고 내용이 공표되었다. 푸틴 대통령의 지시에 의해 해킹이 이루어졌고, 러시아 정보 당국이 조직적으로 개입하였으며, 트럼프 당선자의 사생활이나 사업 관련 정보도

러시아 측에 의해 활용될 소지가 있다는 것이었다. 미국 언론들은 이구동성으로 러시아의 적나라한 행각이 드러났다고 평가하였다.

물론 러시아 쪽 반응은 전혀 달랐다. 러시아 언론과 여론은 그동안 빈번히 나오던 이야기로서 새로운 것이 없으며, 증거도 없다고 하였다. 푸틴 대통령은 이미 개입설을 부인한 바 있었다. 그는 미국 내 해킹 논란은 선거에 진 쪽이 핑계를 찾는 차원이며, 어떤 경로로 유출되었느냐보다 유출된 내용이 사실인지 여부가 중요하다는 반응을 보인 바 있었다. 러시아 여론 중에는 만일 그러한 해킹을 러시아 민간에서 했다 하더라도, 그간 서방 언론이 거의 정보 전쟁 수준으로 러시아를 매도해 왔던 데 비하면 아무것도 아니라는 인식도 있다.

이런 가운데 오바마 대통령은 새해 들어 추가 조치를 하였다. 러시아 고위 수사 관계자와 여타 인사를 인권 탄압과 관련하여 제재 대상으로 지정하였다. 그중에는 안드레이 루고보이(Andrei Lugoboi)라는 인물이 들어 있었다. 그는 2006년 런던에서 의문사한 반푸틴 인사 알렉산드르 리트비넨코(Alexander Litvinenko)의 암살범으로 영국 정부에 의해 지목된 바 있다. 루고보이는 현직 의원이다.

오바마 대통령이 취한 일련의 조치는 러시아의 해킹, 인권 탄압, 미국 외교관에 대한 위협 등에 대응하여 취해진 것들이다. 그러나, 다른 한편으로 그것은 트럼프 당선인이 취임 후 대러시아 정책에서 취할 수 있는 정책에 제약을 가하려는 측면도 없지 않아 보인다.

그러면 정작 트럼프 취임 후 미·러 관계는 어찌 될 것인가? 물론 판단하기엔 아직 이르고, 지금까지 나온 근거들은 단편적인 조각들일 뿐이므로 자료가 충분하지도 않다. 그러나 그 조각들이 보여주는 추이는 있다. 무엇보다도 해킹 등 러시아 관련 사안에 대한 트럼프 당선자의 언술에 조금씩 주류 여론이 반영되고 있음이 눈에 띈다. 해킹을 부인하였다가, 나중에는 이제 더 좋은 사안으로 넘어갈 때라고 하였다. 정보기관을 불신하는 견해를 피력하였다가, 정보 보고를 받겠다고 하였다. 보고를 받은 후에는 해킹을 시인하였다. 또한 최근 진행된 국무장관 지명자 청문회에서 렉스 틸러슨 지명자도 상당히 강한 대러시아 정책 시각을 피력하고 있다. 틸러슨의 청문회 답변은 그가 러시아 대한 기존 워싱턴 정가의 견해들을 상당 부분 수용하고 있음을 보여주고 있다.

만일 트럼프 정부가 나아갈 방향이 이쪽이라면, 미ㆍ러 관계에 대한 기대치는 좀 보수적으로 조정할 필요가 있다. 이 방향은 러시아가 호응할 수 있는 것이 아니기 때문이다. 그러면 러시아로서 대응 카드를 만지작거리게 될 소지가 있다. 물론 미국 측에서 시의적절하게 러시아 쪽의 인식과 움직임을 포착하여, 세심히 대처해 나가는 노력을 보인다면 좋을 것이다. 그러나 역사적 경험에 비추어 보면, 그렇게 되리라고 보기 어렵다.

과거 탈냉전 초기, 러시아가 국내적 혼란 속에서 미국의 협조하에 대외 관계를 풀어 가고자 하였을 때, 미국은 낙관론과 자기중심적 사고에 따라 러시아에 대해 별 주의를 기울이지 않은 바 있다. 오바마 대통령이 제안했던 대러시아 리셋 정책도 러시아 측의 호응을 받지 못했는데, 돌이켜 보면 미국과 러시아 모두 강대국으로서 자기중심적 성향이 있다는 점이 제약 요인의 하나였다.

푸시킨 소설의 주인공 실비오는 때를 기다렸다가, 백작이 신혼의 단꿈에 젖어 있을 때 유보해 두었던 마지막 한 발을 쏘기 위해 찾아간다. 다시 결투가 이어진다. 결국 실비오는 마지막 한 발을 백작 뒤에 걸려 있는 그림을 향해 쏘아버리고 만다. 비극은 일어나지 않는다. 현실 세계의 미·러 관계가 푸시킨 소설처럼 전개될지는 두고 볼 일이다. 현실은 소설보다 냉혹하므로, 푸틴이 두 번씩 실비오가 되기는 어려울 것이다.

베네수엘라를 둘러싼
미·러 대립의 결말은?

베네수엘라에서 벌어지고 있는 미국과 러시아의 대결 상황이 예사롭지 않다. 주지하다시피 베네수엘라는 우고 차베스(Hugo Chavez)와 니콜라스 마두로(Nicolas Moduro)가 대를 이어 집권하면서, 반미 친러 좌파 노선을 걸어왔다. 자연히 베네수엘라와 미국의 관계는 극도로 악화되었다. 반면 베네수엘라는 러시아, 중국과 긴밀한 관계를 유지하였다. 특히 러시아는 베네수엘라의 주요 재원인 원유 생산 가공 분야에 많은 투자를 하고 있다.

그러나 지속되는 실정으로 민생이 피폐해지자, 베네수엘라 정국은 혼란상을 보였다. 급기야 금년 1월 하원의장인 후안 과이도(Juan Guidó)가 마두로 정권에 반기를 들고, 스스로 대통령을 자임하기에 이르렀다. 미국을 비롯한 서구의 여러 나라가 과이도 정부를 승인하였다. 한국도 뒤늦게 과이도 정부를 승인하였다. 그러나 러시아와 중국은 여전히 마두로 정부를 지지한다.

그리하여 지금 베네수엘라에는 두 개의 정부가 병존하는 기이한 현상이 계속되고 있다. 마두로는 과이도 세력을 탄압하려 하고, 과이도는 국민과 군에 대해 마두로 체제 전복에 나설 것을 주문하고 있다. 아직 대규모 충돌이나 내전 상황까지 이르지는 않았으나, 양측의 대립은 첨예화하고 있다.

미국은 모든 옵션이 테이블에 있음을 공언하면서, 마두로의 퇴진을 위해 움직이고 있다. 특히 미국은 과이도에게 위해가 가해지면, 개입할 것임을 시사하였다. 러시아와 중국은 미국의 행보를 타국의 내정에 대한 부당한 간섭이라고 비난하였다.

그러다가 2019년 3월 러시아가 군용기 2대에 100여 명의 군사 인력을 태워 베네수엘라의 수도 카라카스에 파견함으로써 상황은 하나의 전기를 맞았다. 물론 이것은 마두로 정부의 요청에 따른 것이었다. 표면상 베네수엘라가 러시아로부터 구매한 S-300 방공 체계를 정비한다는 목적의 인력 파견이었다. 베네수엘라의 S-300은 대규모 정전 사태의 와중에 고장을 일으킨 바 있다. 베네수엘라 입장에서는 외부의 군사 개입에 대비하여 방공 체계를 정비할 필요가 있는 것은 사실이었다.

그러나 그렇다면 기술자를 파견함으로써 대처할 수 있는 일을 두고, 러시아가 군사 인력을 파견한 것은 특이하다고 하지 않을 수 없었다. 더욱이 러시아가 미국의 전통적 영향권인 미주 대륙에 군사 인력을 파견하는 일은 이례적이고, 무모하게 비칠 수도 있는 움직임이었다. 미국은 러시아에 베네수엘라에 개입하지 말라고 경고하였다. 미·러 간 대결이 심화되는 가운데 러시아의 궁극적인 목표와 게임 플랜에 대한 다양한 의문이 제기되었다.

우선 러시아의 이러한 움직임은 2015년 9월 러시아의 시리아 파병을 상기시켰다. 당시 시리아에서는 정부군과 반군 그리고 테러 집단인 ISIS가 물고

물리는 혼전을 벌이고 있었다. 미국과 서구는 시리아 내 ISIS 세력에 대해 공습을 가하고 있었다. 전황은 점차 시리아 정부군에게 불리하게 돌아갔다. 그러자 러시아는 시리아 정부의 요청을 근거로 군대를 보내 공습을 개시하였다. 명분은 ISIS를 척결한다는 것이었으나, 사실상 반군도 공습 대상이었다. 러시아의 공습에 힘입어 시리아 정부군은 전세 역전에 성공하였다. 그 결과 시리아 전황은 정부군에게 유리하게 바뀌었다.

러시아는 시리아에서와 같은 결말을 베네수엘라에서 기대하는 것일까? 그렇게 보기에는 시리아와 베네수엘라의 사정이 너무 다르다. 시리아는 애당초 중동에서 러시아의 세력권으로 분류되던 곳이다. 시리아에 러시아의 유일한 해외 해군 기지가 있을 정도이다. 미국도 시리아가 러시아의 영향권에 있음을 인정하였다. 그러한 시리아에서 미군이 공습 작전을 한다는 것은 러시아로서는 가만히 보고만 있기 어려운 일이었다고 봐야 한다. 그러니 러시아가 뒤늦게나마 파병하고, 공습을 시작했다 해도 미국이 이를 저지할 수는 없는 사정이었다.

그러나 베네수엘라는 미국의 뒷마당이라고 할 미주 대륙에 있다. 이 지역에도 쿠바나 베네수엘라처럼 반미적인 정부가 존재할 수는 있다. 그러나 여기에 러시아가 군을 보내 개입을 하고, 미국이 이를 용인하는 일은 상상하기 어렵다.

물론 역사적으로 러시아가 미주 대륙에 군사 개입을 한 사례가 없지는 않았다. 그것이 바로 1962년 쿠바 미사일 위기이다. 당시 소련은 쿠바에 미국을 겨냥하는 핵미사일 기지를 건설하려고 하였는데, 미국이 이를 좌절시킨 바 있다. 물론 그 후에도 쿠바 카스트로 정부의 반미 친소 정책은 지속되었지만, 소련의 군사적 개입이 더는 없었다.

그런데 쿠바 미사일 위기가 마무리된 경위를 살펴보면, 러시아가 베네수엘라 사태에 개입함으로써 무엇을 겨냥하려는지 추정할 수 있는 실마리가 있다.

쿠바 미사일 위기가 해소되기까지 미국과 소련은 막후에서 치열한 교섭을 하였다. 그 결과 소련은 미국의 요구대로 쿠바에서 미사일을 철수시켰다. 대신 미국은 소련의 요구에 따라 터키에 있던 미국 미사일을 철수시켰다. 또 소련은 미국으로부터 쿠바를 침략하지 않는다는 약속도 받아냈다. 쿠바 미사일 위기가 발생하기 얼마 전, 쿠바 망명자들이 미국 정보기관의 도움을 받아 쿠바 침공을 기도한 일이 있었다. 그래서 소련은 미사일을 배치함으로써 쿠바를 지킨다는 명분을 내세운 바 있었다. 미국이 불침 약속을 하였으므로 소련으로서는 미사일 철수를 합리화할 수 있었다.

만일 이 모델이 푸틴 대통령의 구상 속에 있다면, 러시아는 베네수엘라에서 군사적 개입 수위를 일정 수준으로 높여 긴장을 조성한 후, 미국과 협상하여 주고받기식으로 무언가를 얻어내려 했을 소지가 있다. 우선은 쿠바 미사일 위기 때 터키 배치 미국 미사일을 철수시킨 것과 유사한 미국 측의 양보를 겨냥할 것이다. 그다음으로는 마두로 정부의 존립을 추구할 것이다. 이와 관련하여 일부 분석가들은 푸틴이 베네수엘라에서의 군사 개입을 카드로 미국이 우크라이나에서 모종의 양보를 하도록 거래하려는 심산이라고 해석한다.

그럴 법한 해석이다. 그러나 그대로 될지는 불확실하다. 첫째, 무엇보다 마두로 정부가 취약하기 때문이다. 쿠바 미사일 위기 때는 적어도 카스트로 정부의 국내 위상은 확고하였다. 그러나 마두로 정권의 장래는 불투명하다. 물론 지난달 과이도가 호소한 마두로 정권 전복 캠페인이 군의 호응 부족으로 실패로 돌아갔다. 마두로 정권이 그리 약체는 아니라는 점을 보여주는 근거이다. 그러나 베네수엘라의 정치·경제 난국과 미국이 추진하고 있는 마두로 퇴진 노력을 감안하면, 마두로 정권이 어떻게 될지는 미지수라고 보아야 한다.

둘째로는, 소련 시대보다 러시아의 국력이 크게 약화됐다는 점을 고려할 때, 지금의 러시아가 그런 큰 거래를 밀어붙일 수 있을 것으로 보기 어렵다.

셋째로, 미국이 이미 기울어져 가는 베네수엘라의 마두로 정권의 장래와 우크라이나에서 미국의 행동의 자유를 거래하려고 할지도 의문이다.

합리적 추론이 이렇다면, 러시아의 베네수엘라 출구 전략이 무엇일지는 여전히 난해하다고 할 수밖에 없다. 다만, 러시아가 병력을 보냄으로써 베네수엘라의 군이나 민심이 급속히 마두로 정권으로부터 이탈하지 못하도록 막는 효과는 있을 것이다.

그러나 만일 마두로 정부가 무너지고 과이도가 들어서면, 러시아는 남미 대륙에서 유일한 우방을 잃게 된다. 경제적으로도 손실을 보게 될 것이다. 군사적 개입 시도에 대한 대가를 치르게 될 수도 있다.

푸틴은 시리아에서 군사적 개입을 통해 아사드 정권을 구해낸 바 있다. 과거 니키타 흐루쇼프(Nikita Khrushchyov)는 쿠바 미사일 위기를 마무리하면서 미국으로부터 일정한 양보를 얻어 내었다.

과연 푸틴이 베네수엘라에서 벌이는 이례적인 개입 움직임이 어떻게 결말지어질지 관심사가 아닐 수 없다. 이제 노르웨이의 중재로 마두로와 과이도 간에 대화가 시작된다고 한다. 일단 이 추이를 지켜보아야 할 것 같다.

파기 직전의
미 · 러 INF 협정과
한반도 정세

우리가 온통 남·북, 미·북 정상회담에 신경 쓰고 있던 2018년에 미국과
러시아 간에는 국제 안보와 한반도 주변 안보에 큰 영향을 미칠 일이 벌어
지고 있었다. 미국과 러시아 간 INF 협정이 폐기될 운명에 놓인 것이다.

미·러 INF 협정은 1987년에 레이건 대통령과 고르바초프 총서기가 서명
한 것으로서, 양국이 사거리 500~5,500킬로미터에 이르는 지상 발사 탄도미
사일과 순항미사일을 보유하지 않기로 한 합의이다.

이 합의가 이루어지기까지의 배경에는 냉전 시기 미국과 러시아 간의 해
묵은 미사일 경쟁이 있었다. 1970년대에 러시아는 SS-20이라는 중거리 미
사일을 동유럽에 새로 배치하였다. 미국과 서유럽 국가들은 이것이 유럽 대
륙에서 동서 간 군사 균형을 깨뜨리는 것이라고 문제를 제기하고, 철수를 요
구하였다. 러시아는 응하지 않았다. 그러자 미국은 이에 대응하여 퍼싱 II라

는 중거리 미사일을 서유럽에 추가로 배치하기 시작하였다. 그러면서 미국은 러시아에 협상을 요구하였다. 긴 협상 끝에 결국 미국과 러시아는 상호 간에 모든 중거리 미사일을 없애기로 합의하여, 쟁점을 해소하였다. 그 합의가 INF 협정이었다.

당시 INF 협정은 미국과 러시아 간의 긴장 완화와 신뢰 구축의 상징이었다. 냉전이 종식되고 있음을 알리는 신호였다. 레이건 대통령과 고르바초프 총서기가 냉전 종식을 앞당긴 인물로 평가받게 된 근거 중 하나가 이 협정에 서명하였기 때문이었다.

그러던 협정이 논란의 대상이 된 것은 지난 2014년부터다. 미국이 러시아에 대해서 협정 위반 문제를 제기한 것이다. 미국은 러시아가 개발하고 있는 신형 지상 발사 순항미사일이 협정에 위배된다고 주장하였다. 러시아는 이 미사일의 사거리가 500킬로미터 이하이므로 INF 협정이 금지하는 미사일에 해당되지 않는다고 반박하였다.

이에 대해 미국은 러시아가 지상에서는 500킬로미터 이하로 실험하였으나, 같은 미사일을 공중과 해상에 탑재하여 500킬로미터 이상으로 실험한 것이 문제라고 하였다. INF 협정은 지상 발사 중거리 미사일만 금한다. 공중과 해상 발사 미사일에는 해당되지 않는다. 미국에 의하면, 러시아가 이러한 방식으로 지상 발사 실험과 공중·해상 발사 실험을 배합하는 것은 협정을 교묘하게 악용하여 사실상 협정이 금하고 있는 무기를 개발하는 것으로서 협정 위반이라는 것이다.

미국의 문제 제기에도 불구하고, 러시아는 이에 반론을 하면서 실험과 개발을 지속하였다. 2017년에 들어서자 미국은 러시아가 이 미사일을 배치하기 시작하였다고 주장하였다. 그리고 미국은 러시아가 필요한 조치를 하지 않으면, 협정을 파기할 수밖에 없다고 하였다.

한편, 러시아는 미국이 협정을 위반하고 있다고 반격하였다. 러시아는 미국이 유럽에 배치한 미사일 방어 체계가 요격용 미사일 발사대이지만, 동시에 공격용 중거리 순항미사일 발사대로도 사용될 수 있도록 설계되어 있다고 하였다. 그러면서 이것이 INF 협정에 위배된다고 주장하였다. 또 러시아는 미국이 운용하는 드론 중에서 지상 발사 순항미사일과 유사한 기능을 하는 것이 있다고 하였다. 이것도 협정 위반 소지가 있다는 주장이다. 미국은 이러한 주장을 모두 부인하였다.

논란이 계속되는 가운데 미국은 협정 파기 쪽으로 계속 기울어졌다. 미국이 협정 파기 방향으로 움직이게 된 가장 큰 이유는 러시아의 협정 위반이지만, 미국으로선 또 다른 이유도 있었다. 그것은 중국의 중거리 미사일 개발 움직임이었다. 이 협정은 미·러 양자 협정이므로 미국과 러시아 두 나라에만 해당된다. 미국과 러시아가 상호 지상 발사 중거리 미사일을 보유하지 않기로 합의했기 때문이다. 그런데 이 협정과 무관한 중국이 그동안 아무런 제약 없이 중거리 미사일 능력을 계속 늘려 왔던 것이다. 미국은 이 점을 우려의 눈으로 보고 있었다. 그리고 무언가 대처가 필요하다는 인식을 갖게 되었다. 미국에는 중국 요소가 부차적인 파기 사유가 된다는 말이다.

러시아는 미국의 협정 파기 시도를 저지하기 위해 국제적 여론을 불러일으키려고 하였다. 이의 일환으로 러시아는 유엔 안보리에서 해당 사안에 대한 결의안을 추진하였다. 그러나 안보리 결의 건은 미국의 반대 때문에 실패로 돌아갔다. 안보리에서의 결의는 상임이사국 모두의 동의가 필요하기 때문이다. 그러다가 2018년 10월에 트럼프 대통령이 INF 협정 파기 계획을 공개 언급하였다. 그러자 러시아는 황급히 사안을 유엔 총회로 가져가 총회 결의안 채택을 추진하였다. 안보리와 달리 총회에서는 상임이사국이 반대하더라도 다수표만 얻으면 결의안은 채택될 수 있기 때문이다. 그러나 이 총회 결의안도 미국의 로비에 밀려 부결되고 말았다.

급기야 2018년 12월 폼페이오 국무장관은 러시아가 미국이 기대하는 조치를 하지 않는다면, 협정은 60일 이내에 파기될 것이라고 공표하였다. 2019년 1월 들어 미국과 러시아의 실무진이 만나 협의를 하였다. 성과는 없었다. 이제 미국이 제시한 파기 시한이 2019년 2월 초로 다가온다.

미국의 협정 파기 움직임에 대해 다수의 유럽 국가는 무협정 상태가 초래할 미국과 러시아 간 대립과 군비 경쟁, 그리고 뒤이은 긴장 격화를 우려한다. 이들은 미·러가 협의하여 쟁점을 해소하고, 협정을 살릴 방안을 찾아내기를 바라는 입장이다. 자칫 유럽이 미국과 러시아 간 중거리 미사일 경쟁의 피해자가 될 가능성을 염려해서다.

한편, 협정이 파기되면 그 여파는 한반도와 주변에도 중대한 영향을 미칠 것이다. 미국이 협정 파기를 추진하는 배경에 중국이란 요소가 있기 때문이다. 앞으로 미국은 러시아는 물론 중국의 중거리 미사일에 대해서도 대처를 강화할 것이다. 미국은 동아시아 지역의 미군 병력과 장비 그리고 기지를 방어하기 위해, 중국과 러시아의 중거리 미사일에 대처하는 미사일 방어망을 강화하려고 할 것이다. 더 나아가서는 공격용 중거리 미사일을 해상과 공중은 물론, 지상에도 추가 배치하려고 할 소지가 있다. 일본에 배치할 수도 있고, 한국에 배치를 추진할 수도 있다.

과거 주한미군이 사드를 배치할 때에 벌어진 중국과 러시아의 반발을 기억한다면, 미국이 추가적인 미사일 방어 체계를 한국에 도입하려 할 경우에 어떤 일이 생길지 짐작할 수 있다. 더욱이 미국이 공격용 중거리 미사일을 배치하려고 할 경우에 생길 논란은 미사일 방어 체계 배치보다 훨씬 심각한 논쟁을 야기할 것이다.

그렇지 않아도 한반도와 주변의 정세는 북핵 문제를 둘러싸고 이미 복잡하다. 근래 미국과 중국, 미국과 러시아 간의 관계는 수십 년 이래 최저점이다. 이러한 양자 관계 악화는 북핵 문제 해결을 위한 공조에 악영향을 끼치고 있다. 그런데, 이런 상황에 더하여 INF 협정이 파기되고, 그 여파로 동아시아 지역에 미사일 군비 경쟁이 불붙으면, 북핵 문제 해결 여건은 더욱 나빠질 소지가 있다. 더 나아가 미국과 중국·러시아 간의 대결이 격화되면, 한반도와 그 주변에서 긴장이 격화될 수 있다.

1987년의 INF 협정 체결이 냉전 종식을 알리는 전조였다면, 30여 년이 지난 지금 이 협정이 파기되려는 조짐은 어떤 의미를 갖는 것일까? 우리로 하여금 많은 생각을 하게 하는 대목이다. 무엇보다도 2차 북·미 정상회담을 앞두고 있는 지금은 한반도에서의 비핵 평화 협상이 중차대한 전기로 들어가는 때이다. 이 시점에 미국과 러시아 간, 미국과 중국 간 대립 소재가 될 또 하나의 사안이 불거질 소지가 크다는 것은 우리에게 도전이 아닐 수 없다. 각별한 주의와 대처가 요구되는 상황이다.

미·중, 미·러
대립 구도 속
한국 외교가 나아갈 길

미국과 중국 간의 관계가 사상 최악이다. 미국과 러시아 간의 관계도 탈냉전 이래 최저점이다. 중국과 러시아는 유례없는 공조를 과시하고 있다. 이 현상은 굴기하는 중국과, 위상을 재정립하려는 러시아, 이에 대응하려는 미국의 전략이 빚어낸 것이다. 더구나 지금의 미국은 자국 우선을 내세우며 동맹을 경시하는 비전통적인 지도자가 이끌고 있다. 현 상황은 한국처럼 미국의 동맹이면서 중국·러시아와 인접해 있고, 중국에 심한 경제 의존도를 가진 나라로서는 심각한 도전이 아닐 수 없다.

역사적으로도 우리 주변 주요국 간의 대립은 한반도에 심대한 영향을 미쳤다. 미국과 소련 간의 냉전이 단적인 예다. 분단과 6·25, 한·미 동맹으로부터 박정희 군사정권의 등장에 이르기까지 한국 현대사의 큰 고비를 냉전과 떼어서 해석할 수 없다. 마찬가지로 향후 우리 역사도 외부 도전에 큰 영향을 받을 터이니, 우리의 대응이 중요할 것이다.

역사적 경험과 전망이 이러함에도 불구하고, 한국 내에는 주변 주요국 간의 대립 구도 속에서 한국이 나아갈 길을 적극적으로 모색해야 한다는 인식이 적다. 오히려 이를 회피하고 안주하려는 관성이 강하다. 지난 수십 년간 진행된 중국의 부상이 미·중 대립을 초래할 것이 분명하였음에도, 우리는 미국과 중국 사이에서 어떤 입장을 정립해야 할지에 대한 고민을 미루어 왔다. 대미, 대중 정책을 전략적으로 통합하여 다루지 않고 별개로 대했다. 대중 무역이 흑자였으므로 중국과의 관계를 방임하는 것이 국익이라고 간주되었다. 과도한 대중 경제 의존이 방치되었다. 미·중 사이에서 어려운 일이 생기면 모호하게 처신하였다. 선택이 불가피해지면 그때그때 다가오는 압력의 정도에 따라 편의적으로 대처하는 일이 많았다.

대표적 사례가 사드 배치 문제였다. 사태 초기에 왕이 중국 외교부장이 공개리에 우리에 대해 한국이 신뢰를 저버리고 있다고 맹비난한 일이 있었다. 이 장면을 보면서 그간 편의적으로 대처하다가 책 잡힌 게 있구나 싶었다. 이후 중국은 비난 성명과 언급을 수없이 내놓았으나, 우리는 제대로 된 성명 하나를 내지 않았다. 중국이 엄청난 보복을 해도 거의 무대응으로 일관하였다.

유사한 사례는 러시아에 대해서도 많다. 이명박 정부 시절 우리가 미국을 설득하여 한국이 개발할 수 있는 미사일의 사거리를 연장한 일이 있었다. 기존 미사일 협정이 사거리를 지나치게 제한한 나머지 우리 미사일이 북한의 후방에 미치지 못하는 문제가 있었기 때문이다. 그런데 러시아는 한국의 미사일 사거리 연장의 배경에 미국이 있고, 미국이 한국의 미사일 역량을 키워 러시아를 겨냥하는 미사일 방어에 동원한다고 생각하였다. 당시 우리는 연장된 미사일 사거리가 러시아에 미치지 않는 대북 억지용일 뿐임을 설명했으나, 러시아 측의 편견은 완고하였다. 결국, 러시아는 사거리 연장 합의를 미국의 미사일 방어와 연계하여 비난하는 성명을 냈다. 러시아의 성명은 사실과 다르고, 방치하면 추후 악재가 될 것이므로 우리 입장을 밝혀 둘 필요가 있었다. 그러나 서울은 침묵하였다.

이런 현상은 최근에도 이어지고 있다. 미국과 중국이 무역 전쟁의 와중에서 여러 이슈를 두고 각기 우리를 압박하고 있으나 우리는 회피적으로 대하고 있다. 지난 4월 북·러 정상회담을 마친 푸틴 대통령이 기자회견에서 가스관·철도 연결에 대해 언급하면서, 한국에 대해 이상한 발언을 하였을 때도 마찬가지였다. 그는 "가스관, 철도 연결이 한국에게 이득임에도 한국은 주권적 결정을 내리지 못한다."라고 하며, "한국은 미국의 동맹으로서 의무가 있는 것 같고, 이 사업들은 중단되었다."라고 하였다. 한국이 미국 눈치를 보느라 주권국가로서 처신하지 못한다는 인식을 표한 것이다.

사실, 가스관과 철도 연결 사업의 결정적 장애 요인은 경제성이다. 막대한 투자에 비해 기대 이익이 아주 낮다. 미국 때문이 아니다. 푸틴 러시아 대통령이 사실도 아니고, 한국의 이미지에 해가 되는 공개 언급을 했음에도 우리는 아무 입장도 내놓지 않았다.

왜 이렇게 되는 걸까? 한국 특유의 이유가 있다. 만일 우리가 중국과 러시아에 대해 적극 대응을 하면 이들은 미국이나 일본보다 우리에 대해 거친 맞대응을 할 것이다. 논란이 심화되면 정치권과 언론은 정부가 외교를 잘못하였다고 공격하게 된다. 그러니 관료들은 국익보다 분란을 키우지 않는 것이 먼저라고 생각하기 쉽다. 이때 정권을 잡은 집권 엘리트가 나서서 관료를 감독해야 마땅할 것이나, 집권 엘리트마저 문제를 야기시키지 않는 쪽으로 정치적 판단을 해버리면 어찌할 수 없게 된다. 전형적인 외교 후진국형 논의 구조이다.

이런 국내적 환경 속에서 미 · 중, 미 · 러 대립 구도를 헤쳐 나갈 정책 방향을 정립하는 작업이 동력을 얻기 어렵다. 모두가 난이도와 위험도가 높은 일을 피하려고 하기 때문이다. 그러다 보니 정책 방향은 없고 연미화중(聯美和中) 부류의 원론적 구호만 남아 주술처럼 복창되는 일이 벌어진다. 주술이 해법이 되는 분위기에서 좋은 처방이 나오기 어렵다.

그러나 이대로 가기엔 점점 곤란한 상황이 오고 있다. 심화되는 미 · 중, 미 · 러 대립 구도 속에서 미국 · 중국 · 러시아는 상반되는 요구를 더 빈번히, 더 강하게 우리에게 제기하고 있다. 우리가 그때그때 편의적으로 대처할수록 상대는 압박이 통한다는 인식을 강화할 소지도 커져 간다.

그러므로 이제라도 기본적인 정책 방향을 정립하고, 이것을 각인시켜 모두가 기대치를 조정하도록 하는 게 낫다. 그래야 덜 휘둘린다. 그러려면 우선 한 · 미 동맹과 일본 · 중국 · 러시아와의 파트너십을 교량하여, 어느 지점이 가장 균형 있고 유지 가능한 최적의 좌표인지를 찾아야 한다. 그 좌표로부터 일정한 정책 방향을 설정하고 이를 견지함으로써 일관성을 축적해야 한다.

아시아 국가 중에 미 · 중, 미 · 러 대립 구도 속에서 방향성을 갖고 대처하는 사례가 여럿 있다. 멀리 갈 것도 없이 북한은 확고한 방향을 갖고 강대국과 거래에 임하고 있다. 베트남도 그중 하나이다. 일본 · 호주 · 인도는 인도 태평양 정책이라는 틀에서 미국과 함께하면서도, 각자 입지와 이해에 따라 조금씩 다른 정책 방향을 갖고 있다.

이들처럼 우리도 나름의 방향을 정하는 것이 좋다. 예컨대 미국이 3시 방향을 기대하고 중국이 9시 방향을 주문할 때, 한국은 기본적으로 1시 반 방향의 대처를 하는 나라임을 인식시키는 식이다. 이미 일본 · 호주 · 인도는 3시로부터 12시 사이에서 각기 조금씩 다른 방향을 취하고 있다. 우리가 해서는 안 될 일은 3시 방향, 9시 방향을 오락가락하는 것이다.

우리가 기본적 방향을 정하면 현재 진행 중인 한반도 비핵 평화 협상 과정에서 우리의 입지도 강화될 것이다. 이 협상도 당연히 주변 주요국 간의 역학에 영향을 받는다. 주요국 간 역학이 매크로 환경이라면, 한반도 비핵 평화는 그 구도 아래의 현안이다. 매크로 환경에 대처할 방향성 없이 강대국과 함께 현안을 다루다 보면, 휘둘리거나 소외되기 쉽다. 북한이 이 점을 악용할 수 있다. 최근 시진핑의 북한 방문, G20 정상회의와 트럼프의 방한, 판문점에서의 북 · 미 정상 회동 과정을 보면서 더욱 이런 생각을 하게 된다.

이처럼 주변 주요국 간의 대립 구도에 대처할 기본 방향을 정립하는 일은 긴요하고 유용하다. 그런데 이 작업은 시작하기 어렵다. 정부에만 주문하기에는 무리다. 필요성에 대한 공감이 사회 전반에 확산되어야 한다. 정치권, 언론, 외교 · 안보 전문가 모두가 합력하여 정부의 방향 정립을 고무하는 분위기를 조성해야 한다.

우리가 매크로 환경에 대응할 길을 적극 개척하지 않으면, 우리는 또다시 강대국 간 역학의 결과물을 우리의 역사로 감수하게 될 수도 있다. 더 미루지 않아야 한다.

새로운
한·일, 한·중
관계를 위하여

징용 문제,
정당 추천
초당적 현인 모임으로
풀어 보자

대법원이 일본 기업에 대해 강제징용 피해를 배상하라는 판결을 내린 지 6개월이 지났다. 당시 정부는 판결을 면밀히 검토하여 대응 방안을 마련하겠다고 발표하였으나, 아직까지 대응 방안은 나오지 않고 있다. 종래 정부 입장은 한·일 간의 강제징용 문제는 1965년 한·일 간 협정으로 해결되었다는 것이었다. 이제 이와 다른 판결이 나오고 여론도 이를 지지하니, 정부의 대처가 어려울 것이다.

　이러는 동안 판결의 후속 절차는 속속 진행되고 있다. 관련된 일본 기업의 국내 자산이 압류되었다. 자산의 매각 절차도 시작되었다. 일본은 한국의 입장을 채근하면서, 만일 자산 매각이 이루어지면 대항 조치를 취하겠다고 공언하고 있다.

　일본이 대항 조치를 취하고, 우리 여론이 악화되면 한·일 관계는 악순환에 휘말릴 수 있다. 지금도 정부가 곤란한 처지에 있는데 일이 더 꼬인다면 어찌 되겠는가? 그런 상황은 국익은 물론 정부에도 하등 좋을 것이 없다. 한 · 일 간에 보복 조치가 이어지면 타격이 우리에게 더 크다는 점은 전문가들도 인정하는 바이다. 그러니 이대로 두는 것은 정책 옵션이 될 수 없다.

상황 타개에는 두 가지 작업이 필요하다. 첫째로 이 사안을 다룰 중심 주체가 잘 기능해야 하고, 둘째로 좋은 해법이 나와야 한다. 이 둘은 서로 연결되어 있다. 해법이 있으면 중심 주체가 힘을 얻을 것이고, 해법이 여의치 않으면 중심 주체가 동력을 얻기 어렵다.

지금 중심 주체는 정부 안에 있다. 좀 더 구체적으로 말하면 총리실에 있다. 그러나 딱히 마땅한 해법이 없다 보니 동력을 얻지 못하고 있다. 그렇다면 정부의 부담을 덜어주면서, 우리 사회 전반의 지혜를 모아 타개책을 모색하는 접근을 생각해볼 필요가 있다. 예컨대 정부 밖에, 각 정당이 추천하는 초당적 민간 현인 모임을 구성하여 해법을 정부에 건의하도록 하는 방안이 있다.

즉, 먼저 정부가 각 정당에게 강제징용 문제 대처를 위한 현인 모임 구성에 협조해줄 것을 요청하는 것이다. 협조 요청의 대전제는 정부가 현인 모임의 건의를 존중하여 최종 방안을 정한다는 것이다.

현인 모임은 소규모의 전문성과 통찰력을 겸비한 분들로 구성되는 것이 좋다. 소규모로 해야 책임성이 부각되고 진지한 토론이 가능할 것이다. 전문성과 통찰력이 있어야 좋은 해법이 도출될 것이다. 이를테면 여당이 4~5인, 제1야당 3~4인, 여타 정당이 1~2인을 추천하도록 하는 식이다.

모임은 민간인으로 구성되어야 하고 운영도 독립적이어야 한다. 각 정당은 논의에 간여하지 않아야 한다. 개인 자격으로 자유롭게 의견을 개진하도록 해야 한다.

또 모임은 수개월 한시적으로 가동되어야 한다. 그리고 그 기간 중 관련 당사자들의 추가 움직임은 자제가 요망된다. 강제할 수는 없으나, 국익을 위하여 현인 모임이 중지를 모을 때까지 모두가 기다려주어야 한다는 사회적 분위기를 조성할 필요가 있다. 예컨대 현금화 등 추가적 법적 절차도 중지되어야 마땅하다.

현인 모임이 해법을 도출하여 건의하면 정부는 이를 존중하는 대응 방안을 채택하고, 일본과 문제를 풀어가야 한다.

이 방안에는 몇 가지 장점이 있다. 첫째, 어려운 결정의 부담이 분산된다. 강제징용이라는 난제를 다룰 중심 주체를 한시적으로 현인 모임에 맡김으로써 정부의 부담을 더는 것이다. 더 나아가 각 정당에 추천을 의뢰하여 정치적 부담을 좀 더 분산시키는 것이다. 그러면서도 모임의 논의에는 정당이 개입하지 않도록 하여, 각 정당의 정치적 부담에도 선을 그어주는 것이다. 요컨대 정부와 각 정당, 현인 모임 구성원 모두가 책임과 역할을 나누어 맡는 의미가 있다. 물론 마지막 결정은 정부의 몫이므로 최종 책임은 정부가 진다.

둘째, 이 과정을 통해 징용 문제에 관한 우리 사회의 중지를 모을 수 있다. 각 정당을 개입시킴으로써 초당적인 접근이 가능하다. 그럼으로써 최종 결정에 대한 국민적 지지를 모으는 일이 좀 더 용이해질 수 있다.

셋째, 일단 상황의 추가적 악화를 막을 수 있다. 현인 모임이 작업을 하는 동안 일종의 '동작 그만' 상황이 조성되는 셈이다. 수개월의 시간을 벌어 타 개책을 찾을 수 있다.

그렇다면 실현 가능성은 있을 것인가? 우선 정당들의 호응 여부가 문제가 될 것이다. 그런데 강제징용 문제를 방치하면 한·일 관계가 끝없이 악화되리라는 우려는 여야 할 것 없이 공유되고 있다. 그러므로 정당들이 긍정적으로 고려할 여지는 있어 보인다.

문제는 정부의 수용 태세일 것이다. 그러나 냉정히 생각해보자. 이대로 가면 악재가 누적되어 출구 찾기는 더 어려워진다. 일본의 대응도 갈수록 험해질 것이다. 일본은 오사카에서 개최되는 G20 회의 계기 한·일 정상회담도 하지 않으려는 분위기이다. 이대로 가면 정부가 한·일 관계 악화를 방치한 책임으로부터 자유롭지 못하게 된다. 그때에 이르면 여론이 정부에 대해 호의적일 것이라고 보기도 어렵다. 정부에게 득 될 게 없다.

그러니 일단 상황 악화를 막고, 각 정치 세력과 함께 대처 방안을 마련하는 작업을 시작할 필요가 있다. 6월 오사카 G20 회의 이전에 우리 쪽에서 문제 해결을 향한 현인 모임 출범 움직임을 보이고, 이를 기초로 일본과 접촉을 시작하였으면 좋겠다. 지금이 첫 단추이다. 가만히 있으면 안 된다. 지체할수록 해법을 찾기는 점점 더 어려워진다. 잘못 접근해서도 안 된다.

악순환의 한·일 관계,
출구 로드맵을 그려보자

한·일 관계가 악화 일로다. 문제는 대법원의 징용 판결에서 비롯되었다. 대법원은 기존 정부 입장과 달리 일본 기업의 배상 책임을 인정하였다. 2012년 판결이 시작이었고, 2018년 확정판결로 분쟁은 일대 전환점을 맞았다.

일본은 판결을 따를 경우, 1965년 체결된 한·일 기본조약 체제가 흔들린다고 생각하여 극력 반발하였다. 일본은 1965년 협정으로 징용 문제가 종결되었다는 것이 그간 양국의 합의였으니, 한국 정부가 일본 기업에 피해가 없도록 방안을 마련해 달라고 요구하였다.

2012년 이래 이 문제에 대한 한국 내의 분위기는 소극적이었다. 국민감정을 의식해서였을 것이다. 소극 대응을 하려는 심리가 저변에 있다 보니, 현실을 냉정히 직시하기보다는 우리 편의대로 인식하는 사회적 분위기가 형성되었다. 그러한 분위기 속에서 대응 방안이 도출되곤 하였다.

처음부터 한국은 판결이 준 충격을 그리 심각하게 보지 않았다. 확정판결 직후, 일본이 1965년 협정상의 분쟁 해결 절차를 근거로 양자 협의를 요청하자, 한국은 대법원의 판결을 정부가 나서서 일본과 협의한다고 해서 어떻게 할 수 없다는 생각에서 불응하였다. 그러자 일본은 협정상 분쟁 해결 절차의 양자 협의의 다음 단계인 중재위원회를 요구하였다. 한국은 다시 불응하였다. 그렇게 8개월이 지나갔다.

일본에서는 징용 판결을 계기로 한국에 대한 인식이 극적으로 변했다. 이제 많은 일본인은 한국이 우호국이 아니라고 생각한다. 이것은 전혀 새로운 현상이었다. 그러나 한국에서는 과거 여느 분쟁 때 보던 일본 내 반응 정도로 치부되었다.

이런 환경에서 G20 정상회의가 일본에서 열리게 된다. 일본은 징용 관련 해법이 제시되지 않는 한, G20 계기에 한·일 정상회담은 안 하겠다는 생각이었다. 한국 정부는 G20 회의 직전 한국 기업과 일본 기업이 자발적으로 출연하는 1+1 방안을 제시하였다. 한국은 이 안을 일본 정부가 수용하면 양자 협의를 하겠다고 하였다. 기업의 출연을 정부 간에 합의하자는 것이므로 엄밀히 말하자면 자발적 출연은 아니었다. 일본은 일본 기업에 피해가 가는 방안이고, 1965년 협정으로 끝난 문제라는 입장과 저촉된다고 여겨, 거부하였다. 거부하였을 뿐 아니라 자극되어, 검토해 오던 수출 규제 조치를 앞당겨 시행하였다. 우리의 1+1 제안이 일본의 반발을 초래한 셈이다.

일본의 수출 규제는 한국의 격한 반응을 촉발하였다. 맞대응이 이루어졌다. 한·일 간에 가용한 카드를 비교해보면 한국에 불리한 것이 사실이지만, 이런 현실적인 논점은 국민감정 앞에서 밀려날 수밖에 없었다.

한국의 맞대응은 일본의 추가 조치를 유발하였다. 여기서 한국은 한·일

군사정보교류협정(GSOMIA) 중단을 결정한다. 이 결정은 일본을 겨냥하고 있으나, 한·미·일 안보 협력에 이해를 갖고 있는 미국을 중재에 끌어들이려는 계산도 없지 않았던 듯하다.

한·일 간의 과거사 중재에 미온적인 미국이 이에 어떻게 대응할지 미지수이다. 일단 미국은 실망을 표하면서, GSOMIA 연장을 요구하고 있다. 미국이 중재에 나설 기미는 아직 없다. 만일 미국이 나선다 해도 중재 방향이 우리 뜻대로 될지도 불확실하다. 우리가 선호하는 방안은 일본은 수출 규제를 철회하고, 우리는 GSOMIA를 복원하는 것이다. 일본은 이에 반대하고, 징용 판결에 대한 해법이 포함되어야 한다고 나올 것이다. 미국으로선 방안을 찾다 보면, 1965년 협정에 쓰여 있는 중재위원회로 돌아가자고 하기 십상이다. 미국이 이를 권유하면 이번에는 한국이 못 받아들일 것이다.

이제 우리는 GSOMIA 중단이 촉발한 미국발 후폭풍에 대처해야 하는 일방, 일본의 추가 조치에도 대비해야 할 참이다. 게다가 머지않아 압류된 일본 기업 자산의 매각이 다가온다. 일본은 자산이 매각될 경우, 강력히 대응하겠다고 예고하고 있다. 그러면 한국도 대응해야 한다. 그러나 한국은 카드가 충분치는 않을 것이다.

이상에서 보듯 한국이 일본과 계속 치고받는 것은 현실적으로 바람직하지 않다. 한·미 동맹과 한·일 협력은 국제사회에서 한국의 정치·경제적 위상을 지탱하는 주요 기반이다. 그 기반을 손상시키는 것은 무익한 일이다. 그러니 악순환에서 나와야 한다. 그러려면 새로운 접근이 필요하다. 선순환의 출구 로드맵을 그리는 데 참고가 될 몇 가지 관점을 제기하고자 한다.

첫째, 상대의 움직임을 객관적으로 평가하고 우리의 능력 또한 냉정하게 인식하는 기초 위에서 대책을 마련해야 한다. 예나 지금이나 지피지기가 출발점이다. 일본은 1965년 협정에서 양보할 의사가 거의 없다. 갈 데까지 가겠다는 식이다. 불행히도 미국은 일본에 가깝다.

둘째, 상황을 타개하려면 징용 판결에 대한 해법을 내놓아야 한다. 그렇지 않고는 출구를 찾을 수 없다. 1+1 제안은 일본의 거부로 더는 해법이 되지 못한다.

셋째, 그렇다고 중재위원회나 국제사법재판소 회부를 고려할 수는 없다. 지금은 그 단계가 아니다. 양자 협의로 해결을 모색할 단계이다. 지금껏 한·일은 제대로 된 양자 협의를 하지 못했다. 한국이 양자 협의에 불응하니, 일본은 중재위원회 방안으로 넘어갔지만, 그렇다고 양자 협의가 물 건너간 것은 아니다. 이제부터라도 논의할 만한 해법을 내놓고 진지하게 양자 협의를 해야 한다. 관건은 어떤 해법이냐이다.

넷째, 불가피하게도 논의할 만한 해법은 일본 기업에 피해를 주지 않거나 최소화하는 방안, 1965년 협정에 대한 존중 등을 포함할 수밖에 없다. 그렇지 않으면 논의가 시작되기 어렵다. 여기에 더하여 일본 정부의 사과가 들어가야 한다.

다섯째, 이런 점에서 우리의 1+1 제안은 수정이 불가피하다. 이와 관련, 우리 내부 일각에서 1+1 제안에 한국 정부의 출연을 추가하는 방안이 제기되고 있다. 일본의 수용 가능성을 높이는 취지라고 한다. 그러나 일본이 그 방안을 수용하리라고 기대할 수 없다. 왜냐하면 일본은 이 방안도 여전히 일본 기업에 피해가 간다는 점에서 1+1과 같다고 볼 것이기 때문이다. 한국 정부가 이 제안을 하고 일본은 또 거부하게 되는 길을 가서는 안 된다.

작동 가능한 수정안은 1+1 제안 중 일본 기업의 출연을 진정한 자발적 의사로 돌리는 것이다. 출연 문호를 열어 놓고 자유의사에 맡길 것임을 일방적으로 선언하는 것이다. 우리가 전향적인 용의를 밝힘으로써 도덕적 우위를 점하고, 일본 정부에는 사과의 부담을 지우는 방식이다.

그 외에도 일본 기업이 부담하되 한국 측이 일단 보전해주는 방안, 재판 중인 사안에 대해서만 일본 기업이 부담하고, 나머지는 한국 측이 부담하는 방안 등의 수많은 변형을 생각할 수 있다.

여섯째, 그런데 수정안을 정부가 바로 제기하기 어려울 수 있다. 그간의 입장도 있고, 대일 감정도 고려해야 한다. 그렇다면 하나의 대안은 필자가 이미 제안한 바와 같이 초당적 민간 현인 모임을 구성하여 해법을 내게 하고, 정부는 이를 기초로 일본과 양자 협의를 하는 것이다. 원론적이지만 이미 대통령과 5당 대표는 청와대 회동에서 징용 문제 해결을 위한 초당적 대처에 합의한 바 있다. 이런 분위기를 적극 활용하였으면 한다.

일곱째, 추가적 상황 악화는 막아야 한다. 양자 협의가 시작되거나 현인 모임에 해법이 위촉되면, 일본의 추가 행동은 억제될 것이다. 문제는 국내의 일본 자산 매각인데, 출구를 찾는 동안 국내에서도 추가 행동을 자제하도록 여론을 조성해야 한다. 제3자의 매각 대금 공탁 방안도 고려하는 게 좋겠다.

요컨대, 출구를 찾으려면 새로운 접근을 시도해야 한다. 그러려면 오랫동안 대일 외교가 붙잡혀 있던 과도한 감정, 편의적 인식, 소극적 대응의 틀을 벗어야 한다. 촛불 민심을 받아서 들어온 정부가 이 작업을 시작해주기를 기대한다. 촛불 민심은 국정 전반에 걸쳐 선진화를 주문한 것이고, 대일 외교도 예외가 아닐 것이기 때문이다.

하루빨리 상황의 추가 악화를 막고, 징용 판결과 일본의 대응 조치, 그리고 GSOMIA 문제까지 일괄 해결할 수 있을 선순환의 출구 찾기가 시작되기를 소망한다.

3·1절 100주년에
새로운 한·일, 한·중 관계를
생각한다

한·일 관계가 어렵다. 누적된 문제가 지속적으로 불거지고, 드디어 군사적 마찰 우려마저 생길 정도다. 이승만 정권 이후에는 없던 일이다. 한·중 관계는 더 나빠진 것은 없으나, 새로운 것도 없다. 중국이 굴기하는 힘으로 주변 국가를 압박하는 행태는 계속되고 있다. 사드 문제도 끝난 게 아니다. 사드 보복 과정에서 중국이 보인 위압적인 행태와, 한국이 보인 소극적이고 회피적인 행태는 한·중 관계의 미래를 크게 염려하게 할 만한 일이었다.

이런 가운데 우리는 3·1절 100주년을 맞는다. 종래대로라면 올해는 반일 감정이 분출될 해이다. 그러면 한·일 관계는 더 악화될 것이다. 중국은 이를 활용하여 한국을 자기 궤도 쪽으로 견인하려는 노력을 강화할 것이다. 그렇게 가는 것이 우리 국익에 득 되는 일일까?

지난 100년을 돌이켜 봄으로써 논의를 시작해보자. 그 기간에 우리가 겪은 고난과 이룩한 성취는 유례없는 것들이고, 이것들이 지금의 한·중·일 관계에 연결되어 있기 때문이다.

100여 년 전 우리는 사상 처음으로 서구 세력을 접하였다. 때는 제국주의 시대였고, 서구 세력은 제국주의 세력으로 동아시아에 왔다. 일본은 신속히 새 질서에 적응하고 따라 배워, 제국주의 아류가 되었다. 조선은 일본 제국주의의 식민지가 되었다. 조선은 최초로 중국이 아닌 세력에게 지배당한 것이다. 조선은 중화 질서에 충실한 일원으로 소 중화를 자처하던 터였는데, 우리가 낮추어 보던 일본의 식민지로 전락한 것이다.

당시 조선이 몰랐던 것은 중화 질서는 더 이상 작동하지 않는다는 점이었다. 이미 서구 질서가 동아시아에 밀려왔고, 이를 먼저 학습한 일본은 소 서구가 된 셈이었다. 당시 일본에 퍼져 있었던 탈아 입구론이 이를 잘 설명해 준다. 시대 변화를 읽지 못한 대가는 혹독하였다. 나라가 없어졌다. 몽골의 침략이나 병자호란, 임진왜란 때에도 나라는 있었다.

식민지 한국에서 3·1 독립운동이 일어났다. 이어서 임시정부가 수립되어, 독립 노력이 조직화되었다.

1945년 해방 후 우리는 새 나라와 새 정체성을 세우는 길에 나섰다. 중화 질서 속에서 중국에서 도입한 성리학에 기초한 왕조 체제라는 정체성을 세웠던 조선과는 다른 정체성 말이다.

그런데 해방이 되자마자 분단이 되었고, 전쟁이 났다. 한국은 미국과 손잡고 북한, 중국과 싸웠다. 그 후 한국은 미국이라는 역외 초강대국의 동맹이 되었다. 한국이 중국보다 강한 나라와 동맹을 맺고, 중국과 절연된 삶을 살기 시작한 것도 사상 처음이었다.

한국은 서방 세계의 일원으로 경제 발전을 거듭하여 세계 10위권대의 경제 강국이 되었다. 정치적으로도 민주화를 위한 줄기찬 행진을 하였다. 4 · 19 의거, 부마 항쟁, 광주 항쟁, 6월 항쟁을 거쳐 드디어 아시아에서 선두권의 민주주의를 일궜다. 특히 한국의 민주화는 경제 발전과 달리 외부의 지원보다는 한국인 스스로의 투쟁과 희생으로 이룩한 것이었다.

이러한 성취로 시장경제와 자유민주주의 모두를 이룩한 대한민국이라는 새로운 정체성이 형성되었다. 한국인들은 중국과 절연된 100년 동안 사상 최초로 중국 문물이 아닌 서구의 문물을 기초로 나라를 발전시키기 시작하였다. 그 결과, 한국인들은 처음으로 중국인보다 경제적으로 부유하고 정치적으로 높은 수준의 자유를 누리게 되었다. 일본과 비교해보더라도 한국은 경제적으로 일본에 근접한 수준에 접근하였다. 정치적으로는 자유민주주의의 일부 측면에서 일본을 앞섰다. 예컨대 한국 민주주의의 역동성, 특히 시민사회의 역할은 일본도 부러워하는 부분이다. 이런 역동성을 가진 나라는 아시아에서 한국이 유일하다.

세계사적으로 보더라도 과거에 식민지를 겪은 나라 중에서 한국처럼 시장경제와 민주주의 둘 다를 성취한 나라는 더 없다 해도 과언이 아니다. 그런데 한국의 경제 발전은 보수 세력이 주도한 것이고, 민주화는 진보 세력이 주도한 것이다. 한국 사회의 양대 세력이 한국의 새로운 정체성을 세우는 데 기여하였다는 점도 큰 의미를 갖는다.

한국이 이렇게 변하는 동안, 중국은 공산화되어 문화혁명의 혼란을 겪다가 등소평의 개혁 · 개방을 전기로 경제적인 굴기를 하게 된다. 그러나 중국은 정치적으로는 중국만의 특색 있는 사회주의라고 하는 특이한 이념을 내세우고 있다. 자유민주주의, 다원주의와는 거리가 있는 것이다.

이런 중국과 변화된 한국이 1992년에 다시 관계를 수립하였다. 을사보호조약 이래 근 100년 만이다. 마르크스, 레닌, 모택동, 등소평의 이념 위에 경제를 세운 중국과 과거 수천 년과는 전적으로 다른 정체성을 이룬 한국이 다시 만난 것이다. 과거의 조선이 청을 다시 만나는 관계라고 볼 수는 없다.

 그러나 수교 후 30년을 돌아보면 한국의 대중 정책에 한국의 새로운 정체성 인식이 반영되었다는 흔적은 찾기 어렵다. 한국은 중국의 전략적 의도에 대한 성찰 없이, 전개되는 상황에 관계를 내맡기고 관성적으로 대처하였다고 보아야 한다. 인적·물적 교류가 폭발적으로 늘었고 무역이 한국에게 큰 이익을 가져왔으므로, 한국의 대중국 정책은 자유방임이 대책처럼 된 것이다. 그러다 보니 한국의 중국 경제 의존도는 비정상적으로 높아졌다.

 중국은 부상하는 국력을 바탕으로 주변에서 미국 세력을 밀어내고 중국 중심의 새 질서를 구축하려는 노력을 계속하고 있다. 과거 오랜 세월 동안 중국이 압도적인 강국으로서 주변 국가들에 중화 질서를 부과하고, 이를 이상화하였던 것을 연상시키는 일이다. 과거에 중국은 이 질서가 작동하면 안정이요, 작동하지 않으면 혼란이라는 인식을 갖고 있었다.

 중국의 이러한 노력에 있어서 한국은 주요 대상의 하나였다. 한국이 미국의 동맹이고 지리적으로 중국의 정치 경제 중심부와 근접해 있기 때문이다.

 중국은 한국의 경제적 의존도를 지렛대 삼아 자신의 관점을 한국에 부과하려 하였다. 한국은 은연중 이에 적응하였다. 그러다가 사드 문제가 터졌다. 중국은 전근대식 보복으로 나왔다. 한국은 중국이 가진 막강한 지렛대를 의식하여, 소극적으로 대응하였다. 이 과정에서 중국은 한국의 과도한 대중 의존이 중국에는 중요한 지렛대요, 한국에는 큰 취약점이라는 점을 확인한 것으로 보인다.

한편, 일본은 이 시기에 군국주의에 기반을 둔 침략과 팽창을 추구하다가 막대한 피해를 입고 2차 세계대전의 패전국이 되었다. 전후 일본은 평화 정책을 표방하고, 주변국과의 우호와 국제 협조를 중시하였다. 또 미국의 동맹이 되어 민주주의를 발전시키고 경제 대국을 이룩하였다. 그러나 과거 역사 문제에 대해서는 독일과 달리 잘못을 인정하지 않으려는 관성을 강하게 내보였다. 그 결과 일본이 전후 세계 평화와 발전에 기여한 노력이 퇴색되었다. 일본과 주변 국가와의 관계에 애로가 생겼다.

　1965년 한·일 국교 정상화 때 과거 문제는 적당히 봉합되었다. 일본은 국교 정상화 이래 한국에 대해 협조 자세를 취했으나, 과거사 문제에 대해서는 1965년 협정을 빙자하며 소극적이었다. 과거사 문제를 두고 논란을 벌이다가, 밀리면 조금씩 인정하는 식이었다. 한국이 경제적 정치적으로 성장하자, 한국 내에서는 과거 문제에 대한 새로운 대일 요구가 대두하였다. 일본은 마지못해 어느 정도 응하더니, 시간이 갈수록 반발하기 시작하였다. 근래에 일본 아베 정부는 전후 일본이 과거사 문제에 대해 노력할 만큼 하였으나 한국을 만족시킬 수 없었다고 보고, 더는 끌려가지 않겠다는 입장이다. 그러면서 국제사회의 여론을 일본 쪽으로 끌어당기는 노력을 하고 있다.

　이제 일본은 과거사 문제에 대해 방어적 자세를 넘어 반격도 고려하는 인상이다. 올해 한·일 관계가 더 악화되면, 일본은 그 길로 더 나아갈 수 있다. 일본이 정치·경제·금융·과학기술 등 영역에서 한국에 반격을 하면 피해가 만만치 않을 것이다. 그만큼 일본이 한국에 대해 상대적으로 큰 레버리지를 갖고 있다. 아울러 그럴 경우 미국이 우리의 편에 설 것인가도 확실치 않다. 기껏해야 미국은 중립이거나, 다소 일본 편에 설 소지가 있다. 그렇게 되면 중국은 한·일 간 갈등을 활용하여, 중국이 추구해 오던 한국 견인 노력을 가속화할 것이다.

 이런 상황이 우리 국익에 도움이 되지는 않을 것이니 그대로 방치해서는 안 될 것이다. 문제를 풀 단초는 3·1 운동 정신과 지난 100년간 우리가 이룩한 성취와 정체성을 명확히 인식하는 데에서 찾아야 한다. 그 인식에 기초하여 주변 국가와의 관계를 설정해 나가야 한다. 한마디로 3·1 정신은 자주독립이다. 당시 한국인들이 일제에 항거한 것은 일제가 자주권을 앗아 갔기 때문이다. 그 정신과 정체성으로 돌아간다면, 중시해야 할 것은 우리의 자주권과 자유민주주의, 시장경제 발전 노선일 것이다.

 우선 중국에 대해서 보면, 한국은 중국이 지향하는 주변 지역에 대한 세력 확대가 한국의 자주권과 자유민주주의, 시장경제에 어떤 영향을 미칠지를 고심해야 마땅하다. 부상하는 거대 세력인 중국의 뜻을 거역할 수 있겠는가 하는 식의 사고는 3·1 자주독립 정신과 지난 100년간 우리가 이룩한 새로운 정체성을 망각하는 열등 의식의 재현이다. 중국과 좋은 관계를 유지하는 일도 필수이지만, 자주권을 타협하는 방식으로는 좋은 관계를 구할 수 없다. 만일 자주권을 제약하려는 경우가 있다면, 만난(萬難)을 무릅쓰고라도 거부한다는 원칙을 세워야 한다.

 자주권을 지키는 일은 의지만으로 되지 않는다. 중국은 부상하는 거대 실체이고, 지리적으로 우리와 인접해 있다. 또 우리는 과거 오랜 기간 중화 질서 속에 살아온 역사적 유래가 있다. 우리 스스로 노력을 기울여 자주권을 지키려 하지 않으면, 부지불식간에 중국이라는 막강한 자기장 속으로 끌려가기 쉽다. 그러므로 우리는 미국과의 동맹으로 균형을 잡고, 중국의 구심력에 대비할 기반을 갖춰야 한다.

 동시에 우리는 과도한 대중 경제·통상 의존도를 완화하고, 우리의 취약점을 보완해야 한다. 무역·투자 다변화를 기해야 하며, 대중 경제 관계를 전략적 관점에서 다뤄야 한다.

우리로서는 이러한 조치를 기본으로 해두고, 중국과 좋은 관계를 발전시켜 나가야 한다. 그러면서 중국이 과거에 해왔던 식으로 주변 국가를 대하는 관점으로부터 진화하기를 기대해야 한다. 중국이 상호 존중과 호혜 협력을 추구하는 개방적이며 절도 있는 행위자가 되도록 하는 국제적 노력에 동참해야 한다.

일본은 우리의 자주권에 더는 문제가 되는 나라는 아니다. 우리와는 자유민주주의와 시장경제라는 가치를 공유하는 파트너이다. 과거의 자주독립 문제를 두고는 다툴 상대이지만, 현재와 미래의 자주와 정체성을 위해서는 협력하고 활용해야 할 상대이다. 전략적으로 생각한다면, 우리가 중국과의 관계를 설정해 나감에 있어, 일본은 미국과 한 묶음으로 우리 외교에 도움이 되는 전략적 요인이라는 점을 도외시할 수 없다.

그러나 일본은 과거의 문제에 대해 전향적으로 대처하지 못하는 내재적 한계와 약점을 가진 나라이다. 한국의 국민감정이 지속적으로 자극되는 이유이다. 우리의 딜레마는 이러한 일본에 대해서 과거의 피해 의식과 국민감정으로 계속 대처하면, 일본을 전략적 차원에서 우리 국익에 활용하기 어렵다는 점이다. 또 그렇게 하면, 정작 과거 문제에 대한 일본의 전향적 입장 전환을 유도하기도 어렵게 된다는 점이다.

이 문제에 대해서도 3·1 자주독립 정신과 우리의 지난 100년간의 성취에서 얻은 자신감으로 새로운 출발점을 찾을 수 있다. 3·1 정신은 반일에 얽매여 있지 않았다. 자주독립하여 일본과도 우호하고, 동양 평화와 번영에 기여하겠다는 것이었다. 이제 우리는 새로운 동북아 국제정치 환경에서 좌표를 고심해야 할 사정이다. 일본이 과거 문제에 대해 더 경직된 길로 가지 않도록 유도할 방안을 고민해야 할 형편이다. 그러니 우리 스스로 그간의 성취와 자신감을 바탕으로 감정을 억제하고, 미래를 지향하는 성숙함을 보일 때가 아닌지 자문해보아야 한다. 일본이 과거를 우기고 나올 때는 단호히 지적할 입장을 벼리되, 우리가 나서서 자극하지는 않는 금도(襟度)를 보이면 어떤가? 같은 맥락에서 일본이 전후 세계 평화와 발전을 위해 기여해온 점이나, 우리의 발전에 도움을 준 일을 있는 그대로 평가하는 아량과 여유를 보이는 것도 좋겠다.

우리가 냉정하게 시시비비를 가리는 성숙도를 보여주면, 불필요한 한·일 관계 악화를 막을 수 있다. 또 일본이 과거 문제에 대해 더 경직된 길로 가지 않도록 하는 효과도 있을 것이다. 일본 내에는 그간 노력할 만큼 했는데 한국이 평가해주지 않는다는 정서가 있다. 과거사 논란이 심화될수록 일본 내의 친한 여론이 고립되고, 우익적 견해가 세를 얻는 현상도 나타나고 있다. 새로운 접근이 요구된다. 3·1 운동 100주년이 감정 토로의 계기가 아니라 발상 전환의 계기가 되었으면 좋겠다.

예컨대 위안부 문제의 경우, 일본의 잘못은 역사적 사실로서 영원히 남아 있다. 그리고 일본이 전적으로 책임을 인정하고 사과하지 않는 한, 그것은 계속 진행될 논의이다. 단지 그것을 큰 현안으로 삼아 매번 공세를 취할 필요는 없다.

그런 면에서 그 문제가 해결되지 않으면 한·일 정상회담을 하지 않겠다고 한 박근혜 정부의 결정은 잘못된 것이었다. 당시 그 누구도 두 사안을 연계하라고 주문한 바 없다. 위안부 피해자도 진보 진영도 그런 요구를 한 적이 없다. 판단 착오이고 자충수였다. 결국, 정상회담을 하려고 위안부 문제를 졸속 해결하는 엉뚱한 일이 생기고 말았다.

그래서 위안부 문제가 불가역적으로 해결되었다는 합의가 이루어졌는데, 이것은 사안의 인류적 도덕적 심각성을 몰각(沒覺)하는 처사였다. 여성의 존엄과 인권에 대한 무자비한 침해는 어느 정부가 나서서 불가역적으로 해결되었다고 합의할 수 있는 일이 아니다. 이런 점에서 당시 불가역적 해결을 환영한다는 성명을 낸 미국의 오바마 대통령도 큰 실수를 하였다. 홀로코스트를 독일과 이스라엘이 불가역적으로 해결되었다고 합의하고, 미국이 이를 환영한다는 성명을 내는 상황을 상상이나 할 수 있겠는가? 위안부 문제는 계속 논의하고, 정상회담은 이와 별도로 하면 될 일이었다. 잘못된 판단과 대처의 후과가 어떠하였는지는 모두가 아는 바다.

또 한편, 한국은 중국과 일본에 대해 이러한 원칙적 입장과 유연한 대응을 병행하면서, 아울러 동아시아에서 중국·일본은 물론 미국·러시아 사이에서 이들 간의 평화 화해 협력을 촉진하는 한국만의 특유의 역할을 해야 한다. 그리하여 주변 강대국 모두가 한국을 필요한 나라로 여기고 존중하도록 만드는 외교를 해야 한다. 이미 100년 전 3·1 독립 선언에 그런 비전이 들어 있다. 한국 외교가 그 방향으로 나아가면 통일의 길도 좀 더 쉬워질 것이다. 중국을 비롯한 주변 국가들이 평화와 협력의 촉진자 역할을 하는 통일 한국을 긍정적으로 생각할 것이기 때문이다.

그런데 지금 이러한 발상의 전환과 새로운 접근을 전적으로 한국 정부에만 주문하는 것은 정치적으로 부담이 큰 일일 것이다. 민감한 국민감정이 걸려 있는 사안이므로 조심스러울 것이기 때문이다. 이 대목에서 한국 시민사회의 역할을 주문하고 싶다.

한국은 중국, 일본과 비교해볼 때 정부보다 상대적으로 시민사회가 강한 나라이다. 한국 시민사회의 역동성은 중국과는 비교할 수도 없고, 일본보다도 강하다. 한국의 시민사회는 권위주의 정부에 맞서 사회 변화와 진보를 주도하면서 성장해온 바 있다. 더구나 근래에는 시민사회가 주도한 촛불 시위가 국정 전반에 대한 개혁과 변화 요구를 분출시켰다. 촛불 민심이 외교 분야에도 새로운 사고를 주문하고 있다고 본다면, 3·1절 100주년을 계기로 중국과 일본에 대해 새로운 대응을 할 수 있도록 시민사회가 나서기를 기대하는 것도 무리가 아닐 것이다.

그렇게 하여 정부와 시민사회가 함께 중국, 일본과의 관계를 새로운 차원으로 열어 가는 일을 시작하기 바란다. 새로운 접근의 근거는 3·1 자주독립 정신과 한국이 지난 100년 동안 이룩한 성취 속에 담겨 있다.

올 한 해 반일 감정의 열기에 휩쓸려 한·일 관계는 악화되고, 우리 외교 입지는 축소되는 일이 없기 바란다. 3·1절 100주년이 자주·협력·통일의 미래를 향한 새로운 대일, 대중 외교의 원년이 되기를 기대한다. 그것이 진정한 3·1 정신이 아니겠는가.

04

격변하는
대외 여건하에 있는
러시아와의 관계

우크라이나 사태 이후
달라진 나라,
러시아

러시아의 지금을 이야기하면서 우크라이나 사태를 비켜 갈 수는 없다. 그만큼 현재 러시아와 관련된 거의 모든 일이 우크라이나 사태와 얽혀 있다.

전후 맥락을 소개하려면 2014년 봄으로 돌아가야 한다. 그때 우크라이나에서는 나라의 진로를 친 러시아로 할지, 친 EU로 할지를 두고 국론이 분열되었다. 친 러시아 성향의 대통령이 친 EU 노선을 버리는 선택을 하자, 수도 키예프의 마이단 광장에서 친 서방 시민들의 시위가 격화되었다. 시위는 혁명이 되었고, 친 러시아 성향의 대통령은 러시아로 도피하였다.

반러시아 성향의 혁명 세력이 권력을 장악하자, 크림반도와 동부 우크라이나 등 친러 지역 주민이 반발하였다. 크림반도의 친 러시아 세력은 크림반도를 러시아에 합병시킬 것을 제안하였다. 러시아는 합병을 받아들였다. 이어 동부 지역의 반군은 우크라이나와 분리를 위한 무장봉기를 일으켰다. 서방 측은 크림반도 친 러시아 세력의 활동과 동부 지역 반군 활동의 배후에 러시아가 있다고 보고, 러시아에 강한 제재를 부과하였다.

이로써 러시아와 우크라이나 관계로부터, 러시아와 서방과의 관계, 러시아 국내 상황에 이르기까지 모든 것이 극적으로 바뀌었다. 이제 러시아에 대해 말한다면, 우크라이나 사태 이전과 이후를 구분해야 할 정도다.

원래 러시아와 우크라이나는 한 뿌리에서 나왔다. 국가로서의 러시아의 기원은 우크라이나에 세워진 키예프 공국이었다. 기독교와 키릴 문자를 받아들여 러시아의 근간을 세운 것도 키예프 공국이었다. 나중에 세력의 중심이 모스크바 공국으로 옮겨져 모스크바 시대가 열렸고, 그 후에 피터 대제가 상트페테르부르크로 천도하였다가, 볼셰비키가 공산주의 혁명 후, 수도를 모스크바로 다시 옮겼다. 이처럼 러시아의 정치·경제 중심은 몇 차례에 걸쳐 이동하였지만, 출발점은 키예프였다. 그래서 러시아 사람들은 러시아 역사는 키예프, 모스크바, 상트페테르부르크, 세 도시 이야기라고도 한다. 이처럼 역사적으로 연결되어 있고, 거의 같은 언어와 종교를 공유하고, 인종적으로도 같은 동슬라브계로서 가깝던 두 나라가 돌아오기 어려운 강을 건넌 것이다.

러시아와 서방 간의 관계는 우크라이나 사태를 계기로 급전직하하였다. 서방은 러시아의 크림반도 합병을 무력에 의한 영토 침탈로서 국제법 위반이라고 간주한다. 그리고 러시아가 우크라이나 동부 지역 반군을 지원하는 데 대해서도 강한 반감을 보이고 있다. 서방은 러시아와 고위급 인사 교류를 억제하고 있고, 러시아가 주관하는 주요 행사를 보이콧한다. 이처럼 러시아에 대한 제재가 부과되다 보니, 서방과 러시아 간의 협조는 이제 아득한 옛일처럼 되었다. 우크라이나 사태는 탈냉전 시기에 서방과 러시아 간 관계의 분수령이 되었다.

　서방 측은 지금의 상황을 초래한 원인 제공자가 러시아라고 본다. 크림반도 합병과 동부 지역 반군 지원 등으로 러시아가 심각한 일탈 행위를 하기 때문에 지금의 사태가 생겼다고 간주한다. 최근에 벌어진 사태를 중심으로 러시아에 귀책사유가 있다는 시각이다. 안보리 상임이사국이 21세기에 19세기식 영토 합병을 하였으니, 이를 간과할 수 없다는 것이다. 반면에 러시아는 우크라이나에서의 상황을, 냉전 종식 이후 오랜 기간 서방이 러시아의 이해를 침해하고 러시아의 권역을 잠식해온 흐름에서 해석하려고 한다. 우크라이나에서 러시아가 취한 행동은 더는 침탈을 용인할 수 없다는 결의의 표현으로 본다. 그런 맥락에서 러시아는 자국의 행동을 당연하고 방어적인 것이라고 생각한다.

　러시아는 탈냉전기 초반에 러시아가 서방에 적극적인 협조를 하였으나, 서방은 지속적으로 서구 세력권의 동진을 추구하면서 러시아의 이익을 잠식해 왔다고 본다. 북대서양조약기구(NATO)와 EU가 동진을 거듭하였고, 급기야는 구소련의 일부였던 지역에까지 서방의 손길이 뻗쳤다고 본다. 조지아가 처음이고, 우크라이나가 그다음 사례라고 인식한다. 러시아는 조지아가 서방의 영향권으로 들어갈 때 이를 어쩌지 못했으나, 우크라이나에 대해서는 방관할 수 없다고 생각한다. 러시아는 우크라이나 전체가 서방의 반러시아 기지가 되는 상황은 좌시할 수 없다고 여긴다.

　러시아인에게 크림반도는 잊을 수 없는 역사적 경험의 산물이다. 여러 차례의 전쟁을 통해 확보한 땅이고, 러시아인의 피와 애국심이 서린 지역이다. 톨스토이도 이 전쟁에 참여하였다. 톨스토이가 참전 경험을 바탕으로 쓴 소설도 있다. 크림반도는 소련 시대 러시아 공화국의 일부였는데, 우크라이나 출신인 흐루쇼프가 1954년에 우크라이나의 행정 관할로 넘겼다. 당시에는 러시아 공화국이나 우크라이나 모두 소련의 일부였으므로, 행정 관할권 이관은 국내적 문제였을 뿐이다. 그러나 소련이 붕괴하고 우크라이나가 독립국이 되자, 크림반도가 우크라이나 영토가 되었다. 러시아 영토에서 떨어져 나간 것이다. 크림반도에는 러시아의 흑해 함대 모항인 세바스토폴(Sevastopol)이 있다. 러시아는 흑해 함대 운영을 위해서 세바스토폴항을 유지해야만 하였다. 그래서 그간 러시아는 우크라이나와 협의하여, 세바스토폴항을 장기 임차해 왔다. 그러나 세바스토폴항의 장래는 항상 불확실하였다. 우크라이나에는 러시아의 세바스토폴항 장기 임차에 대한 반대 여론이 상존해 왔다. 그래서 임차 협상이 조금씩 어려워져 가고 있었다. 이런 상황에서 우크라이나에 혁명적 상황이 발생하고 반러시아 정권이 들어서자, 러시아는 크림반도 문제를 극적으로 해결하는 길을 선택한 것이다.

서방 측은 크림반도에 대한 이러한 역사적 맥락은 차치하고, 러시아가 타국의 영토를 합병했다는 결과론을 중심으로 판단을 내려 러시아에 제재를 가하였다. 서방의 제재로 러시아는 무역, 금융, 첨단 기술, 투자에 애로를 겪고 있다. 여기에 덧붙여 국제 유가마저 반 토막이 나는 바람에 에너지 수출에 의존하던 러시아 경제는 더 어려워졌다. 루블화 가치가 절반가량 떨어졌다. 인플레도 심각하다. 경제는 2015년에 3.7퍼센트 마이너스 성장을 기록하였다.

그런데 흥미로운 것은 경제적 어려움에도 불구하고 러시아인들이 정부에 강한 지지를 보내고 있다는 점이다. 그 배경에는 외부 세계와의 대결 국면이 오면 내부적으로 단합하는 러시아인 특유의 기질이 있다. 또 냉전 종식 이래 서방이 러시아를 홀대해 왔다는 국민적 반감이 있다. 이러한 반감은 러시아가 정치 경제적으로 어려웠던 탈냉전기 초반에 누적되어 오다가 러시아가 고유가에 힘입어 국력을 회복한 탈냉전기 후반부터 적극적으로 표출되었다. 이제 우크라이나 사태로 서방과의 대립이 심화되자, 국민적 단합 심리는 최고조에 달했다.

러시아의 푸틴 정부는 이러한 국민 정서를 활용하면서, 서방과의 대립 관계를 꾸려 나가고 있다. 그러나 지금과 같은 현상이 언제까지 지속될지는 확실하지 않다. 러시아가 냉전 시기 소련의 국력으로도 견뎌내지 못한 서방과의 대립을 장기간 지속하여, 유리한 결과를 끌어낼 것으로 보기도 어렵다. 경제난이 지속되는데 민심이 계속 지지를 보일지도 불분명하다. 그래서인지 러시아가 국면 전환을 원하는 정황은 여러 곳에서 발견된다.

그렇다면 전향적인 움직임은 러시아에서부터 나오는 게 좋을 것이다. 그러나 문제는 러시아가 먼저 전향적인 조치를 취하기는 어려운 구조라는 데 있다. 러시아는 냉전 종식 이후 피해 의식과 패배 의식을 가지고 있기 때문이다. 강대국이라는 자의식과 세력상 열위에 있다는 현실이 복합적인 심리로 작동하고 있어서, 먼저 손을 내밀지 못하는 것이다. 그래서 러시아는 타협 의사를 내비칠 때에도 공격적인 행태를 가미하는 경향이 있다. 서방이 이런 러시아식 행보를 수용하기 어려워하는 것은 물론이다.

필자는 외교관으로 오랫동안 미국과 러시아에서 일하였다. 그러면서 미국과 러시아가 서로에 대해 과도한 편견과 오해를 갖고 있음을 알게 되었다. 미국인의 편견은 러시아가 거칠고 자주 국제 규범을 어기며, 쉽게 군사력을 동원하려고 한다는 것이다. 러시아인의 편견은 미국이 러시아에 대해 많은 계략을 꾸미며, 군사력을 위주로 고압적인 대외 정책을 운영한다는 것이다. 서로는 상대가 먼저 공격적이고 음모적인 접근을 했다고 인식한다. 그러므로 상호 대응이 과도하게 되고, 이것이 또 상대의 과도한 반응을 유발한다. 냉전 시기에 이런 일이 수없이 생겼다. 상대의 의도에 대한 과도한 해석이 상승작용을 일으켜 장기간 두 강대국이 소모적인 대결을 하였다. 냉전은 불필요한 대결과 자원의 낭비라는 전 인류적 폐해를 초래하였다. 한반도에 끼친 폐해도 6 · 25, 분단, 남 · 북 대결 등 이루 말할 수 없다.

냉전이 서방의 승리로 끝난 이후에 서방은 러시아에 대해 소홀하였다. 러시아는 서방에 대한 과잉 기대와 실망 사이를 오갔다. 양측 모두 탈냉전 시기에도 냉전적 관념을 가지고 상대를 대하였다. 이제 다시금 재연되는 러시아와 서방 간의 대립을 보면서, 냉전 시기만큼은 아니라도 이에 준하는 소모적 대립이 계속될 것을 우려하지 않을 수 없다. 또 한반도에 튈 파편에 대해서도 염려하지 않을 수 없다.

그러므로 러시아와 서방 간의 대립을 완화케 할 단초가 무엇일지에 관심을 갖게 된다. 이번 가을 러시아 총선에서 드러날 민심에 따라 러시아가 운신의 여지를 가질 수 있을지, 또 내년 미국 신행정부 출범이 변화의 전기가 될지를 주목해본다.

러시아와
브렉시트

브렉시트를 보고 러시아를 생각한다. 이렇게 말하면 둘 사이에 무슨 관계가 있느냐는 의문이 들 수도 있겠다. 그러나 공통점과 상이점이 있고, 상호 관련되어 있다.

우선 유럽을 중심에 놓고 보면, 러시아나 영국 모두 유럽에서 멀어지는 추세에 있다는 것이 공통점이다. 러시아는 우크라이나 사태 이래 유럽과 대립 국면에 있다. 냉전 종식 이후 진행되던 러시아와 유럽 간의 협조 기운은 사라지고, 양측의 분리는 현저해졌다. 그런데 이번에는 브렉시트 사태가 나와서 영국이 유럽에서 분리, 이탈하는 것이다.

흥미롭게도 이러한 현상이 유럽의 동쪽 변두리와 서쪽 변두리에서 벌어졌다. 여러 이유가 있겠으나, 동쪽 끝의 러시아나 서쪽 끝의 영국 모두 유럽과는 다른 정체성을 의식하고 있기 때문일 것이다. 둘 다 유럽의 멤버이고자 하면서도, 유럽과 별개의, 유럽과 다른, 유럽보다 나은 무엇이고자 하는 정체성 인식을 갖고 있다.

상이점도 있다. 러시아의 정체성 속에는 유럽에 대한 열등감과 우월감이 동시에 들어 있으나, 영국의 경우는 우월감이 자리한다는 점이 다르다. 영국은 오랫동안 대륙에 대해 명예로운 고립이라는 개념을 갖고 있었고, 이는 쉽게 사라지지 않고 있다. 이러한 정서가 EU를 떠나겠다는 결정에 영향을 준 것이다. 러시아에는 명예로운 고립이라는 개념이 작동하는 것은 아니다. 러시아는 유럽 문명의 주변부이자 후발 주자이지만, 러시아 제국과 소련 제국을 거치면서 강대한 세력과 대단한 성취를 이룩한 바 있다. 이에 따라 러시아는 주변부로서 중심부 유럽에 대해 인정 콤플렉스를 갖고 있으면서, 동시에 자신의 힘과 성취에 대한 자의식도 가진 이중적 심리하에 있다고 해야 할 것이다.

브렉시트가 불거진 시점도 묘하다. 우선 유럽과 러시아의 대립이 탈냉전 시기 중 최고조에 달한 때에, 이 일이 생겼다. 마침 우크라이나 사태를 계기로 유럽에서는 러시아의 새로운 공격성에 대해 단합하여 대처해야 한다는 목소리가 높고, 그러한 기류의 선두에 영국이 있었다. 그 영국이 EU를 탈퇴한 것이다.

이제 브렉시트 사태로 유럽의 단합 흐름에 타격이 가해지자, 이 상황에 대한 러시아의 관점이 무엇인지에 관심이 쏠리고 있다.

통념상 러시아는 단합된 유럽을 버거워하고, 분열된 유럽의 개별 국가와 거래하는 것을 선호한다. 그러므로 러시아는 지금의 상황을 나쁘게 보지 않을 것으로 추정된다. 또 러시아에 강경한 자세를 취해온 영국이 없는 유럽을 더 편하게 여길 수도 있다. 그러나 영국이 빠지고, 이완된 EU가 무역이나 자본 협력 측면에서 러시아에게 실질적으로 유용한 파트너가 되지 못할 수 있다. 경제 측면에서 러시아에 득이 안 될 수도 있다.

지금 러시아는 우크라이나 사태 이후 고립과 제재 국면을 탈피하기 위해 부심하고 있다. 일종의 타협을 구하는 것인데, 그러면서도 러시아 특유의 기질과 정체성 상, 그 접근 방법은 유화적이 아니라 공세적이다.

예컨대 동부 우크라이나에서 반군이 일정한 정치적 군사적 위치를 정립하자, 러시아는 휴전을 성립시켰다. 휴전이 이룩되자, 러시아는 반군을 통제하면서 휴전을 유지하는 데 역할을 해왔다. 그러면서 서방과의 타협을 기대하였다. 그러나 서방은 러시아가 크림반도 합병과 동부 우크라이나에서의 반군 부양이라는 기정사실 위에서 상황을 봉합하려 한다고 간주하고, 호응하지 않았다.

그러자 러시아는 국면을 타개하기 위해 공세적 행보를 시작했다. 시리아에 파병하고 공습을 시작한 것이다. 명분은 시리아 내 테러리스트 그룹에 대한 전쟁이지만, 아사드 정권을 군사적으로 지원하려는 목적이 있다. 그러므로 러시아군이 테러리스트 그룹만이 아닌 친미 · 온건 반군에 대해서도 공격을 가한 사례가 보고되고 있다. 명분상으로는 미국 등 서방과 협력하는 것이나, 내심은 아사드 정권을 부양하는 것이니 서방과 엇나가는 것이다. 결국, 겨냥 점은 서방과의 협력 가능성을 시사하는 동시에 위력도 보여줌으로써, 러시아와 협력하고 타협하는 것이 유익하다는 점을 각인시키는 데 있다.

그러다가 시리아에서 일정한 군사적 성과가 거양되자, 러시아는 전격적으로 주력 부대 철수를 발표하였다. 그럼으로써 테러와의 전쟁에 일정한 기여를 했다는 기록은 남기고, 작전을 계속할 경우 생겨날 부담은 덜었다. 이로써 시리아에서 군사행동을 지속할 경우, 서방과의 관계에 미칠 부정적 영향을 차단하였다. 러시아가 시리아에서 전투를 하는 동안, 동부 우크라이나에서는 안정세가 현저해졌다. 러시아는 이런 식으로 서방에 대해 응수 타진을 한다.

그런데 서방 측으로서는 바로 긍정적 반응을 보이기가 쉽지 않다. 왜냐하면 러시아의 접근 방식에 공격적인 요소와 긍정적인 요소가 혼합되어 있기 때문이다.

이제 브렉시트로 유럽이 혼란스럽고 약화될 것이므로 러시아가 이런 접근 태도를 강화할 소지도 있다. 앞으로 서방이 러시아 특유의 접근 방법에 어떻게 나올지 관심사가 아닐 수 없다.

이 문제와 관련하여 서방 측 내부에는 그간 몇 갈래 흐름이 있었다. 서방 중에서도 독일, 프랑스는 러시아를 계속 대립 구도에 둘 수만은 없다는 인식을 갖고 있다. 이러한 인식에 따라 이들은 러시아와 협의하여, 동부 우크라이나에서 휴전 합의도 이끌어 냈다. 이들은 러시아와 계속적으로 대화해야 한다는 지론을 갖고 있다.

그러나 폴란드와 발트 3국, 북유럽 국가 등 러시아와 근접한 지역에 있는 나라들은 러시아에 대한 강한 대처를 주문하고 있다.

한편, 유럽보다 더욱 청교도적인 정서를 가진 미국은 러시아에 대해 상대적으로 원칙에 충실한 자세를 취해 왔다. 미국은 유럽 국가들이 러시아에 대해 단합된 입장을 유지하도록 독려해 왔다. 미국은 EU가 혼란에 빠진다고 해도, 계속 대서양 안보 협력의 틀인 NATO를 활용하여 유럽이 러시아에 대해 단합된 대응을 하도록 유도할 것이다. 영국은 여전히 NATO 회원국이기 때문이다.

이러한 몇 갈래 흐름이 뭉뚱그려져서 서방의 대러시아 제재가 계속 연장되고, 러시아 접경 지역에 대한 서방의 안보 태세는 강화되면서도, 러시아와 서방 간의 관계는 조금씩 대화의 방향으로 가고 있다. 그간 단절되었던 NATO와 러시아 간의 1차 대화가 열린 것이 하나의 신호이다.

이런 맥락에서 최근 폴란드의 수도 바르샤바에서 열린 NATO 정상 회의는 주목의 대상이었다. 여기서 발트 3국과 폴란드에 5천여 명의 병력을 배치하는 결정이 내려졌다. 점증하는 러시아의 위협에 대처하기 위해서다. 또 NATO는 유럽 미사일 방어 체계 배치를 가속화하기로 하였다.

다른 한편, 바르샤바 NATO 정상 회의 직후인 7월 13일에 NATO와 러시아 간의 2차 대화가 열렸다. 러시아는 바르샤바 정상 회의 결정을 해명하라고 으르렁대고 있으나, 그러면서도 모스크바에는 NATO와의 대화 재개에 기대를 거는 기류도 완연하다.

또 다른 타협 조짐은 시리아에서도 찾아볼 수 있다. 미국과 러시아가 시리아에서 작전을 위해 상호 협력과 정보 공유의 정도를 높이는 데 합의한 것이다. 러시아의 시리아 작전에 대해 그간 미국이 부정적인 태도를 보여 왔음에 비추어 보면, 이것은 긍정적인 방향으로의 선회라고 할 수 있다.

물론 이러한 조짐은 아직은 미미한 수준이고 사태 여하에 따라 급전직하로 악화할 소지도 있다.

제재와 고립 구도 아래 곤경에 처해 있으면서도 공세적으로 타협을 추구하려는 러시아, 상이한 대 러시아 관점을 내부에 안고 있는 유럽, 그리고 원칙론적인 접근을 하는 미국이 향후 어떠한 정책 행로로 나아갈지 주시할 필요가 있다.

우리로서는 미국과 러시아, 유럽 등 국제 정치의 주요 플레이어들이 벌이는 게임을 잘 파악해야 한다. 그래야 우리가 당면한 현안들에 미칠 영향을 제대로 가늠할 수 있다. 러시아와 브렉시트같이 의외로 연계되어 있는 일이 또 없을지 찾아보아야 한다.

사드가 유사한 예이다. 우리는 사드를 한·중 관계나 한·러 관계의 맥락에서만 보는 경향이 있는데, 러시아에 있어 이 문제는 이미 미국 및 유럽 국가들과 유럽에서의 미사일 방어(MD)망 배치를 두고 벌여온 분쟁의 연장선에 있는 문제이다. 러시아는 유럽에서 배치된 미사일 방어망과 유사한 방어망이 아시아의 한반도와 일본 일대에 생기는 것이라고 본다. 그래서 유럽에서 하던 논리와 행보로 사드에 대처하려 한다.

마침 바르샤바 NATO 정상 회의에서 유럽 미사일 방어망 배치 가속화가 정해졌으므로, 러시아는 좀 더 자극받았을 수도 있다. 그 여파는 사드에도 미칠 수 있다. 강대국에 둘러싸여 있는 한반도의 지정학상 우리가 항상 강대국 간의 역학에 유의해야 한다는 점을 일깨워주는 또 하나의 예라고 할 수 있다.

외교에서의
편견과 오역,
러시아의 경우

2009년 봄의 일이다. 힐러리 클린턴 미국 국무장관이 제네바에서 라브로프 러시아 외무장관을 만났다. 오바마 행정부가 들어서면서 그동안 좋지 않았던 미·러 관계를 개선하고자 '리셋' 정책을 추진하던 때였다.

클린턴 국무장관은 회담 모두에 기자들이 보는 앞에서 라브로프 장관에게 작은 상자를 건넸다. 미국이 새로 추진하는 정책의 취지가 담긴 선물이라는 말과 함께. 라브로프 장관이 상자를 열었다. 초인종형 물건이 나왔다. 가운데 붉은색 버튼이 달려 있었다. 초인종의 아래에는 영어로 reset이라고 쓰여 있고 위에는 리셋의 러시아어 번역으로 peregruzka(페레그루즈카)라고 쓰여 있었다.

클린턴 장관은 "올바른 러시아어 단어를 찾느라 애를 많이 썼는데 맞느냐?"라고 물었다. 라브로프는 "잘못 찾았다."라고 하면서 "페레그루즈카는 리셋이 아니라 과부하 내지 과잉 대응을 뜻하는 것이니 perezagruzka(페레자그루즈카)로 써야 맞다."라고 답하였다.

오역이 드러난 셈인데, 클린턴 장관은 어색한 상황을 의식했는지 "당신이 우리에게 페레그루즈카(과잉 대응)하는 것을 용납하지 않겠다."라고 조크를 던지고, "우리는 원래 뜻대로 리셋하겠다."라고 하였다.

이에 라브로프는 "우리는 리셋의 정확한 스펠링에 합의를 보았으며, 이제 우리 사이에 이견은 없다."라며 분위기를 맞추었다.

클린턴 장관은 "라브로프 장관이 우리가 선택한 용어를 고쳐주었으나, 사실 우리가 쓴 용어도 일리가 있다. 나와 라브로프 장관이 미국과 러시아 관계 리셋에 열중하다 보니 업무에 과부하가 걸려 있지 않느냐."라고 눙쳤다.

그러고는 두 장관은 함께 이 버튼을 누르는 포즈를 취했다.

이 오역 에피소드가 현장에서는 이 정도로 넘어갔으나, 다음 날 언론에는 버튼 누르는 사진과 함께 다소 시니컬한 보도가 나왔다. '두 장관이 잘못된 버튼을 눌렀다'라는 식의 제목과 기사들이 많았다.

이것이 리셋 정책에 대한 불길한 조짐이었을까? 이후 미·러 관계는 리셋이라는 말이 무색할 만큼 악화되었다. 우크라이나 사태 이후 상호 제재로 지금 미·러 관계는 탈냉전 이래 최저점에 이르렀다.

그런데 이 에피소드는 여기서 그치지 않고 최근 미국 대선 과정에서 다시 들춰졌다. 트럼프 후보 진영이 이 일을 끄집어냈다. 힐러리 클린턴 후보가 국무장관 시절에 범한 외교 실책 사례의 하나로 홍보하기 시작한 것이다.

또 다른 사례가 있다. 니키타 흐루쇼프 소련 공산당 서기장의 발언에 관한 것인데, 러시아어 오역과 편견에 관한 한 그가 가장 극적인 피해자일 것이다. 그는 1956년 11월 모스크바를 방문한 폴란드 공산당 지도자 브와디스와프 고물카를 환영하는 리셉션 연설에서 자본주의 체제의 문제점과 공산주의 체제의 우월성을 강조하였다. 그러고는 궁극적으로 자본주의 체제는 소멸되고, 공산주의 체제가 승리할 것이라는 의미로 "므이 바스 파하로넴(우리가 당신들을 묻어줄 것이다)."라고 하였다.

흐루쇼프가 한 발언의 정확한 의미는 우리가 더 오래 살아남아 당신들 장례를 치러준다는 것이다. 흐루쇼프는 공산주의의 이상에 확신을 가진 사람이었다. 흐루쇼프는 "부르주아는 스스로 무덤을 파는 자를 양산해 낸다."라는 칼 마르크스의 주장을 진정으로 믿었다고 한다. 당시 소련이 고도 성장을 하였고, 최초로 우주선을 발사하는 등 과학기술 분야에서 보인 성취도 대단하였으므로, 흐루쇼프는 자신감에 차서 이런 말을 한 것이다.

그런데 이 표현을 영어로 직역하면 'We will bury you(매장시키겠다)'가 된다. 리셉션 현장에 있던 NATO 회원국 대사들은 항의 표시로 퇴장하였다. 다음 날 서방 언론들은 흐루쇼프의 언급이 무지막지한 협박이라는 식으로 보도하였다.

흐루쇼프는 적나라한 비유나 촌철살인식 표현을 즐기는 성향의 인물이다. 자신의 언어 습관이 그렇고, 또 러시아어로 들으면 문제가 없기 때문에, 그는 서방의 오해나 오역에 아랑곳하지 않고 같은 표현을 계속 사용하였다.

몇 년이 지난 후, 미국 언론과 인터뷰하면서 그는 또 같은 말을 하였다. 그러자 미국 언론들은 흐루쇼프가 핵과 미사일로 미국을 공격하여 죽이겠다고 위협한 것처럼 보도하였다. 당시 미국에서는 소련의 미사일 능력이 미국보다 크게 앞선다는 주장이 세를 얻고 있었다. 세월이 지난 후에야 이 주장이 사실과 다르며, 실은 미국의 미사일 능력이 우위에 있었다는 사실이 드러났지만, 그때에는 그러한 주장이 먹혔다.

급기야 오역된 그의 말은 미국 대선에서 활용되었다. 1964년 민주당 린든 존슨(Lyndon Johnson) 후보와 공화당 배리 골드워터(Barry M. Goldwater) 후보 간의 대결에서, 존슨 후보 측은 대소련 강경파인 골드워터 후보가 당선될 경우, 그의 강성 소련 정책과 미국을 매장시키겠다는 흐루쇼프의 강성 대미 정책이 충돌하여 핵전쟁의 참화가 올 것이라는 투의 홍보를 하였다. 홍보는 큰 효과가 있었다. 골드워터 후보는 대패하였다.

이처럼 외교에서 오역과 통역 오류는 예기치 않은 파장을 불러일으킨다. 그리고 이러한 일은 상대적으로 러시아와의 관계에서 심하고 빈번하다. 그 이유로는 러시아어가 여타 언어와 거리가 멀고 어렵다는 점과 러시아와 서방이 불신 관계에 있다는 점을 들 수 있다.

우선 언어가 특이하므로 오역 소지가 크다. 위에 든 첫 사례가 여기 해당된다. 또 이와 관련된 다른 문제가 있다. 러시아어가 상대적으로 영어나 프랑스어 등 유럽 언어와 가깝고 어원을 공유하는 부분도 상당하지만, 동일한 뿌리의 단어라 하더라도 러시아어에서는 뜻이 다른 경우가 많다. 그러므로 직역을 하면 오역이 되는 경우가 흔하다. 마치 한국, 중국, 일본에서 사용되는 동일한 한문 단어가 나라마다 조금씩 다른 의미를 갖는 것처럼 말이다.

물론 보다 더 중요한 요인은 상호 의구심과 대립 의식이다. 이것이 마음속에 있기 때문에 쉽게 오해를 하고 편견에 사로잡힌다. 위에 든 두 번째 사례가 여기 해당한다.

한국과 러시아 사이에도 유사한 문제가 있다. 물론 문제의 정도가 미국과 러시아의 관계에 비할 바는 아니지만, 한국어와 러시아어는 그보다 더 멀다. 한국과 러시아 사이에는 냉전의 잔재로서 불신이 남아 있다. 그래서 오역과 오해로 일이 어긋날 소지가 언제나 있다.

비근한 사례는 한·러 경제 분야에서도 자주 발견된다. 근래에 만난 우리 기업인은 러시아와의 사업에서 성패의 상당 부분이 통역의 수준에 달려 있다고 실토하였다. 이 점에서 한·러 관계는 한·중 관계와 대비된다. 한국과 중국 간에는 두 나라 말을 모두 잘하는 조선족들이 있어 정확한 의사소통에서 큰 역할을 하지만, 러시아의 고려인은 대부분 러시아어만을 구사하므로 사정이 사뭇 다르다.

그러므로 한·러 간 바른 소통을 위해서도 오역과 통역 오류의 문제에 신경을 써야 한다. 사소한 듯하지만 외교에 있어서 생각보다 중요한 문제이다.

러시아식 외교로부터 얻는
교훈

근래 러시아는 우크라이나 사태로부터 시리아 군사 개입에 이르기까지, 현란하고 공세적인 외교로 세간의 주목의 대상이 되고 있다. 이런 행태의 장기적 득실에 대해서는 논란이 있으나, 단기적인 전술상의 탁월성은 모두가 인정하는 바이다.

무엇이 탁월한지를 짚어 보면 러시아 특유의 외교에 대한 이해를 높일 수 있고, 더 나아가 지금 난국에 든 한국 외교에 대한 교훈도 얻을 수 있다. 하나씩 살펴보자.

첫째, 러시아 외교는 사안별로 정교하고 강고한 논리를 바탕으로 적극적인 행동을 주저하지 않는 특징을 갖는다. 날카롭게 따지고 반드시 대응하는 스타일이다. 이 과정에서 러시아 외교관들은 치열하게 움직인다. 정책은 뒷전이고, 언론 플레이에 열중하는 모습은 찾아볼 수 없다.

둘째, 공세적으로 의표를 찌르는 행보를 하고, 발 빠르게 국면을 전환하여 상황을 주도한다. 크림반도 병합을 속도전 방식으로 완료하고, 바로 동부 우크라이나에서 반군을 지원하는 쪽으로 국면을 전환한 것이 좋은 사례다.

셋째, 공세의 와중에도 타협의 여지를 남겨두는 일을 잊지 않는다. 물론 타협도 공세적으로 추구한다. 동부 우크라이나에서 휴전을 이룩한 후 러시아가 전격적으로 시리아 공습을 시작한 것이 그 예이다. 새로 시리아 전선을 열어 상황을 복잡하게 만들면서, 대신 우크라이나 휴전 상황은 더욱 안정시켜 서방의 응수를 타진한 것이다. 그러고는 시리아에서 일정한 공습 성과가 거양되자, 주력 부대를 철수시켜 절제를 과시하였다. 러시아의 협조 없이 시리아 사태 수습은 불가하며, 러시아는 타협할 수 있다는 메시지를 내보인 셈이다. 강수로 각방의 우려를 증폭시킨 후, 서서히 강도를 낮추어 타협을 유인하는 방식이다. 이 결과로 최근에 미국과 러시아 간의 합의로 시리아에서 휴전이 성립되었다.

넷째, 외교와 군사, 정보 활동을 일체적으로 운용한다. 크림반도 병합 이래 우크라이나 사태에서 역력히 드러난 특징이다. 현장에서의 군사적 행동 및 정보 공작이 외교 활동과 시너지를 이루며 진행되었다. 이와 맞물려 러시아 정부와 러시아 의회의 국내 행정, 법제 절차도 신속하고 단호하게 진행되었다. 그렇게 하여 단기간에 크림반도를 러시아 연방의 일부로 귀속시키는 정치적 법적 절차가 완료된 것이다.

다섯째, 장기적 공세로 상대를 지치게 한다. 분쟁에서 일정한 목표가 달성되면, 일단 사태를 동결시켜 둔다. 분쟁을 재점화할 여지를 남겨두고 지구전을 꾀한다. 일종의 레버리지인데, 동부 우크라이나에서 분리 운동을 지원한 후, 일정 단계에서 휴전을 유도하여 상황을 봉합해둔 것이 비근한 사례이다. 동부 우크라이나 이외에도 조지아 등지에 유사한 형태의 이른바 동결된 분쟁이 여럿 있다.

여섯째, 외국과의 대치 국면에서는 국내적으로 단합하는 국민적 전통이 있다. 지금 러시아는 우크라이나 사태로 인한 서방의 제재하에 있어서 경제가 어렵지만, 국민들은 푸틴 정부에 강한 지지를 보내고 있다. 이러한 전통은 나폴레옹과 나치의 침략을 이겨내면서 축적된 것이다.

마지막 특징은 정책을 뒷받침하는 연구 기관들의 협업이다. 정부나 관청 쪽은 물론 민간 연구 기관들까지도 정책 개발, 대외 홍보, 공공 외교에서 일사불란한 협력 양태를 보인다.

이상의 특징 중 일부는 강대국 특유의 행태라서 우리 외교에 바로 대입하기 어려울 수 있다. 그러나 적어도 다음 몇 가지는 참고가 될 것이다.

첫째, 적극적이고 공세적이고 강인한 외교 스타일이다. 정교한 대응 입장 없이 추상적인 원론만 가지고 변화무쌍한 상황을 호도하려고 하거나, 상대와 맞닥뜨리기를 피하려는 관성을 가진 우리의 외교 스타일과 대비된다. 러시아 관료들의 치열하고 집요한 정책 의지는 본받을 만하다.

둘째, 조율되고 일체화된 정책 운용이다. 크렘린을 중심으로 조율 체계와 운영 체계가 일사분란하게 작동된다. 우리의 경우 외교와 군사가 따로 놀고, 외교마저 세부적으로 조율되지 않는 경우가 많은데, 러시아의 경우는 따라 배워도 좋을 만한 모델이다.

셋째, 외부의 도전에 효율적으로 대처하기 위한 내부의 단합이다. 외부의 공세가 있으면 단합하는 것은 러시아의 오래된 전통이다. 단합이 있어야 교섭력이 생긴다는 것은 당연한 진리이다. 중견국이 강대국과 겨루는 경우라면 단합은 더욱 절실할 것이다. 중국과 사드 문제로 겨루는 상황임에도 심각한 국내적 분열상을 보였던 우리가 돌아보아야 할 대목이다.

마지막으로 사회 전체의 협업이다. 러시아에서는 정부는 물론 정치, 경제, 사회 전 분야에 걸쳐 다양한 조직들이 하나의 대외적 목표를 향하여 힘을 모은다. 힘겨운 상대와 어려운 외교 사안을 다룰 때일수록 사회 전체의 역량이 모아져야 할 터이니, 러시아의 연구 기관을 비롯한 사회 조직들이 정부의 정책을 지원하는 방식은 우리가 참고하여 원용할 만하다.

교착상태의
북핵 협상과
러시아 변수

서론

북한의 핵과 미사일 개발로 야기된 한반도의 위기 상황은 여전히 이렇다 할 해결의 기미 없이 지속되고 있다. 지금의 상황은 6·25 이래 가장 심각하다고 해도 과언이 아닐 정도로 복잡하게 얽혀 있다. 북한은 이미 6차례 핵실험을 통하여 수소폭탄 개발 능력까지 보여주었고, 수많은 미사일 실험을 통하여 미국 본토를 사거리로 하는 투발 능력을 과시하였다. 전문가들은 북한이 핵탄두를 소형화하는 데 성공했으며, 머지않아 핵탄두가 장착된 각종 사거리의 미사일을 실전 배치할 수 있을 것으로 보고 있다. 만일 북한이 중·단거리 미사일에 더하여 대륙간탄도탄을 배치하면, 한국과 일본은 말할 것도 없고 태평양 지역의 미군 기지와 미국 본토도 실질적인 핵 위협하에 들어가게 된다. 북핵의 완성이라는 중대한 변곡점이 우리 앞에 있는 셈이다.

한동안 미국은 본토가 북한의 핵 타격 대상이 되는 초유의 사태가 닥쳐오자 최대의 압박 정책을 주도하면서, 군사 옵션도 배제하지 않는 강성 대응을 해왔다. 결과적으로 한반도에서 미국이 군사적 행동을 할 가능성이 일상적으로 언급되는 상황이 이어졌다. 그러다가 2018년 초 북한이 대남, 대미 대화를 제안한 이래 국면은 일단 협상 쪽으로 선회한 바 있다.

　그러나 그 협상 과정은 순탄치 않다. 남·북, 미·북 정상회담을 필두로 고위급 양자 협상이 이어지고 있으나, 서로의 요구와 기대치가 달라서 비핵화의 진전은 별로 없다. 북한은 김정은 위원장과 트럼프 대통령이 싱가포르 정상회담에서 북·미 관계 개선과 신뢰 구축을 통하여 비핵화를 추진한다는 데 합의하였다고 주장하면서, 미국에 대해 싱가포르 합의 정신에 맞도록 신뢰 구축 조치를 취할 것을 요구하고 있다. 그러면 단계적 비핵화에 응하겠다는 것이다. 이에 대해 미국은 비핵화에 대한 의미 있는 조치가 먼저라는 입장을 취하고 있다. 북한은 미국의 비핵화 조치 주문을 강도적 요구라고 부르면서 반발하였다. 협상은 교착상태에 들어갔다. 상황 타개를 위해 추진되었던 하노이 2차 북·미 정상회담이 결렬로 끝남에 따라 협상의 전망이 더 불투명해졌다.

　만일 정상 차원에서 강도 높게 시작된 이번 협상 과정마저 실패로 돌아간다면, 그 후유증은 상당할 것이다. 사태 진전 여하에 따라서는 군사적 충돌을 포함한 격한 대결 국면이 전개될 가능성도 배제할 수 없을 것이다.

　그런데 북·미 양자 간 협상이 이런 상태에 있다 하더라도, 만일 이 협상을 둘러싸고 있는 국제적 구도라도 잘 짜여 있다면, 협상의 장래에 대한 기대를 키울 수 있을 것이다. 그러나 현실은 이마저도 여의치 않음을 보여준다. 원론적으로 말하자면, 북한처럼 국제 규범을 무시하고 핵과 미사일 도발을 일삼는 행위자에 대한 국제사회의 대응은 일차적으로 국제적 압박 공조를 부과하는 것이다. 그다음에는 이 공조 체제를 바탕으로 비핵화의 실질적 진전을 기할 수 있는 생산적인 협상을 모색하는 것일 터이다. 그러나 북핵 문제와 관련된 국제적 구도를 들여다보면, 외견상으로는 공조 체제처럼 보이지만, 내막적으로는 이견과 분열이 실제 작동 원리라는 점을 쉽게 알 수 있다. 즉, 북핵 문제에 관련된 국가들은 모두 비핵화 목표에 공감한다고 하면서도, 방법론으로 들어가면 전혀 상이한 입장을 취하고 있는 것이다. 크게 보아 한국, 미국, 일본과 중국, 러시아의 입장이 대별된다. 러시아는 중국과 밀접하게 움직이고 있다. 결과적으로 북핵 문제를 두고 한·미·일과 중·러 간에 구분 선이 형성되어 있다.

이처럼 국제 공조가 제대로 작동하지 않으면, 우선 제재 압박의 효율이 떨어져 바람직한 협상을 견인해 내기가 어렵게 된다. 그리고 더 큰 문제는 북한이 한·미·일과 중·러 간의 틈새를 이용하여 핵과 미사일 능력을 키울 시간과 공간을 확보하게 된다는 점이다.

러시아는 지금 이 구도 속에서 중국만큼 큰 역할을 하고 있지는 않으나, 과거 한반도와 맺은 역사적 연원과 지정학적 위치를 기초로 일정한 영향력을 행사하고 있다. 주지하다시피 러시아는 2차 세계대전 말기 북한 지역을 점령한 바 있고, 북한 정권 수립의 배후 세력으로 기능하였으며, 6·25와 그 이후 냉전기에 한반도 문제의 향배에 중요한 역할을 하였다. 또 러시아는 중국과 함께 한반도와 국경을 맞대고 있는 강대국이다. 그리고 러시아는 한반도 문제와 관련하여 중국과 연대하고 있으므로 중국에 대해서도 일정한 영향력을 가지고 있다.

이 글에서는 현재의 북핵 관련 교착 상황과 국제적 구도 속에서 러시아 변수가 갖는 함의를 따져보고, 현재의 국면을 타개하기 위해 러시아 변수를 활용할 방법은 무엇일지 헤아려보고자 한다.

러시아의 한반도 정책 목표

우선 러시아가 한반도에서 어떠한 정책적 목표를 갖고 있는지 변별하는 데에서부터 논의를 시작해보자.

첫째로 러시아는 한반도의 비핵화를 주요 정책 목표로 삼고 있다. 북한뿐 아니라 전 한반도에서의 비핵화이다. 그래서 러시아는 북한의 핵 포기를 위해 노력하면서도, 한국의 핵무장과 미국의 한국 내 핵무기 배치에 반대한다. 미국이 한반도와 그 주변에서 핵 무력을 운용하는 일 또한 경계한다.

둘째로 러시아는 한반도의 평화와 안정이라는 또 다른 정책 목표를 중시하고 있다. 한반도와 국경을 접한 러시아는 한반도에서의 전쟁은 물론 긴장조차도 자신의 안보 이해에 부합하지 않는다는 지정학적 고려를 갖고 있다. 그래서 북한의 도발적 행동을 비판하면서, 동시에 미국이나 한국이 북한의 도발에 대응하여 취하는 군사적 억지 노력에 대해서도 비판적이다. 과도한 긴장 격화 행위라고 여기는 것이다. 일종의 양비론이고 쌍방 자제 주문이다. 또한 러시아는 한반도의 안정을 중시하고, 그 연장선 상에서 한반도의 현상 유지를 선호한다. 북한의 존재와 북한의 안정이 자국의 지정학적 이해에 부합한다고 본다. 이에 따라 북한과도 일정한 관계를 유지하여 남·북한 사이에서 균형적인 입장을 취하고자 한다.

셋째로 러시아는 아시아의 주요 경제 강국 중 하나가 된 한국과 실질 협력을 강화하려는 목표를 가지고 있다. 한국과 투자·무역·기술 등 협력과 교류를 통해 러시아의 경제 발전에 도움을 얻고자 한다. 특히 낙후된 러시아의 극동 시베리아 지역 개발에 한국의 참여와 기여를 유도하고자 한다. 이러한 맥락에서 러시아가 큰 관심을 갖고 추진하려고 하는 사업이 러시아와 남·북한을 망라하는 3각 협력이다. 러시아는 3각 협력을 통하여 남·북한 화해 협력에 기여하고, 러시아의 극동 지역 발전에도 도움을 얻고자 한다. 물론 이 구상은 북한의 핵·미사일 도발과 뒤이은 국제 제재에 따라 추진 동력을 얻지 못하고 있으나, 러시아가 항상 중시하는 프로젝트이다.

미국과의 대립과 중국과의 공조

여기까지가 러시아의 전통적인 한반도 정책 목표인데, 근자에는 이에 더하여 새로운 네 번째 고려 요소가 추가되었다. 그것은 미국과의 대립 관계로부터 불가피하게 파생되는 대미 견제 심리이다. 이 요소는 시기에 따라 부침이 있으나, 지금은 대미 견제 심리가 강화되는 추세에 있다. 특히 우크라이나 사태 이후 미국과 러시아 관계는 탈냉전기 최저점에 이르렀다. 그러다 보니 러시아의 대외 정책 전반이 대미 대결이라는 프레임의 영향을 받고 있다. 북핵을 비롯한 한반도 문제도 예외가 아니다. 미·러 대립으로부터 오는 반미적 기류가 북핵 문제 전반에 부정적 영향을 미치고 있는 것이다.

한편, 러시아가 미국 등 서구와 대립각을 세우게 되면서 러시아와 중국의 관계는 긴밀해졌다. 우크라이나 사태 이래 미국과 서구로부터 탈냉전 시기에 가장 강한 제재를 받게 된 러시아는 외교의 방향을 중국과의 협조로 틀었다. 이제 러시아와 중국은 안보리는 물론 거의 모든 국제 무대에서 대부분의 이슈에 관하여 서로 공조하고 있다. 어떤 이슈에 대해서는 러시아가 앞장서고 중국이 뒤에서 밀어준다. 다른 이슈에 대해서는 중국이 앞장서고 러시아가 지원한다. 이란 핵 문제는 전자에 속하고, 북핵 문제는 후자에 속한다.

러시아 내 또 다른 전략적 고려

이상이 지금 러시아가 보이고 있는 한반도 정책 목표와 이에 영향을 미치는 대외 정책 전반의 큰 흐름이다. 지금으로서는 러시아의 정책을 한반도 비핵화, 한반도 안정과 균형 유지, 대미 대립과 대중 공조를 중심으로 해석하는 것이 명료하고 유용하다. 그런데 러시아의 행보를 이 프레임 중심으로 해석하는 데 그치면, 러시아의 한반도 정책으로부터 현 국면을 타개할 요소를 이끌어 내는 일은 가능해 보이지 않는다.

그러나 실제 러시아 내에 존재하는 전략적 논의들은 조금 더 복잡하다. 물론 앞서 말한 정책 기조가 주된 흐름이지만, 여타 추가적인 전략적 고려 또한 존재한다. 그것은 러시아 대외 정책에서 변화가 잉태될 수 있는 공간이다. 그러므로 이 지점에서 러시아 내에 존재하는 이 사고의 흐름에 대해서도 주의를 기울일 필요가 있다. 그렇지 않으면 앞으로 전개될 수도 있는 변화의 가능성을 간과할 수 있기 때문이다.

즉, 러시아 내에는 중국과 협조를 중시하면서도, 미국 등 서구와 관계를 개선하려는 흐름이 여전히 있다. 이 흐름의 배경에는 러시아와 중국이라는 대륙의 두 강대 세력이 장기적으로 긴밀한 관계를 유지할 수 있겠느냐는 회의론이 있다. 다른 한편으로는 낙후된 러시아가 국가 발전을 기하는 길은 중국과의 협력에서는 찾기 어렵고, 결국 미국을 비롯한 서구와의 협력에서 찾을 수밖에 없다는 현실론도 작동하고 있다.

이러한 사고의 연장선에서 러시아는 미국에서 트럼프가 대통령에 당선되었을 때, 미국과의 관계 개선에 대한 기대를 키웠던 것이 사실이다. 더욱이 트럼프가 미국의 대선 과정에서 러시아에 대해 호의적인 관점을 표명하였기 때문에, 러시아 내에서의 기대가 증폭된 바 있다. 그러나 그 후 미국에서 러시아의 미국 대선 불법 개입 논란이 불거져 미·러 관계 개선은 이루어지지 않았다. 그러나 러시아에는 아직도 미국과의 관계를 비관적으로만 보지 않는 견해가 있다. 미국과의 관계 개선이 당장 여의치 않으면, 일부 서구 국가와의 관계라도 개선하여 제재의 포위망을 완화해보자는 기류도 있다.

또한 러시아 내에는 아시아 지역에서도 중국과의 협력 이외에 여타 아시아 국가들과의 관계를 강화함으로써, 대중 경사 일변도를 헤징하려는 전략적 사고가 존재한다. 그래서 러시아는 아시아의 중요한 플레이어인 일본과의 협력을 계속 모색하고 있고, 역내에서 또 다른 주요 시장경제인 한국과의 협력도 중시한다. 중국과의 협력을 큰 축으로 하되 일본, 한국, 베트남 등 그다음 레벨의 주요 국가들과의 협력도 강화하여, 러시아의 아시아 지역 내 외교 입지를 확대하고자 하는 것이다. 이러한 측면에서 한국은 러시아의 아시아 정책에서 독특한 의미를 갖는 협력 파트너이다.

마지막으로 러시아의 동북아에 대한 장기적 전략을 고찰할 때, 염두에 두어야 할 것은 한반도 통일 문제에 대한 러시아의 관점이다. 널리 알려지지 않고 있으나, 러시아는 한반도 통일에 대해 주변 어느 나라보다 전향적이다. 물론 지금 당장은 현상 유지와 안정을 선호하겠으나, 러시아는 통일이 한국 주도로 이루어질 가능성이 높다는 현실을 잘 이해하며, 이에 대해 상대적으로 긍정적인 생각을 갖고 있다. 중국과는 다른 관점이다.

러시아가 이러한 관점을 가지게 된 이유는 한반도 통일이 러시아에 실질적 이익이 될 가능성이 크다고 보기 때문이다. 한반도가 통일되면 활력 있는 시장경제인 한국이 지리적으로 러시아의 극동 지역과 직접 연결된다. 러시아는 통일 한국의 경제적 활력이 러시아 극동 지역의 발전을 자극할 것으로 기대한다. 한국과 러시아의 극동 지역 간에 상호 보완적인 경제적 시너지 효과가 있을 것으로 보는 것이다.

　이상이 러시아가 미국과 아시아, 그리고 한반도에 대해 가지고 있는 또 다른 전략적 고려이다. 러시아의 대미 관계 개선 의지, 중국 일변도 정책에 대한 헤징 의도, 한반도의 장래에 대한 전향적 관점 등은 러시아의 정책이 지금과 다른 방향으로 진화해 나갈 소지를 보여주는 요소들이다.

러시아 정책 목표 간의 상호 마찰

그러면 지금 러시아가 중점을 두어 추진하는 한반도에서의 정책 목표들이 현실 속에서 어떻게 운용되고 있는지를 살펴보자. 한마디로 각 목표들은 현실 세계에서 상호 마찰을 일으키고 있다. 예컨대 러시아의 첫 번째 고려 요소인 비핵화와 두 번째 고려 요소인 한반도 안정은 실제로 상호 배치되는 일이 잦다. 예컨대, 북한이 핵과 미사일 도발을 할 경우에도 러시아는 한반도 안정이라는 목표를 의식하여 비핵화 명분을 강하게 추구하지 못한다. 결과적으로 러시아는 비핵화보다 한반도 안정과 지정학적 이해를 더 중시하는 모습을 자주 보이고 있다.

　일이 이렇게 되니, 러시아의 세 번째 고려 요소인 한국과의 양자 협력에 부정적인 분위기가 생길 수밖에 없다. 그렇지 않아도 러시아와의 경제 협력이나 투자 여건은 경제성 측면에서 미진한 것이 사실이다. 이에 덧붙여 러시아가 한국의 사활적 이해인 북핵 문제에 대해서 북한 쪽에 경도된 모습을 보이고 있으니, 한국으로서는 경제성 적은 협력 사업에 열의를 내기가 어려운 것이다. 이 점에서 한·중 협력은 한·러 협력과 대비된다. 중국 또한 북한에 대한 지정학적 고려를 앞세워 북한의 입장을 두둔하고 있지만, 한국 기업들은 경제적 이익이 있기 때문에 러시아에서와 달리 중국에서는 많은 투자와 사업을 하고 있다.

아울러 네 번째 요소인 미·러 대립 또한 비핵화와 한·러 양자 협력 모두에 부정적 영향을 주고 있다. 근래에 러시아가 내놓는 한반도 문제 관련 대외 언급을 보면, 미국에 대한 비판 수위가 높아지고 있다는 것을 알 수 있다. 이것은 미·러 대립 분위기에 영향을 받았기 때문이다. 이제 우리는 러시아가 종래보다 더 빈번하게 북핵 문제에 관해 북·미 양비론을 펴는 사례를 보고 있다. 러시아가 미국에 대해 '북한의 도발을 빌미로 한반도 주변에서 과도한 군사 활동을 하는 것은 정당화될 수 없다'고 훈계하는 일도 흔히 보는 일이다. 심지어 러시아는 미국의 긴장 고조 행위에 비추어 북한의 도발도 일정 부분 이해할 수 있다는 식의 인식을 표명하기도 한다.

한편, 미·러 대립의 여파로 한·러 경제 협력 여건이 어려워지는 일도 흔히 목도된다. 미국이 대러 제재를 주도하고 있고, 한국은 미국의 동맹이므로 한국의 입장이 미국과 동조화되기 쉽기 때문이다. 게다가 러시아의 북핵 문제에 대한 입장이 한국 시각에서 볼 때 그리 탐탁지 않으므로, 한국도 러시아에 대해 특별한 배려를 고려할 형편이 못 되는 것이다.

결국 그래서 우리는 지금과 같은 상황을 보게 된다. 비핵화도, 한반도 안정도, 한·러 양자 협력도 모두 그저 그런 상황이다. 한편, 이 와중에 중국은 러시아보다 더한 강도로 한반도 안정이라는 명목으로 비핵화 명분을 타협하고 있다. 북한은 이 틈을 타서 핵과 미사일 개발 노력을 멈추지 않고 있다. 이대로 가면 파국이 올 소지가 있다. 군사적 충돌이 생기거나, 북한이 핵을 보유하게 되고 동북아 여러 나라들이 다투어 핵을 가지려 하는 핵 도미노 현상이 밀어닥칠 수 있다. 그것은 누구에게도 득이 되는 일이 아니며, 중국은 물론 러시아에게도 악몽이 될 것이다.

선순환의 길

그러므로 우리 모두는 이 길을 피하고, 선순환으로 갈 다른 길을 찾아야 한다. 한국과 러시아가 서로 윈-윈하는 길은 없는 것일까? 비핵화를 위한 국제 공조도 강화하고, 미국과 러시아 간의 관계도 개선하며, 한국과 러시아 간의 실질 협력도 강화할 길은 없는 것일까? 앞서 말한 러시아의 추가적 전략적 고려를 상기한다면 방안이 없지는 않을 것이다. 러시아와 미국 그리고 한국이 기존 접근을 조금씩 조정하면, 지금의 교착상태를 타개할 활로를 찾을 수 있다.

우선 러시아에 주문하고 싶은 것은 종래 냉전 시기에 러시아가 전통적으로 중시해 왔던 국제적 핵 비확산과 비핵화 중시 정책으로 돌아가라는 것이다. 러시아가 비핵화 명분을 쉽게 타협하지 않는 원칙으로 돌아가면, 국제 핵 비확산 원칙 수호자로서 러시아의 명성을 드높이게 될 것이다. 북핵 문제를 해결하기 위한 국제적 노력에도 큰 힘이 될 것이다.

다음으로 미국에 주문하고 싶은 것은 전반적인 미·러 관계 개선에 나서라는 것이다. 그것이 당장 어렵다면, 적어도 북핵 문제에 관해서만이라도 러시아와 협조를 강화하라는 것이다. 또 러시아가 비핵화 명분에 보다 충실한 접근을 할 때에는 적극 호응하고 보답하라는 것이다.

한국에 대해서는 한·러 양자 실질 협력을 심화하는 노력을 가속화할 것을 주문하고 싶다. 그렇게 하여 러시아가 남·북한 균형 외교보다 한국과의 협력에서 얻는 실익이 훨씬 더 크다는 점을 인식하도록 만들어야 한다. 더 나아가 한국은 러시아와 미국이 북한 핵 문제에서 지금보다 더 협조적으로 움직이도록 일조하는 역할을 해야 한다.

이 세 가지 주문은 상호 시너지 관계에 있다. 어느 한쪽에서 진전이 생기면, 다른 두 쪽의 호응을 추동하기 쉽다. 그러므로 러시아, 미국, 한국 중에 어느 나라든 먼저 이 방향으로 움직여 나아가면, 선순환의 동력이 생겨날 것이다.

각국에 대한 주문을 하나씩 좀 더 세부적으로 논의해보고자 한다. 먼저 러시아가 비핵화 명분에 충실한 자세로 돌아가는 문제를 보자. 원래 러시아는 미국과 함께 국제 핵 비확산 체제인 NPT의 설립자이자 수호자였다. 냉전 시기에 미국과 러시아는 각기 자신의 영향권에 속한 국가들에 대해 핵 비확산을 책임져 왔다. 이에 따라 러시아는 냉전 시기 동안, 자기 권역 내에서 하나의 실패 사례도 없이 핵 비확산을 단속해온 바 있다. 그러나 냉전 시기 말기에 하나의 예외가 생겼다. 북한이었다. 소련이 붕괴하던 전환기의 혼란을 틈타, 북한이 핵 개발이라는 탈선의 길에 들어선 것이다. 돌이켜 보면 과거 러시아의 국제 핵 비확산에 대한 기여는 높이 평가할 만한 것이었다. 냉전 말기에 발생한 북한 사례만 빼고 말이다. 그런데 지금 러시아는 이러한 자랑스러운 전통을 미국에 대한 대립 의식과 북한의 안정이라는 지정학적 고려 때문에 타협하고 있는 것이다.

그러나 만일 러시아가 국제 핵 비확산 명분에 충실한 입장으로 돌아가서, 북핵을 포기시키는 일에 보다 적극적으로 움직인다면, 이것은 의미 있는 선순환의 출발점이 될 것이다. 혹자는 러시아가 그러한 선택을 하기에는 한반도에 대한 지정학적 이해가 이미 너무 깊다는 반론을 제기할 수도 있겠다. 그러나 과거 6자회담 초기에 러시아가 취한 입장을 살펴보면, 꼭 그렇지도 않다. 당시에 러시아는 비확산 명분에 있어서 미국과 근접한 입장을 취한 적이 많았었다. 그러다가 미국과의 관계가 악화되면서, 러시아는 점점 지정학과 대미 대결을 의식하는 노선으로 옮겨 간 것이다. 아울러 러시아가 종래

이란 핵 문제를 두고 미국과 공조한 경과를 보거나, 러시아가 한반도 통일 문제에 대해 가지고 있는 전향적인 시각을 보더라도, 러시아가 지정학에 모든 것을 걸고 있다고 단정하기 어렵다. 이처럼 미국을 비롯한 여타 관련 국가들이 대처하기에 따라 러시아가 북핵 문제에 대한 지금의 입장을 조정할 여지가 없는 것은 아니다.

다음으로 미·러 대립을 완화하는 문제를 보자. 이 문제는 닭이 먼저냐 달걀이 먼저냐 하는 질문처럼 러시아를 비핵화 명분에 집중하도록 유도하는 문제와 상호 연동되어 있다. 지금은 북핵 문제가 미·러, 미·중 대립 관계의 틀에 붙잡혀 있는 형국이어서, 미·러 관계가 나쁘면 북핵 공조도 취약해지는 악순환적인 구도라는 점이 문제이다.

미국과 러시아의 관계는 트럼프 행정부 출범 직후 개선될 조짐이 있었다. 그러나 이후 많은 악재가 터져 상황은 개선 쪽으로 가지 못하였다. 그러나 아직도 트럼프 대통령은 러시아와의 관계 개선에 큰 관심을 갖고 있다. 또 앞서 살펴본 것처럼, 러시아 내에도 미국과 관계 개선을 추진하려는 동력이 있다. 그러니 지금의 대립 관계를 풀어갈 실마리를 어디에선가 찾아야 한다.

이러한 관점에서 볼 때, 북핵 문제는 국제적 핵 비확산이라는 공통의 이해 관계에 속하는 문제이므로, 미·러 간의 여러 쟁점 중에서는 상대적으로 서로 협조할 당위성이 큰 사안이다. 더욱이 지금은 북한의 핵과 미사일 능력이 완성을 향하여 치닫고 있다. 미국 본토가 직접적 위협하에 들어가는 국면이다. 북·미 간 큰 충돌이 우려되고, 동아시아의 핵 도미노도 우려된다. 미국과 러시아가 파국을 피하기 위해 기존의 접근을 재고해야 할 정도로 상황이 심각해진 시점이다. 이때 누군가 미·러 협조를 위한 이니셔티브(initiative)를 취해야 한다면, 아무래도 미국이 먼저 러시아에 손을 내밀어야 한다.

더욱이 러시아가 북한 비핵화에 더 큰 비중을 두는 쪽으로 움직여 나아간다면, 미국은 의당 더 적극적으로 호응해야 할 것이다. 한국은 이 과정에서 미국이 러시아의 움직임에 호응하도록 촉진하는 역할을 해야 할 것이다. 미국이 상응하는 대러 관계 개선 조치로 응답할 경우, 시너지가 생겨날 것이다. 그렇게 되면 마치 러시아가 종래 이란 핵 문제 타결 과정에서 미국과 공조한 것처럼, 북한 핵 문제에 대해서도 지금보다 높은 수준의 공조를 할 수 있다. 여기서 더 바라자면, 북핵 문제에 관한 미·러 간 협조는 양국 간의 전반적인 대립을 완화하는 좋은 촉매제가 될 수도 있다.

미·러 대립이 완화의 길로 가면, 러시아가 북핵 문제와 관련하여 중국과 공조할 근거는 약화될 것이다. 예전 6자회담 역사를 돌이켜 보더라도 미국과 러시아 간의 대립이 첨예하지 않았던 시기에는, 러시아가 지금처럼 중국과 보조를 맞추지 않았다. 당시 러시아의 입장은 미국과 중국의 중간쯤이라고 할 수 있었다. 러시아의 입장이 그 정로로만 회귀하여도 우리에게는 도움이 될 것이다.

그리고 이러한 상황 진전은 북한의 후원 역할을 해오던 중국을 바람직한 방향으로 견인하는 데 도움이 될 수 있다. 사실 중국은 격화되는 북한의 도발에 곤혹스러워하면서도 기존 정책을 쉽게 바꾸지 못하고 있다. 러시아가 먼저 새로운 접근을 취한다면, 이것은 중국의 사고에 영향을 줄 수 있다. 지금으로서는 다소 이상적인 기대로 들릴 수도 있지만, 만일 러시아와 중국이 이란 핵 협상에서 서방 측에 보여주었던 수준의 공조를 북핵 협상 과정에서 보여준다면, 북핵 문제 해결 여건은 크게 나아질 것이다.

마지막으로 한국의 역할을 보자. 우선 대러시아 경제 협력을 활성화하는 문제이다. 한국은 러시아와 양자 실질 협력 관계를 강화하여 러시아가 남·

북한 간 균형보다도 한국과의 협력을 더 중시하도록 유도해야 한다. 앞서 말한 러시아의 세 번째 고려 요소인 한국과의 양자 협력에 적극 호응함으로써, 두 번째 고려 요소인 남·북 균형 외교를 통한 러시아의 입지 확보라는 기대를 약화시켜 나가자는 말이다.

러시아에 있어 한국은 동아시아 여러 나라 중에서 상대적으로 좋은 협력 파트너이다. 중국은 정치 경제적으로 굴기하는 세력이므로 부담스럽고, 일본과는 4개 도서 영토 분쟁이 걸림돌로 대두되어 있다. 한국의 경우는 부담도 분쟁도 없다.

그러나 한·러 양자 간에 경제·통상 분야 실질 협력을 증진하기에는 몇 가지 제약 요인이 있다. 그중 하나가 우크라이나 사태 이후 미국이 러시아에 부과한 국제 제재이다. 만일 미·러 관계가 개선되고 러시아가 북한 비핵화에 중점을 두는 정책을 취한다면, 한국이 보다 적극적으로 양자 협력에 나설 수 있는 운신 공간이 생기게 된다. 남·북한과 러시아 간 3각 협력을 재가동할 수 있는 여건도 생겨날 것이다.

또 다른 제약 요인은 러시아가 한국에 대해 갖고 있는 신뢰의 문제이다. 그것은 한국이 과거 여러 정부에 걸쳐 러시아와 거대한 협력 프로젝트를 홍보하였다가, 모두 헛된 약속에 그치고 말았기 때문에 생긴 일이다. 그러므로 이제는 실현 가능성이 낮은 거대 프로젝트보다는 작더라도 실행 가능한 프로젝트를 실제로 성사시켜 성공의 경험을 축적할 필요가 있다. 또 새로운 사업을 발굴하는 것도 중요하겠으나, 진행되고 있는 사업의 애로점을 해소하여, 이를 촉진하고 확대하는 일도 유용하다.

한편, 우리가 다른 나라에 비해 상대적으로 경쟁력이 있는 영역에 집중하는 것도 의미가 있을 것이다. 마침 한국과 러시아 사이에는 2014년 1월 1일부터 비자 면제가 시행되었다. 선진국 중에서 러시아와 비자 면제 제도를 가진 나라는 아주 드물다. 아시아에서는 중국도 일본도 이런 제도를 갖고 있지 않다. 우리가 비교 우위를 가진 셈이다. 이 제도를 적극 활용하여 민간 분야 인적 교류를 확대하고, 양국 관계 강화를 위한 국민적 지지 기반을 공고히 할 수 있다. 예컨대 이 기회를 잡아 관광, 의료, 문화 교류, 청소년 교류 등 영역에서 상호 방문을 대폭 늘리는 방안을 적극 추진할 필요가 있다.

마지막 제약 요인은 러시아의 미흡한 경협 투자 여건이다. 그간 러시아가 나름의 노력을 해왔으나, 아직도 러시아는 그리 매력적인 투자처가 아니다. 이 부분에서 러시아가 할 일이 있다. 한국은 러시아와 협력 성공 사례를 확대해 가면서, 러시아가 협력과 투자 여건 개선을 이루도록 고무하는 노력을 해나갈 필요가 있다.

다음으로는 한국이 미국과 러시아가 북핵과 관련한 공조를 강화하도록 조력하는 문제이다. 미·러 양국이 어디에선가 관계 개선의 단초를 찾고자 한다면, 북핵은 상대적으로 협력할 소지와 실익이 있는 분야이다. 한국은 미·러 양국에 대해 북핵 문제에 국한하여서라도 핵 비확산 명분과 동북아 평화 안정을 위해 협력할 것을 지속적으로 주문하고, 이를 위한 매개 역할을 해야 한다. 이를 통하여 미·러 양국 모두에 이득이 있음을 설득해야 한다.

한국이 이처럼 한·러 양자 협력을 강화하고 미·러 관계에도 역할과 기여를 한다면, 한국에는 또 하나의 부수 효과가 생길 수 있다. 그것은 장차 한국 주도의 통일이 러시아에 어떤 이익이 될 것인지를 미리 보여주는 효과이다. 러시아에 미래의 통일 한국이 러시아와 실질 협력 측면에서 도움이 되고, 러시아와 주변 강대국 간의 관계에 있어서도 긍정적인 역할을 할 것이라는 인식이 각인된다면, 러시아는 더욱더 한반도 통일에 대해 긍정적인 자세를 취하게 될 것이다.

이러한 러시아의 입장은 실제 통일의 기회가 열릴 때 우리에게 소중한 자산이 될 수 있다. 통일에 대해 소극적이거나 부정적일 수 있는 일부 주변국에 긍정적인 영향을 줄 수 있기 때문이다. 통일 과정에서는 특히 중국의 태도가 중요할 것인데, 지금까지 중국의 입장은 현상 유지에 경도되어 있는 것으로 보인다. 중국과 좋은 관계에 있는 러시아가 취하는 입장은 장래 중국의 태도에 영향을 줄 수 있다.

러시아는 현대사에서 냉전 종식을 선도한 나라이다. 독일 통일 역시 러시아의 전향적 정책이 없었다면 이루어질 수 없었을 것이다. 러시아가 독일 통일 과정에서 역사적 기여를 한 것과 같이 한반도 통일에 대해서도 큰 기여를 한다면 한국인들은 이를 잊지 않을 것이다. 한국과 러시아의 관계는 도약기를 맞을 것이다.

맺는말

그렇다면 문제는 누가 언제 어떻게 선순환의 과정을 시작할 것인가일 것이다. 아무래도 한반도 문제의 당사자이자 지금의 상황으로부터 가장 큰 영향을 받는 한국이 움직여야 할 것이다. 한국부터 선순환의 구도 속에서 한국이 할 일을 선도적으로 하면서, 러시아와 미국에 대해 현재 상황의 지속은 누구에게도 이롭지 않음을 설득해야 한다. 더 나아가 선순환의 길은 모두에게 이득임을 설득해야 한다.

선순환의 사이클이 촉발되기 시작하면, 당면한 북핵 문제와 한·러 양자 협력은 물론 장기적으로 통일의 길에 이르기까지 긍정적 영향이 확산될수 있다. 물론 현재의 난국을 타개하는 하나의 중요한 출발점도 될 수 있다.

한·러 관계를 새로운 차원으로 올려놓는 도약대가 될 것이라는 점도 분명하다. 지금의 어려운 사정은 그 자체로서 위기이지만, 역설적으로 선순환 과정이 불가결하다는 점을 각인시키는 계기가 되고 있다.